건강행동변화

동기강화상담을 기초로 한 **실무가이드**

HEALTH BEHAVIOR CHANGE

A Guide for Practitioners

2nd EDITION

ELSEVIER

ISBN: 978-0-7020-3153-3

건강행동변화, 김성재 외
Korean ISBN : 978-89-6069-427-9

Printed in Korea by Jungdam Media Publishing, Co.

건강행동변화 2판

Health Behavior Change 2nd EDITION

2017년 1월 15일 1판 1쇄 인쇄
2017년 1월 25일 1판 1쇄 발행

지은이 | Pip Mason, Christopher C. Butler
옮긴이 | 김성재 · 은영 · 전경자 · 차지은
펴낸이 | 김진환
펴낸곳 | **정담미디어 · (주) 학지사**
04031 서울특별시 마포구 양화로 15길 20 마인드월드빌딩
대표전화_ 02-330-5188 팩스_ 02-326-0338
등 록 | 2010년 2월 8일 제313-2010-36호
메 일 | jdmpub@jdmpub.com
홈페이지 | http://www.jdmpub.com

ISBN 978-89-6069-427-9 93510

가 격 | 20,000원

※ 정담미디어는 학지사의 자매회사입니다.

2nd EDITION

건강행동변화

동기강화상담을 기초로 한 실무가이드

HEALTH BEHAVIOR CHANGE

A Guide for Practitioners

Pip Mason, Christopher C. Butler 공저

김성재 · 은영 · 전경자 · 차지은 공역

ELSEVIER

정담미디어

저자 소개

Pip Mason

RGN BSc(Econ) MSocSc

Nurse and Director of Pip Mason Consultancy Ltd, Birmingham, UK

Christopher C. Butler

BA MBChB DCH CCH MD FRCGP

Professor of Primary Care Medicine, School of Medicine, Cardiff University, UK

역자 소개

김성재 서울대학교 간호대학 교수

은 영 경상대학교 간호대학 교수

전경자 순천향대학교 간호학과 교수

차지은 경북대학교 간호대학 교수

서언 FOREWORD

오늘날 보건의료실무는 환자의 생활양식이나 약물사용을 변화하도록 돕는 일이 대부분을 차지하고 있다. 이 책의 주제는 행동변화이다. 그 목적이 질병 예방이든 만성질환 관리이든 행동변화는 매우 중요하다. 이 책은 실무자들이 매일 접하고 있는 핵심적인 문제인 이 '변화'를 주제로 다루고 있다.

이 책의 핵심은 실무자들에게 자신의 실무 스타일을 바꾸도록 요청하는 것이다. 반드시 전면적인 변화가 필요한 것은 아니다. 실무 스타일을 아주 조금만 바꾸어도 그 효과는 매우 크게 나타날 것이다. 변화해야 하는 내용에 대해 환자와 함께 대화할 때, 그 대화 스타일을 조금만 상호협동적인 방식으로 변경해도 즉각적으로 분명하고 엄청난 효과가 나타난다. 즉 실무자의 변화된 대화 스타일에 대해 환자가 다르게 반응하게 되고, 환자의 적극적이고 참여적인 반응은 환자의 변화 동기를 증가시키며 이는 곧 행동변화로 이어진다. 이런 식으로 실무자의 변화가 환자의 행동변화 가능성을 향상시키는 순환 고리로 완성되는 것이다. 지난 10여 년 간의 연구를 통해 이러한 조용하고 상호협동적인 실무 스타일이 전형적인 조언-제공 스타일보다 더 나은 건강결과를 가져온다는 것이 입증되었다.

Pip Mason과 Chris Butler와 함께 이 책의 초판을 저술할 때 우리의 목표는 환자와 실무자 간의 상호협동적인 작업의 결과를 마치 새로운 벤처사업을 소개하는 느낌으로 제시하는 것이었다. 이제 10년이 지난 지금, 이 개정판에서는 이 상호협동적인 실무 스타일에 대한 보다 구체적인 이해를 돕고, 이것이 일상 실무에 어떻게 통합될 수 있는지에 대한 정보를 제공할 것이다.

이 개정판은 다양한 측면에서 초판에 비해 훨씬 강한 임상적 지향성을 지니고 있다. 이 책은 심리치료전문가와 일상적인 보건의료실무 사이의 간격을 성공적으로 연결시키고 있다. 이 책이 제공하는 명확한 아이디어와 실용적인 조언은 저자들의 임상 경험에 근거하여 잘 서술되어 있다. 특히 어려운 전문용어의 사용을 피하고 간결한 언어를 사용하여 바쁜 실무자들에게 유용하고 실용적인 도구를 제공하고 있다.

이 책에 서술된 이 상호협동적 작업이 실무자의 정서 상태와 스트레스 수준에 미치는 영향은 분명하다. 이는 이 책의 초판 내용을 자료로 사용하여 실시한 많은 훈련 워크숍에서 확인되었다. 단순하게 말하자면, 실무자와 환자가 협동적으로 해결책을 찾되 변화에 대한 책임을 환자에게 양도하는 것이다.

이는 모든 환자의 문제를 해결해야만 한다는 부담감으로부터 실무자의 어깨를 가볍게 해준다. 이 부담으로부터 해방되는 것은 실무자로 하여금 변화에 대해 환자와 이야기할 때 창의적인 공간을 찾을 수 있게 만든다. 즉, 실무자는 이야기할 수 있는 안전한 공간과 구조를 제공하고 환자는 실질적으로 변화를 위한 작업을 수행하는 것이다.

이 책을 관통하고 있는 주제는 삶의 변화를 위해 고군분투하는 환자들의 노력에 대한 존중과 수용이다. 이는 바람직한 보건의료실무의 핵심이며, 이를 이해한다면 실무자의 업무를 보다 더 쉽게 만들 수 있을 것이다.

Stephen Rollnick, PhD.
Cardiff 2009

저자 서문 PREFACE

오늘날의 보건의료전문가는 자신들이 환자를 돕기 위해 할 수 있는 일보다 환자가 스스로를 위해 할 수 있는 일이 훨씬 더 많다는 것을 점점 더 깊이 인식해 가고 있다. 즉, 환자 스스로가 건강-관련 행동을 변화함으로써 많은 질병을 예방할 수 있고 장애 증상을 감소시킬 수 있다. 많은 공중보건 의제는 입법, 대규모 캠페인, 정부 정책 및 인프라에 초점을 맞추고 있지만, 건강한 결정을 내릴 수 있도록 개인을 돕는 실무자의 일 또한 개인의 안녕과 공중보건을 위하여 매우 중요하다.

어떤 환자는 스스로 건강을 유지하는 방법에 대한 아이디어를 찾고자 하고 새로운 아이디어를 반가워한다. 이와 다르게 어떤 사람은 자신의 건강에 대해 스스로 책임지는 것을 거부한다. 이런 사람은 건강이 나빠졌을 때 문제 해결을 의료서비스에 맡겨야 한다고 느낀다. 마찬가지로 어떤 실무자는 약물과 의료기술을 이용하여 환자를 '치료'하는 것을 훨씬 더 편안해한다. 반면에 어떤 실무자는 자신의 역할에 건강증진 업무를 포함하여 확대시키는 도전을 즐기기도 한다.

대부분의 사람들이 금연을 하고 건강한 체중을 유지하며 적정한 수준으로 술을 마신다면 상당한 건강 이득이 될 것이기 때문에, 개개인이 자신의 건강을 위해 할 수 있는 효과적인 방법을 찾으려는 도전이 지속되고 있다. 보건의료전문가는 환자에게 효과적이면서 동시에 만족스럽게 이야기하는 방법을 원한다. 이들은 환자와 충돌을 일으키는 것을 원하지 않을 뿐 아니라 마치 '벽을 보고 이야기하는 것' 같은 느낌도 원하지 않는다. 오랜 기간 환자를 대해 왔던 실무자들은 신뢰관계 형성이 중요하다는 것을 알고 있으며, 이를 위태롭게 만들기를 원하지 않는다.

바로 이것이 우리가 동료인 Stephen Rollnick과 함께 이 책의 초판(1999년에 출판)을 저술한 배경이었다. 우리는 상담 및 조언-제공의 역학에 관해 많은 지식이 있으며, 이 지식을 보건의료현장의 단기상담에 적용할 수 있다는 것을 깨달았다. 우리는 새로운 방법을 개발하려고 노력하기보다는 실무자가 행동변화를 촉진하게 도울 수 있는 핵심 아이디어를 한데 모았다. 이 책의 초판 서언에 언급했었지만, 그 작업을 도와준 동료들에 대한 감사를 이번에도 역시 전달하고자 한다.

그 이후, 이 주제에 대한 관심이 지속적으로 성장하여 '단기중재'를 수행하는 실무를 적용할 수 있는 근거기반을 확보함으로써 이 책을 업데이트할 수 있는 기회를 가지게 된 것을 기쁘게 생각한다. 우리는 이 책이 실무자에게 접근가능하고 실용적인 책이라는 평가를 받기 바란다. 그래서 이 개정판에서는 이론 부분을 줄이고 실무 내용을 늘렸다. 초판에서와 마찬가지로 환자와 함께 작업할 때 사용할 수 있는 워크시트를 첨부하였으며, 웹사이트에서 워크시트를 다운받아 인쇄하여 사용할 수 있게 하였다(www.elsevier healthbehaviorchange.com).

이 책의 마지막 장에는 심장 재활간호사와 환자 사이에서 이루어지는 상담에 대한 대화기록과 평가를 수록하였다. 이 책의 초판 출판 이후 10년 동안, 우리는 다양한 분야의 보건의료 전문가에게 이 접근법을 교육하면서 많은 경험을 할 수 있었다. 교육에 참여했던 실무자들은 그들이 직면했던 도전과 이 새로운 접근법을 학습하는 데 있어서 겪었던 어려움에 관하여 우리에게 많은 것을 알려주었다. 그들의 도움으로 우리의 아이디어를 설명하고 표현할 수 있는 최상의 방법을 찾을 수 있었기에 감사함을 전한다. 환자들도 역시 이 접근법을 임상실무에서 수행할 수 있는 방법을 찾도록 우리에게 많은 도움을 주었다.

책을 저술하는 데 있어서 독자에게 적용될 수 있는 용어 선정은 언제나 까다로운 주제이다. 우리는 보건의료전문가의 전체 범위를 포괄하는 단어로 '실무자'라는 용어를 사용했다. 또한 어떤 환경에서는 '클라이언트', '서비스 수혜자' 혹은 '소비자'라는 용어를 사용한다는 것을 알고는 있지만, 실무자가 도움을 제공하는 사람을 칭할 때 주로 '환자'라는 용어를 사용하기로 했다. 우리의 결정을 선호하지 않는 독자에게는 양해를 구한다.

PM, CCB

차례

CHAPTER 1 서론 Introduction

CHAPTER 2 원칙 Principles

CHAPTER 3 시작하기: 라포 형성하기와 안건 정하기 Getting started: rapport and agendas

CHAPTER 4 중요도, 자신감 그리고 준비도 사정하기
Assessing importance, confidence and readiness

CHAPTER 5 중요도 탐색하기와 자신감 키우기
Exploring importance and building confidence

CHAPTER 6 정보 교환하기 Exchanging information

차례

CHAPTER 10 실무에서의 접근법 적용 배우기
Learning to practice this approach

CHAPTER 11 상담현장에서 부딪히는 이슈 다루기
Calls from the consulting room

CHAPTER 12 상담사례 Example of a consultation

서론
Introduction

CHAPTER 1

■ 당신은 번즈 부인과 같은 대상자를 도우려다가 좌절해본 적이 있는가?

번즈 부인은 심장질환의 과거력을 갖고 있다. 그녀는 호흡곤란이 나타나면 매우 불안해한다. 의사는 부인의 호흡곤란이 주로 그녀의 부동 때문이라고 생각한다. 그녀는 차 한 잔을 준비하기 위하여 주방으로 가는 것 이상은 움직이지 않으려고 한다(누군가 그 곳에 있다면 차 준비를 대신 하도록 하고 그 행동조차 하지 않는다). 그녀는 1층에 있는 침실과 욕실만 이용한다. 그래서 계단도 거의 오르지 않는다. 그녀의 돌봄 제공자들은 심장과 폐를 강화하기 위하여 적당한 운동의 중요성에 대하여 설명해왔다. 그녀는 공원이나 가게 주변을 짧게 걷는 것이나 고령자 운동 교실에 참여하는 것 등을 제안받았으나 수용하지 않는다. 부인의 호흡곤란에 대해 의사는 행동 양상의 문제라고 생각하나 부인은 자신이 통제할 수 없는 의학적 문제로 생각한다.

■ 당신은 카를로스 로페즈와 같은 대상자로 인해 기뻐한 적이 있는가?

카를로스는 5년 전 업무상 재해로 허리를 다쳤다. 총체적인 검사가 시행된 후 그에게 운동과 통증관리 처방이 내려졌다. 카를로스는 허리 아픔 때문에 생활까지 불편해지는 것을 원하지 않았다. 그는 제공된 모든 처방대로 매일 규칙적으로 운동하였고, 허리 통증관리에 대한 인지적 전략 반응도 실천하였다. 그는 자신의 고용주와 직업 수행과정에서의 변화도 협상하였다. 지금 그는 직장에서 전일제로 근무하는 등 사회 생활과 가정 생활을 충분히 즐기고 있다.

■ 당신은 샤론 베이커와 같은 대상자를 지지하다가 낙심한 적이 있는가?

샤론은 담배를 끊고 싶어 한다. 그녀는 지금 4번째 금연 시도 중이다. 천식 담당 간호사는 그녀에게 자신이 할 수 있는 모든 지지를 제공해왔다(지지집단 의뢰, 약물, 니코틴 대체 등). 그러나 샤론은 몇 주 이상 금연하지 못하고 계속 흡연을 재개하고 있다. 그녀는 지속적으로 담배를 끊으려고 시도하는 것처럼 보인다. 그러나 그녀를 위한 일은 더 이상 아무것도 없어 보인다.

이 책은 위와 같은 대상자들에게 효과적인 상담을 제공하기 위하여 무엇이 가장 적합한 방법인가에 대한 우리의 고민에서 시작되었다. 최근 10년 동안 건강실무자는 천식 · 당뇨와 같은 건강상태를 관리함으로써 많은 대상자의 건강을 향상시키고, 더 나아가 향후 그들의 건강에 영향을 주는 위험을 감소시키기 위하여 무엇을 어떻게 할 수 있을까?에 대하여 고뇌해 왔다. 상담실에서는 대상자를 위하여 무엇을 해야 하는지에 대해 집중하고 있다.

건강실무자가 집중하여 가장 많이 변화시켜야 하는 행동들

- 덜 먹는 것, 다른 것을 먹는 것, 음식 섭취 시간
- 절주, 금주
- 신체활동량 늘리기, 대상자 상태에 따른 맞춤형 운동
- 담배를 덜 피우기, 금연
- 새로운 약물 복용, 다른 약으로 대체, 다른 시간에 약물 복용하기
- 혈당 수치를 점검하기, 수액량 조절
- 건강에 해로운 약물 오남용, 약물 끊기

다음과 같은 대상자는 변화를 위한 상담이 필요하고 건강행동으로의 변화를 유도하도록 한다.

- 심장질환 위험
- 심장마비로부터 회복하기
- 당뇨
- 과체중이나 비만
- 임신
- 성적으로 전염되는 질환에 접촉하는 위험
- 만성 통증으로 고통받는 사람
- 문제음주자
- 물질오용자
- 천식대상자

다음과 같은 실무자가 포함된다.

- 의사
- 간호사
- 영양사
- 물리치료사

- 방문 건강관리자
- 건강증진 실무자
- 심리학자
- 상담사
- 약사
- 운동처방사
- 치과의사와 치위생사

대상자를 만나는 현장은 다음과 같다.

- 일차 의료
- 입원
- 외래
- 지역사회 건강 프로젝트
- 응급실
- 여가 시설
- 직업 건강 클리닉

행동의 변화: 문제의 본질

건강실무자와 대상자는 행동변화를 위하여 관계를 맺는다. 실무자는 상담 현장에서 결과를 좋게 또는 나쁘게 만들 수 있는 힘(권력)을 지닌다. 이 책은 실무자가 더 만족스러운 결과를 얻도록 하는 데 있다.

행동변화 상담을 하고 난 후의 책임은 대상자에게 있다는 논리의 위력은 대단히 크다. 즉, 그들 행위를 변화시켜야 할 필요성이 실무자에게 있지 않다는 말이다. 진짜 그러한가? 이러한 과정은 쉽게 합리화될 수 있다. [대상자에게] 뿌린 만큼 거둔다. 이것은 공격적일 수 있다. 그들이 자신을 도우려고 하지 않으면 나도 이러한 사람을 도울 수 없다…. 이것은 대상자에게 누군가의 가치와 의지를 강요하지 않아야 함을 보여주고 있다.

> 나는 그들이 도움을 원한다면 도울 것이다. 그러나 그들이 도움을 원하지 않는다고 해도 괜찮다. 나는 그들에게 해야 하는 것을 이야기하는 나의 권리보다 그들을 더욱 존중한다(일차 의료 의사, 41세).

행동변화에 관한 논의에서 2가지는 확실하다. 첫째, 대상자와 함께 변화를 이야기한다. 둘째, 상담의 결과는 우리의 상담 행위에 의해 영향을 받는다. 더 나빠지게 할 수도 있고 좋아지게 할 수도 있다. 행동이 변화되거나 변화되지 않는 것은 단지 대상자만의 문제가 아니다.

건강실무자가 더 나빠지게 한다.

실무자: 몸무게를 줄이는 것에 대해 생각해보셨나요?

대상자: 네, 많이요. 그런데 쉽지 않아요. 아침에 달걀을 먹고 점심에 프라이드 치킨을 먹는 게 낙(즐거움)이죠. 요즈음 집에서만 지내거든요.

실무자: 혈압에 어떤 도움이 될지 모르겠네요.

대상자: 알아요, 그러나 아침에 달걀을 먹어야만 하는 데 어떻게 해야 할까요? 우리 가족의 오래된 습관이에요. [한숨] 이 클리닉에 올 때마다 몸무게를 줄여야 한다고 말하게 되네요.

실무자: 잠시 달걀을 먹지 않는 자신을 생각해본 적 있나요? 어떤 차이가 있다고 보세요?

대상자: 음, 얼마나 많은 차이를 만들 수 있을까요?

실무자: 작은 변화를 지속적으로 유지해서 성공한다면 다른 걸 시도할 수도 있고 점차적으로 몸무게를 줄일 수도 있을 거예요.

대상자: 유혹거리가 많은 집에선 안돼요, 식탁에 놓인 걸 자꾸 먹게 되죠.

실무자: 부인에게 그것들을 치우라고 말해본 적이 있나요?

대상자: 예, 그러나….

건강실무자가 더 좋아지게 한다.

실무자: 몸무게를 줄이는 것에 대해 생각해보셨나요?

대상자: 네, 많이요. 그런데 쉽지 않아요. 아침에 달걀을 먹고 점심에 프라이드 치킨을 먹는 게 낙(즐거움)이죠. 요즈음 집에서만 지내거든요.

실무자: 쉽지 않죠.

대상자: 맞아요.

실무자: 누군가는 먹는 것을 줄이는 것이, 누군가는 좀더 운동을 하는 것이 쉽다고 말하죠. 둘 다 몸무게를 줄이는 데 유용해요. 당신은 그 순간 어떻게 느껴지나요?

대상자: 글쎄요. 항상 이 클리닉에 올 때면 몸무게를 줄여야 한다고 말하게 되네요.

실무자: 마치 우리가 말하는 대로만 하면 당신은 몸무게를 줄일 수 있다며, 당신에게 좋은 걸 알고 있다고 하네요.

대상자: 그러네요. 지금 당장 먹는 걸 변화시킬 자신이 없어요. 그 대신 운동을 더 많이 했어요. 그런데 생활이 바뀌면서 게을러졌어요.

실무자: 음, 당신에게 지루한 설교를 하려고 오라고 한 게 아니에요. 사실, 저는 당신의 혈압 감소를 위한 방법이 있는지, 당신이 어떻게 느끼는지 이해하려는 거예요.

대상자: 음, 나는 …에 대해 생각했어요.

실무자의 합리적이면서도 유용한 조언에도 불구하고 대상자들이 실패할 때 실무자가 좌절감을 느끼거나 대상자가 이성적이지 못한 고집불통이라고 비난하는 것은 이해할 만하다. 게다가, 순응에 관한 많은 연구에서도 변화에 성공하지 못하는 것은 대상자의 저항 문제라고 생각하였다(Butler et al., 1996). 이 모델에서의 실무자 역할은 전문지식이 대상자의 수동성이나 무시하는 성향과 관련 없이 이해되어야 한다는 가정으로 정보를 명확하게 전달해야 한다는 것이었다. 그러나 이 문제가 단순하지만은 않다. 대상자의 저항이 단지 정보 전달이 부족해서 생기는 결과만은 아니기 때문이다.

전문 지식이 행동변화 논의에서 제한적인 역할을 할 가능성이 있다. 예를 들어, 혈압에 관한 위의 대화를 보면 대상자도 알고 있는 것 같았다. 실무자는 좋든, 싫든 간에 전문적 지식으로 변화를 위한 대안을 찾고 이를 강화하려고 한다. 이렇게 다루는 것은 상담의 결과에도 중요한 영향을 미친다. 저항이 일어나고 행동의 변화를 고려하지 않는다면, 실무자도 동등한 책임감을 느낄 것이다. 행동변화 분야에서의 전문 기술이 있다면 병적인 측면이나 행동변화는 토론을 통하여 상호 변화를 다루게 된다.

기원

이 책의 기원은 단기중재에 관한 우리의 작업으로 거슬러 올라간다. 1980년대부터 1990년대까지 절주와 금연에 대한 의사와 간호사의 정기적인 단기 조언 효과에 관한 문헌이 발표되기 시작하였다. 그러나 그 근거가 혼재되어 있어 어려운 과제였다. 많은 실무자는 실천하기도 어렵고 불편한 부분이 많다고 하였다. 생활습관으로 '징징거리는' 아픈 사람들에게 야단맞는 감정을 느끼게 하거나 예전 상태로 되돌아가게 하는 것은 실무자에게 두려움을 불러일으켰다.

근거에 대한 보다 건설적인 방법을 하나만 선택하는 것도 어려웠다. 우리는 실무자가 직면한 시간 제약과 여러 현장의 복잡한 문제를 인식함에도 불구하고 여러 자료원으로부터 강점을 끌어내어 실천적 전략의 개념틀을 만들게 되었다. 우리는 실무자를 훈련하는 데 힘썼고 연구도 수행하였으며 대상자 중심 의료와 동기강화상담(motivational interviewing, MI)도 학습하였다.

의료에서의 대상자 중심적인 접근의 발전은 대상자와 실무자 관계에 대한 우리의 생각에 기반이 되었다. 우리는 용어 색인에 기술된 개념에도 관심을 가졌다. 동기강화상담은 우리가 대상자가 경험하는 내적 갈등과 저항을 감소시키기 위해 사용되는 기술에 대한 변화를 고려할 때 우리의 생각에 영향을 미쳤다. 우리는 해결중심치료의 척도 질문도 사용하였는데 이것은 나중에 적용되었다.

개요

그림 1-1은 우리가 수행하는 상담을 구조화시키는 방법에 대한 개요를 보여준다. 각 과업은 다음 장에서 상세하게 다룬다. 분명한 초기 과업은 라포 형성하기와 논제

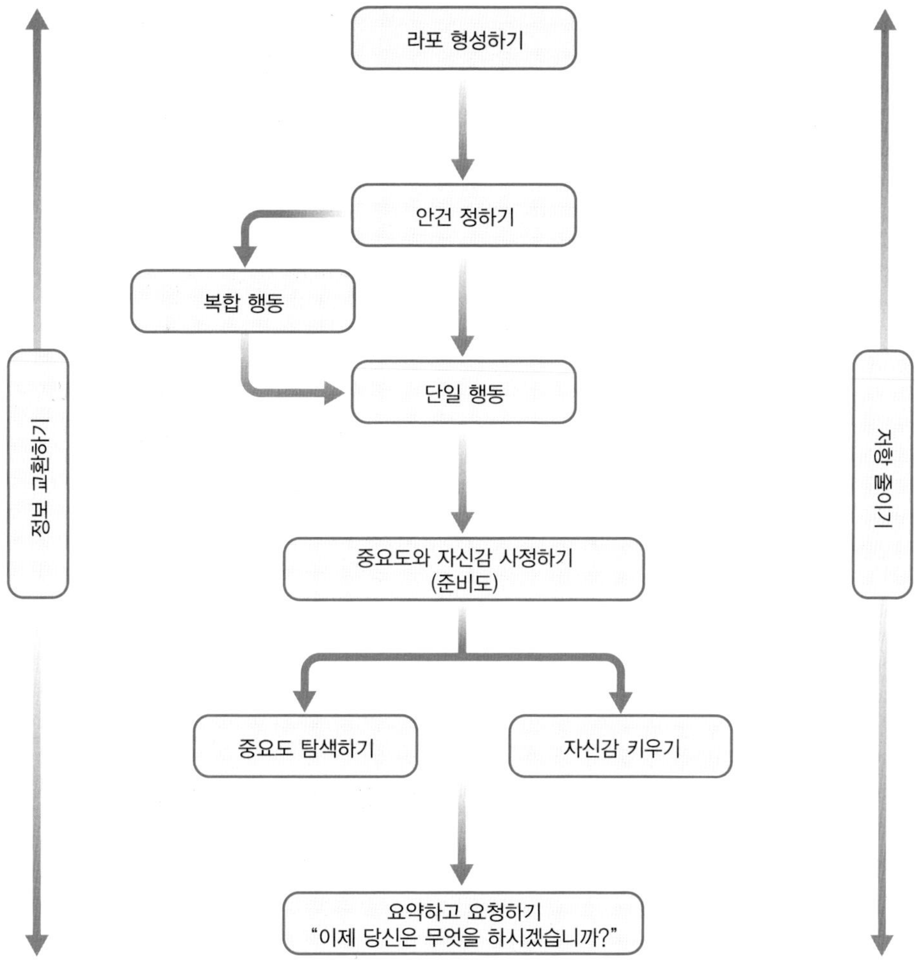

그림 1-1 • 행동변화 상담에서의 주요 과업

정하기이다(3장 참조). 후자는 때때로 필요하지 않을 수도 있는 데, 실무자와 대상자가 논의하려는 주제를 이미 알고 있기 때문이다. 어떤 경우는 중요하면서도 대체로 복잡하다. 우리는 단일 행동과 복합 행동 상담을 구별하였다. 복합 행동 상담에서는 흡연, 식이, 운동, 개인적 관심사 등 주제 선택을 위한 협상도 이루어진다.

대상자와 특별한 행동변화에 관하여 논의할 때 목표는 대상자가 행동변화를 어떻게 느끼는지 정확하게 이해하는 데 있다. 4장에서는 중요도와 자신감 사정하기 과업을 성취할 수 있도록 디자인하였다. 어떤 대상자들은 변화의 중요도 탐색하기에 많은 시간이 필요하다(위의 번즈 부인). 어떤 사람은 이미 변화를 확신하고 원하기 때문에 변화를 성취하려는 그들의 능력에 자신감 키우기로 돕는 것이 필요하다(위의 샤론 베이커). 이것은 5장에서 소개한다. 자신감 키우기가 성취될 때, 다음 단계가 명확해져 깊은 탐색과 논의가 이루어지거나 실행 계획이 진행될 것이다.

상담 과정을 통하여 진행되는 2가지 과업은 바로 정보 교환하기와 저항 줄이기이다(6장, 7장 참조).

정보 교환하기는 실무자와 대상자의 견해와 중요한 문제를 충분히 이해하기 위하여 다양한 순간에 사용될 것이다. 대상자는 내키지 않음, 방어함, 저항의 여러 표현을 매 순간 보여줄 것이다. 이것은 상담 과정에서 대상자와 논의하는 방법이나 상담의 속도를 바꾸라는 신호로서 다른 방식으로 방향을 바꿀 필요가 있음을 보여주는 것이다. 다음에서 이러한 과업을 상세하게 기술하였다. 우리는 상담 과정을 따르도록 돕는 유용한 전략도 확인하였다.

효과가 있는가?

우리는 많은 자료원으로부터 접근을 도출해내었는데, 각각은 자체적인 근거를 기초로 한다. 이 접근은 여러 번 시도되어 검증된 내용물을 혼합한 레시피처럼 보일지도 모른다. 대상자 중심 임상 기법에 관한 유용한 요약과 지지 근거는 Stewart(2005)에서 확인할 수 있다. MI의 다양한 연구 목록은 www.motivationalinterview.org에서 찾을 수 있다.

이 책에 기술된 전략을 사용한 연구도 있다. 예를 들어, Heather 등(1996)은 병원에 입원한 변화 준비가 덜 된 고음주자들에게도 실무자팀이 약간의 진전을 유도할 수 있음을 보고하였다. Butler 등(1999)도 일차 의료 현장에서 흡연자를 상대로 유사한 결과를 보고하였다. McCambridge와 Strang(2004)은 잘 훈련된 한 명의 실무자가 위험에 처한 대학생을 상담할 때의 강력한 근거를 보고하였다. 그러나 젊은 근로자 집단이 학생과 함께 1회기를 보냈을 때 근거가 바뀌었다(Gray et al., 2005). 식이 연구에 참여한 젊은 사람들(Berg-Smith et al., 1999)과 당뇨가 있는 어린이들(Channon et al., 2007)에 대한 연구는 또 다른 성공을 이끌어내었다. 지금까지, 전략에 관한 우리의 자료는 단순한 결론을 이끌어내었다. 숙련된 실무 경험은 결과에 영향을 미칠 수 있다.

이 책의 사용법

얼마만큼의 시간이 있는가?

이 접근은 실무자들이 행동변화에 관한 상담 과업의 다양한 수준을 배우도록 설계되었다.

단지 몇 시간

이 접근에서의 '정신'을 완전히 이해하고 그림 1-1의 단순한 행동에 관한 과업에 익숙해져야 한다. 가장 유용한 과업을 확인하고 각 장에서 소개하고 있는 상담에서 유용한 질문 몇 가지도 확인한다. 당신은 9장에서 소개된 전형적인 임상대면 상황에 익숙한가? 그렇다면, 그 내용은 접근에 관한 총체적 정신의 유용한 생각도 제공할 것이다. 웹사이트(www.elsevierhealthbehaviorchange.com)와 책의 부록에서 대상자와 사용 가능한 도구를 소개하고 있다. 도구를 사용하기 전에 목적과 사용 방법을 검토하기 바란다.

대략 1일

적합한 과업의 이해뿐만 아니라 과업과 관련된 유용한 질문을 완전히 이해한다. 당신은 전략의 상세한 부분과 각 과업에서의 시각적 보조 수단을 탐색할 만한 시간이 있을 것이다. 특히 모의 대상자와 연습을 하고 동료와 토론한다면 많은 도움이 될 것이다.

하루 이상

이 정도의 시간이라면 과업으로 숙지한 전략을 당신이 찾아보고 연습도 가능할 것이다. 모의 대상자나 실제 대상자와 연습하고 다시 책을 통해 확인하고 더 많은 자료를 읽는다.

이미 가지고 있는 기술은 무엇인가?

실무에서 경청기술을 사용하는 것에 익숙하다면(예를 들어 열린 질문, 요약하기, 반영적 경청), 이 책에서 소개하는 보다 지시적인 전략을 배우는 데 어려움이 없을 것이다. 그렇지 않다면 경청기술을 먼저 발달시킬 것을 제안한다. 왜냐하면 이것은 행동변화 상담의 질을 바꿀 수 있기 때문이다. 그러나 당신이 반드시 경험 많은 상담사이어야 한다고 말하는 것은 아니다.

맹종적인 채택이 아닌, 창의적인 적용

3장에서 8장까지의 전략 모음은 구체적인 형태로 쓰여있다. 전략의 목표는 실무자가 잘 하도록 명확한 비전을 제공하는 것이다. 우리는 이것이 유일한 방법, 항상 최고의 방법이라고 말하려는 것이 아니다. 우리는 이러한 방법을 먼저 시도해 볼 것을 제안한다. 왜냐하면, 이러한 시도는 지속적인 저항을 피하게 하고 논의를 건설적인 방법으로 발전시키기 때문이다. 당신이 좀 더 편안하다고 느낄 때, 당신과 당신의 대상자에게 적합한 전략을 사용하고 새로운 전략도 구성하게 된다. 당신의 업무적 상황을 고려한다면 상당히 다른 전략도 가능할 것이다.

어떤 실무자는 일상적 실무에 행동변화 작업을 통합하고 싶어 한다. 또 다른 실무자는 당뇨, 비만, 심장질환, 니코틴 의존, 약물 이행 증진시키기 등 특별한 프로젝트나 특정한 중재를 발전시키고 싶어 한다. 여기에서는 이러한 접근을 예비 작업, 실제 현장, 개선이라고 기술한다. 이것은 당신의 행동변화 상담 진행 방법에서의 문제점을 확인하려는 것이 아니라 이해하는 기회로 생각하려는 것이다. 명료함의 추구, 새롭게 생각하기, 혼란스러워짐, 그리고 다른 사람과 논의하는 활동은 우리가 대상자와 무엇을 하고 있는가를 보는 거울과 같다. 이것은 우연의 일치가 아니다. 왜냐하면, 상담에서 새로운 방법을 발전시키는 것은 우리 자신의 행동을 변화시키는 것도 포함되기 때문이다. 새로운 가이드라인의 사용이든 대상자중심 상담기법의 발전이든지 간에 실무자의 행동변화에 대한 근거는 예비 실험과 실무에서의 필요성을 명확히 하는 데 있다. 책이나 훈련가, 관리자에 의하여 전달받는 것보다 당신의 현장에서 정제되고 적용하는 방법이 더욱 유용할 것이다.

참고문헌

Berg–Smith, S.M., Stevens, V.J., Brown, K., et al., 1999. A brief motivational intervention to improve dietary adherence in adolescents. *Health Education Research 14*, 399–410.

Butler, C.C., Rollnick, S., Stott, N.C.H., 1996. The practitioner, the patient and resistance to change: recent ideas on compliance. *Canadian Medical Association Journal 154*, 1357–1362.

Butler, C., Rollnick, S., Cohen, D., Russell, I., Bachmann, M., Stott, N., 1999. Motivational consulting versus brief advice for smokers in general practice: a randomized trial. *British Journal of General Practice 49*, 611–616.

Channon, S., Huws–Thomas, M., Rollnick, S., et al., 2007. Multicenter randomized controlled trial of motivational interviewing in teenagers with diabetes. *Diabetes Care 30*, 1390–1395.

Gray, E., McCambridge, J., Strang, J., 2005. The effectiveness of motivational interviewing delivered by youth workers in reducing drinking, cigarette and cannabis smoking among young people: quasi–experimental pilot study. *Alcohol & Alcoholism 40*, 535–539.

Heather, N., Rollnick, S., Bell, A., Richmond, R., 1996. Effects of brief counselling among heavy drinkers identified on general hospital wards. *Drug & Alcohol Review 15*, 29–38.

McCambridge, J., Strang, J., 2004. The efficacy of single–session motivational interviewing in reducing drug consumption and perceptions of drug–related risk and harm among young people: results from a multi–site cluster randomized trial. *Addiction 99*, 39–52.

Stewart, M., 2005. Reflections on the doctor–patient relationship: from evidence and experience. *British Journal of General Practice 55*, 793–801.

원칙
Principles

CHAPTER 2

이 장에서는

- 개요
- 이 접근의 정신
- 상담 스타일
- 변화는 사건이 아니라 과정
- 동기의 핵심 요소로서의 중요도와 자신감
- 내적 갈등 관리하기
- 조언과 정보의 차이
- 주요 기술로서의 경청

개요

이 책은 보건의료에서의 의사소통, 동기와 변화에 관한 연구, 환자와 학생이 경청과 관찰을 통해 얻는 통찰을 제공하고 있다. 여기에서는 새로운 이론적 모델이나 행동변화 상담을 위한 특별한 프로토콜을 소개하지 않는다. 하지만, 임상 현장에서 이러한 주제에 대하여 이미 알고 있는 것을 통합하는 방법을 제공하고 있다.

고대 그리스 시대부터 의학의 세 가지 기본 도구는 약초(herb), 칼, 언어(말)라고 알려져 왔다(Grant 1995). 이 장은 행동변화를 위한 상담에서 '언어(말)'의 사용에 관한 내용을 소개하고 있다.

행동변화에 대하여 여러 가지 바람직한 일반적 상담 기술이 많이 소개돼왔다. 그러나 예를 들어, 환자에게 나쁜 소식 전하기, 현재 증상의 과거력 이끌어 내기와 같은 행동변화에 관한 상담은 상당히 다른 독특한 차이를 보여 준다.

이 장의 목표는 이후의 장들에서 기술하는 전략의 기본 원칙을 보여주는 데 있다.

이 접근의 정신

이 책에서 우리는 상담 전략과 기법에 관하여 많은 심혈을 기울였다. 그러나 여전히 가장 중요한 점은 상담자의 정신이다. 간단히 말해, 이것은 행동변화에 대한 상호협동적인 대화이다. 다시 말해, 레슬링이라기보다 동료와 춤추는 댄싱과 같다. 환자를 적극적인 의사결정자로 격려한다. 실무자는 적절한 순간에 논의의 구조(전문적 촉진)와 전문 정보를 제공한다. 실무자는 환자에게 중요한 것과 의도를 인식하면서 행동변화에 관한 그들의 견해와 열망을 이끌어낸다. 이것은 단지 기법과 전략을 사용하는 문제가 아니라 환자의 자율성을 증진하는 태도의 집합체(set)로서 상담과 행동변화 주제에 접근하도록 한다.

우리들 대부분은 각자 (수용할 수 있는)위험을 정해놓고, 우리 자신의 건강과 절충하는 방식으로 행동한다. 우리가 감수하게 되는 위험의 대부분은 즐거움이나 이득을 위한 것이다. 우리의 임상적 접근은 일반적으로 이러한 원칙을 기초로 한다. 상담에서 실무자를 만나는 사람들은 제한된 사회적 · 경제적 상황 속에서 그들이 원하는 행동을 선택할 자유가 있다. 이러한 점에서 보면 실무자의 역할은 환자들의 행동변화 여부와 상관없이 그들이 동의하는 선택을 하도록 돕는 데 있다. 실무자는 환자의 지식과 접근성, 건강 선택 행동을 증진시키고 싶어 한다. 그러나 선택에 대한 자유는 환자들의 기본적인 권리이다. 궁극적으로 건강을 위협하는 대부분의 행동도 불법적이라고 할 수는 없다. 실무자의 역할은 환자가 변화를 결정하면 그들의 선택을 기초로 효율적인 행동을 하도록 돕는 것이다. 행동을 변화하려는 시도가 상담 밖에서 자연스럽게 일어나고 있음을 기억하는 것도 중요하다. 우리들 모두 우리 자신의 삶에서 이러한 경험을 하고 있다. 우리는 때때로 성공하고 많은 경우 실패한다. 많은 성공적인 시도는 잘못된 시작 후에 일어난다. 변화의 기회가 미래에 더 많이 주어진 사람들은 변화에 대한 '실패한' 시도로부터 많은 것을 배우게 된다.

환자의 자율성을 중요하게 생각한다면 그들에 관한 걱정이 마음속에 있다고 할지라도 당신의 견해를 그들에게 강요하는 것은 적절하지 않다. 이것이 바로 환자중심 접근인데, 실무자에 의해 제공되는 명확한 구조나 주제가 없다. 실무자가 환자에게 명확하게 제공하는 것을 자제하거나 건강을 위협하는 행동의 위험(또는 이득) 여부에 따라 접근해야 한다고 말하는 것이 아니다. 실무자의 역할은 환자들이 자신의 준거틀(frame of reference)을 이해하고 의사결정을 하도록 돕는 것이다. 실무자로서 당신의 견해는 매우 적절하다. 당신은 행동변화나 최적의 건강과 관련된 특정한 행동 지식도 알고 있다. 그러나 당신의 지식을 환자와 공유하는 방식이 중요하다. 행동변화에 대한 적합한 접근은 '당신의 …에 대하여 어떻게 느끼는가? 어떻게 당신의 일상생활에 이것을 맞출 수 있는가?', '나는 …라고 믿어요. 그러나 당신이 변화를 하든 안하든 그것은 당신의 선택이에요. 당신이 변화를 고려한다면요, 기억하세요. 나는 당신이 변화의 필요성을 느낀다면 도울 거예요.'와 같이 보일 수 있다.

때때로, 변화에 대한 의사결정은 환자의 삶에 큰 영향을 미칠 수 있다. 실무자에게 조금 더 운동하기와 같은 생각은 단순하게 보인다. 그러나 환자에게는 그들의 삶에서 많은 변화를 포함할 수 있다. 예를 들어, 한 실무자가 체중과다이면서 편모인 그의 환자에게 '매일 30분씩 빠른 걸음을 걷기'를 권유하였는데 환자가 이 '단순한' 조언을 실천하지 않는다고 좌절감을 표현하였다. 그는 환자가 유모차에 아이를 태우고 유모차를 끌며 여유 있게 산보하러 가는 계획은 생각하지 못했다(환자들에게 요청하지 않았다.).

행동변화에 대한 접근은 다른 행동에도 영향을 주는데 환자들은 이러한 변화에 대하여 두려움도 표현하였다. 예를 들어, 운동을 더 많이 하면 심장마비를 일으키지 않을까? 담배를 끊으면 몸무게가 늘지 않을까? 환자의 관점에서 이러한 주제를 이해하는 것은 변화를 증진시키려는 실무자의 노력에서 중요한 부분이다. 이것을 성취하기 위해서 환자 중심 의료 원칙을 따를 필요가 있다. 당신은 환자의 관점에 가치를 두고 이해해야만 한다. 환자의 세계를 이해함으로써 과정과 결과가 증진될 것이다. 이것은 태도와 기법 모두를 포함한다.

환자의 자율성과 그들의 행동을 변화하거나 유지하는 선택을 존중하는 것이 중요하다. 기본적인 상담 기술은 환자의 견해를 존중하면서 이해하는 보조 수단으로서 사용될 수 있다. 실무자의 수동적인 모습이 아니라 적극적으로 환자에게 공감하려고 노력하는 과정이 중요하다. 다시 말해, 환자의 준거틀로 상황을 봐야 하는 것이다. 환자는 실무자와 다른 성별, 문화, 사회적 배경에서 자랐기 때문에 관점과 우선순위도 상당히 다를 수 있다. 그러나 환자와 실무자의 관점과 우선순위는 똑같이 중요하다. 환자가 행동변화에 대하여 무엇을 결정하든지 간에 존중감을 전달하면서 수용하여야 한다.

우리가 주의하지 않으면 상담에 방해가 될 수 있는 가정들

많은 행동변화 상담이 실무자가 가정하는 오류를 범하기 때문에 실패하곤 한다. 당신이 이러한 가정을 강요하지 않는다면 환자들은 변화를 더욱 고려할 것이다.

1. 이 사람은 변화해야 한다.

당신이 건강에 가치를 두기 때문에 이것은 피하기 어렵다. 당신은 환자와 환자 가족을 걱정하고 변화하는 것이 좋은 아이디어라고 생각한다. 이 생각에 정직하지 않을 수 없으나 항상 변화해야 한다고 표현하는 것은 도움되지 않는다. 해결책은 환자의 견해를 이해할 때까지 당신의 견해를 보이지 않거나 강요하지 않는 태도로 표현하는 것이다. 예를 들어, '나는 당신이 식이 변화를 하는 것이 좋겠다고 생각합니다.' 그러나 당신은 이것에 대해 진심으로 어떻게 생각하는가? 다른 말로, 당신은 그들에게 변화에 대한 가능성을 열어 둔 채 환자의 선택에 관한 자유를 강조하면서 당신의 견해를 거의 중립적이고 비판단적으로 표현할 수 있고, 당신이 미처 인식하지 못하는 부정적인 결과도 알게 될 것이다. 환자가 변화해야만 한다는 고정된 견해는 판단적 접근으로 이끌 수 있다. 이때 환자는 불리함을 느끼고 방어적으로 행동할 것이다.

2. 이 사람은 변화를 원한다.

어떤 행동이 그들에게 질병을 앓게 하고 상태를 악화시키고 위험에 빠지게 한다면 변화를 원할 것이라고 가정하기 쉽다. 몸무게 감량 클리닉이나 금연 집단에 참여하면 사람들이 변화에 대하여 동기화되었다고 생각하기 쉽다. 사람들이 그 곳에 참여하는 이유와 동기는 다양하다. 사람들이 얼마만큼 변화를 원하는지 평가하는 것은 상담의 성공에 중요하다. 환자들이 건강실무자에게 위협감을 느낀다는 사실을 기억한다. 그들은 행동변화를 원하지 않거나 판단되는 것을 두려워하여 속마음을 감추게 된다. 실무자의 태도와 특별한 질문 방식은 솔직한 논의를 촉진할 수 있다. 충분히 검토하지 않은 채 사람들이 변화를 원한다는 가정은 그들이 진짜 그렇게 하기를 원하는 확고한 결정을 내리기 전에 어떻게 변화할 것인지에 대하여 너무 빨리 논의하도록 하는 위험을 겪도록 한다. 실무자는 환자가 아직 변화를 결정하지 않았음에도 불구하고 실행 모드(mode)인 경우가 많다. 이렇게 실무자가 앞서 나가는 것은 환자들이 오해하고, 위압감을 느끼게 할 수 있으며 변화에 대한 그들의 저항을 더욱 증가시킬 수 있다.

3. 건강은 환자를 위한 최고의 동기이다.

상담에서 흔히 보이는 가장 잘못된 가정이다. 우리는 돌봄 제공자라는 우리 자신의 역할에 빠져들어 왔다. 예를 들어, 어느 정도 수준으로 건강한 환자는 장기적인 최적 건강 상태에 대한 걱정으로 행동을 변화시키지 않는다. 좀 더 멋지게 보이기, 가정 경제를 관리하기, 경력 관리와 같은 계획이 더욱 중요하다. 행동을 변화시키는 것은 건강 이상의 것을 의미하며, 모든 사람들이 좋지 않은 건강 상태에서 벗어나기 위하여 장기간에 걸쳐 할 수 있는 한 모든 방법을 시도하지도 않는다. 물론 당신은 불확실성의 맥락에서 일하고 있다. 딱히 과체중을 보이는 남성에게 당뇨가 생기고 흡연하는 그의 아내에게서 폐암이 발생할 것이라고 생각하지 않는다. 그러한 행동은 기회가 많아지게 하고 행동변화는 이러한 질환을 피하게 하는 그들의 오즈(승산)를 증가시킬 것이라고 생각한다. 그들은 도박을 하는 것처럼 개인적인 선택을 할 것이다.

위험 추구에 대한 접근은 흥미롭다. 영국에서 당신이 국가에서 발행한 복권을 문 닫히기 몇 분 전에 구입했다면 2시간 후 잭팟으로 승리할 기회는 당첨 전 당신이 죽는 확률과 거의 유사하다. 백 만 명의 사람들이 승리에 대한 희망으로 복권을 구입한다. 그러나 당첨되기 위하여 사는(live) 것은 아니기 때문에 그 누구도 복권을 구입하는 것이 가치롭지 않다고 말하지 않는다. 흡연자의 50%가 흡연 행동으로 조기에 사망할 수 있다고 얘기할 때도 누군가는 그들에게 그 확률이 일어날 확률을 심각하게 고려하고 노년이 되어 다른 원인으로 사망한 그들이 알고 있는 행운의 50%에 속한 흡연자를 회상하면서 다른 관점을 강조할 것이다. 사람들이 건강에 관한 걱정으로 동기화된다는 가정은 그들의 실제적 걱정을 근시안적으로 이끌게 되고 환자 중심 접근도 불가능하게 할 수 있다. 많은 사람들에게는 비록 짧은 인생에서도 진정한 성취를 이루는 것이 가장 중요한 것이 될 수 있다.

4. 환자가 변화하려고 하지 않으면 상담은 실패한 것이다.

이 가정은 매우 비현실적이고 지나치다. 변화에 대한 결정은 사건이 아니라 과정이기에 시간이 필요하다. 사람들은 행동하려고 준비하는 감정과 그렇게 하는 것에 무의욕적인 감정으로 망설이게 된다. 변화에 대하여 조금 더 깊게 생각하는 사람을 돕는 것은 상담의 결과에도 유용하다. 변화에 대한 결정은 좀 더 나중에 상담 밖에서 일어날 것이다.

성과를 중시하는 관리 문화는 실무자에게 결과를 내도록 압박한다. 이러한 압박은 환자에게 영향을 준다. 실제로 사람을 변화시키는 힘은 당신에게 있지 않다. 감사하게도, 인간의 정신은 매우 강하다. 결국 사람은 자기 자신의 결정을 따르고, 억압하며 통제하는 체재에 반대한다. 만약 당신이 환자에게 중요한 문제를 제기하는 것을 놓치고, 관련된 정보를 설명해서 환자로 하여금 문제라고 생각할 기회를 주지 못했다면, 당신은 실패했다고 생각하는 게 맞을지도 모른다. 그러나 그러한 과정에 대한 결과를 결정하는 것은 당신의 권한 밖의 일이다. 당신이 성과를 내도록 압박받을 때, 당신은 대인 관계 과정에 충분히 집중하지 못하고 효과적으로 당신이 원하는 대로 작업하지도 못한 채 요구하는 결과에만 집착하게 될 것이다.

5. 환자들은 변화하도록 동기화되거나 그렇지 않거나 둘 중 하나이다.

동기는 양자택일의 문제가 아니라 정도의 문제이다. 변화준비도는 개인과 시간의 흐름에 따른 그들 내부 요인에 따라 다양하다. 이러한 접근으로 우리는 환자로부터 관심 있는 변화에 대한 불씨를 만들어내는 통합적인 방식을 시도해왔다. 이러한 경험은 시간이 지남에 따라 더욱 불길이 타오르도록 하였다(동기가 강화되도록 하였다). 변화에 대한 관심을 하루 중 조금만 표현하던 사람이 몇 주 후에 매우 흥미로워한다. 비슷하게, 1주 동안 진심으로 변화를 원하고 시도하던 사람도 나중에는 그러한 열정을 잃게 된다. 이러한 2가지의 시나리오는 정상적이며 예상되는 결과이다. 변화준비도에 대한 주제는 아래에서 더 상세하게 논의한다.

6. 지금이 변화를 고려할 바로 그 시간이다.

정확한 시간을 선택하는 것은 어려운 문제이고 항상 합리적으로 생각할 수도 없다. 무언가를 위해 '당신 자신을 가다듬는 것'이라는 표현이 있다. 실제적이고 정서적인 요소들은 변화를 고려하는 사람들의 자발성과 그렇게 하도록 마음을 가다듬는 감정에도 영향을 미친다. 최고의 안내서는 환자의 반응이다. 환자가 동의 없이 늦은 시간에 급히 상담실에 온다면 당신에게는 시간적 문제가 생긴다. 실무자는 자신의 일상 업무에서 신속한 결정을 내리기도 한다. 환자의 생활습관 변화를 논의하는 데 이러한 접근은 도움이 되지 않는다(급성적인 의학적 문제를 다루는 데는 상당히 적합함). HIV 보호 행동과 같은 변화 주제는 긴박하다. 하루나 1주일 지연되어도 매우 위험해질 수 있다. 어떤 사람에게 흡연과 같은 행동은 덜 긴박해도 여전히 중요한 주제이다. 올바른 순간을 선택하고 올바른 속도로 나아가는 것은 성공률을 증가시킬 수 있다. 매우 빨리 움직이는 것은 환자가 요지부동하게 할 수 있다. 실무자에 의해 우선시되기보다 환자가 원하는 변화를 작업하는 것이 성공에 가장 좋다. 흡연은 건강 부작용과 관련해 최고로 건강을 위협하는 행동으로 알려져 왔다. 그러나 환자가 금연할 준비는 되지 않았으나 건강하게 먹는 행동을 고려하기 시작했다면 흡연은 잠시 미루어 두고 식이 행동을 성공하도록 돕는 것이 나중에 금연을 성공으로 이끌 수 있다.

7. 강압적인 접근이 언제나 제일이다.

강압적인 접근을 사용하는 누군가에게 당신은 얼마나 자주 변화되도록 격려되었는가? 사람들은 다른 접근이 불가능하다고 느낄 때 강경한 노선을 취한다. 어떤 환자들은 때때로 매우 솔직하고 직접적으로 설득하는 것이 적합하고 효율적일 수 있다. 그러나 모든 환자에게 이 방식이 필요하다고 가정한다면 우리의 노력은 낭패가 될 것이다. 실무자가 강압적으로 접근할 때 환자들이 저항하고(그들은 구석에 몰리는 것 같은 감정을 느끼기 때문에) 실무자가 그들이 변화에 저항한다고 생각하고 더 강압적인 행동 접근을 하게 되는 등 악순환에 들어설 수 있다. 환자로부터 나오는 "예, 그렇지만..."의 반응은 강압적인 접근에 대한 환자의 자동적인 반응이다.

8. 나는 전문가이다. 환자는 나의 조언을 따라야만 한다.

당신에게 전문성이 있다. 당신은 문헌에 나온 내용을 알고 있고 과거에 다른 환자를 위한 업무도 경험하였다. 당신은 환자에게 일어나고 있는 생리적 상태도 알고 있다. 우리는 실무자의 전문성이 부적절하다고 말하는 것이 아니라 환자가 점점 더 전문성을 갖도록 당신이 도우라는 것이다. 환자에게 해야 하는 것을 바로 이야기하는 것은 이 접근을 성취하는 것이 아닐 수 있다. 물론, 사용하는 전문성의 방식이 중요하다. 유용한 사례로 강사를 고용하여 운전을 배울 때를 들 수 있다. 교습생이(또는 환자가) 운전을 하고, 강사는 어디로 가야 하는지 얼마나 많은 정보를 제공해야 하는지, 언제 그것을 제공하는지 결정하면서 지켜보고, 경청하고, 격려한다. 행동변화

상담에서 환자는 스스로의 통제권 안에 있어야 한다. 그들은 자신에게 효과적인 기술을 연습하고 발전시킬 필요가 있다. 사람들이 자신의 건강을 장기적으로 돌보려 한다면 그들을 지지하고 그들의 결정과 계획을 만들기 위한 정보를 제공하는 편이 나을 수 있다.

9. 이 책에 기술된 접근은 언제나 최고이다.

이것이 일반적이다. 많은 임상적, 과학적인 근거가 이러한 진술을 정당화하도록 한다. 어떤 환자는 당신이 올바른 방향이라고 결정한 것에 호의적이면서도 단호한 태도를 보이며 매우 단순한 접근에 반응할 것이다. 최고의 실무자는 하나의 방식을 고집하지 않고 유연하면서도 다양한 방식으로 유능함을 보인다. 도움이 되지 않는 행동은 중지할 수 있고 다른 방식을 알아차리는데도 충분히 민감하다. 이것은 우리가 사용하는 다양한 상담 스타일을 논의하도록 한다.

상담 스타일

환자-내담자 중심 기법은, 예를 들어 행동을 변화하고 치료에 대한 결정을 할 때, 환자의 관점 반영의 중요도에 대한 근거가 부족한 심리학, 간호학, 의학 등 많은 분야에서 사용되어 왔다.

가장 많이 발달된 환자 중심 기법은 Stewart 등(2003)이 제공하였다.

- 사정(assessment)은 실무자가 환자의 질병에 관한 고유한 경험을 이해하고자 적극적으로 노력하는 것이다. 실무자는 질병에 대한 환자의 생각과 아픈 경험에 대해 환자가 어떻게 느끼는지, 실무자에게 무엇을 기대하는지, 질환이 환자가 기능하는 데 어떻게 영향을 주는지 탐색한다.
- 질환에 대한 견해(이상병리)과 질병(환자의 아픈 경험)은 총체적 인간을 이해하기 위하여 통합된다.
- 공통적인 토대를 발견하는 것은 환자와 실무자가 함께 문제를 확인하고 관리의 목표를 성취하고 실무자와 환자의 기대되는 역할에 대하여 명확히 하는 것이다.
- 실무자와 환자의 만남을 건강증진을 위한 기회로 본다.
- 각각에 대한 접촉은 실무자와 환자가 치료적 관계를 발전시키는 기회이다.

- 종합적으로 실무자는 자원에 대해서도 현실적이다(시간과 자신의 감정적 에너지를 포함하여).

환자 중심 기법의 효과성을 지지하는 연구는 돌봄 과정에서의 질 증가, 실무자를 만난 후 환자의 증가된 만족감, 증가된 약물 이행, 환자의 걱정 감소, 기능 상태의 증가, 검사 시행 수준의 감소, 응급실 이용과 병원 입원의 감소, 혈압 조절의 증가, 수술 후 회복의 증가, 혈당 감소와 당뇨가 있는 사람들의 웰빙 지수 증가 등 다양한 구성 요소를 포함한다(Orth et al., 1987, Kaplan et al., 1989, Kinmonth et al., 1998, Stewart et al., 2003, Epstein et al., 2005, 2007, Hsiao & Boult 2008).

환자의 강점

태도에서의 미묘하면서도 강력한 차이는 행동변화에 관하여 환자가 스스로 생각하도록 격려하는 데서 시작된다. 당신은 그들이 약점보다 강점을 알도록 작업한다. 당신은 문제나 병리적 상태를 찾는 행동을 덜 하고 변화에 대한 그들의 동기는 더 많이 촉진하도록 한다.

이러한 태도는 간호사 가족 파트너십 프로젝트(Nurse Family Partnership project, www.nursefamilypartnership.org 참조)에서 잘 표현되고 있다.

임신한 젊은 여성을 위한 근거-기반 프로그램은 간호사가 그들의 강점과 열망과 함께 작업한다는 기본적인 원칙에 토대를 두고 그들 자신과 자기의 아기를 위해서 원하는 성취를 위한 행동변화를 논의하였다.

이 주제를 더욱 개선한 논의는 '부족함'과 '유능함'의 견해에 관한 차이를 설명한 Grant Corbett 박사의 작업에서 확인할 수 있다. 부족함의 견해에서 환자는 실무자가 그 차이를 채우기 위하여 바로 잡아주어야 하는 것(지식, 태도, 기술)이 없어 보인다. 유능함의 견해에서 환자는 행동변화에 대하여 1차적 주제인 지식, 태도, 역량을 채운 것처럼 보인다(Corbett 2006).

환자들은 그들에 대한 당신의 태도를 알아차리고 반응한다. 단지 친절한 것보다 그들의 유능함에 대한 믿음이 그들에게 더 깊게 영향을 미치고 그들을 격려하도록 한다. 당신이 변화가 일어나도록 하는 치유력의 참된 토대를 형성하고 있다. 이것은 전염성이 있다. 환자의 견해를 유능한 사람이 직면한 힘든 선택으로 본다면 그들은 안정적인 결정들을 내림으로써 변화하는 것이 가능해 질 것이다.

따라가기, 지시하기, 안내하기

Rollnick 등(2008)은 건강 상담에서 사용하는 3가지 의사소통 방식인 따라가기, 지시하기, 안내하기에 관하여 소개하였다. 각각은 실무자와 환자 사이의 관계에 관한 다양한 방식을 보여준다. 그리고 각각은 환자에게 다른 종류의 도움을 제공한다.

따라가기는 가능한 환자의 견해 뿐 아니라 이해하기 위하여 주제에 대하여 말하는 것을 주의 깊게 경청한다. 환자가 안건을 정하고 대화를 진행한다.

지시하기는 사람들에게 그들이 해야만 하는 것(이유를 설명하거나 안하거나)을 말하면서 진행된다. 지시적 형태일 때는 무엇을 해야 하는지, 어떻게 그것을 해야 하는 지 가장 쉬운 방법으로 설명된다. 환자는 경청하고 이를 따를 것이다.

안내하기는 실무자의 지식을 적절할 때 제공받으면서 변화를 향한 그들의 과정에 누군가가 동반하는 것이다. 지시적이기보다 온화하고 환자에게 더 많은 자율성을 갖게 한다. 안건이나 목표에 관한 동의가 우선되어야 하고 환자는 이러한 방법으로 안내된다.

세 가지 방식은 특정 상황별로 유용하면서도 근거가 분명하다. 대부분의 보건의료 실무자는 세 가지 방식에 관한 기술을 그들의 역할과 선호되는 상황에 따라 다양하게 균형을 맞추어 사용한다. 호스피스 작업과 사별 상담에서, 따라가기는 고통스러운 상황을 받아들이도록 하고, 힘든 시간을 지낸 후 그들 자신의 방식을 찾아내도록 돕기 때문에 우세한 방식이다. 사고와 응급실 상황에서는, 위기 상황을 관리하면서 환자들에게 '가만히 있으세요, 팔을 내미세요, 이걸 삼키세요.'와 같이 말하며 지시하기가 적합하게 쓰일 것이다. 안내하기는 건강증진 상담에서 환자들에게 행동을 변화하는 것이 가치있다는 것을 느끼도록 하고 어떻게 그들의 삶 속에 적용할 것인지 이해하도록 돕기 때문에 가장 유용한 방식일 것이다.

심장마비를 경험한 한 남성은 치료적 상황에 따라 각각의 의사소통 방식으로 도움을 받았을 것이다. 그는 처음 생명의 위협을 느끼고 생존을 위하여 무엇을 해야 할지 모를 때 응급실 의료진의 지시를 믿고 따르게 된다. 이후에, 그는 이러한 죽을 뻔한 사건을 간호사나 병원 목사의 따라가기 방식으로 이야기하도록 도움을 받았을 것이다. 가장 나중에 재활 담당 영양사는 그가 식이를 변화하도록 안내하기를 사용하여 도움을 줄 것이다.

일치(Marinker & Shaw 2003)를 저술한 저자들은 장기간의 약물복용 순응도와 유사한 맥락을 보인다고 하였다. 전통적으로 지시하기와 비슷한 역할이 처방자에 의하여 이루어졌고 그들은 도움이 될 약물을 환자들이 복용하지 않아서 여러 차례 좌절하였다. 일치란 지시를 따르는 이행이 아니라 환자의 신념과 바람을 존중하면서 합의가 이루어지고 그 합의를 따르는 것이라고 간주한다(Marinker & Shaw 2003).

이 책에서는 안내하기와 일치를 가장 일반적인 접근으로 기술하고 있다. 환자가 받아들이는 것에 깊은 가치를 두는 것이 실무자의 전문성임을 아는 것이다.

변화는 사건이 아니라 과정

지난 25년간 변화를 이끄는 요인과 변화를 유지시키는 요인 및 결국 옛 습관으로 되돌아가게 만드는 요인에 대한 연구가 진행되어 왔다.

> 금연에 대한 결정은 언제나 그만둘 수 있다. 흡연자가 끊으려고 하면 반복적으로 그러한 시도를 지속하거나 포기해야 하는 다른 결정에 처해진다(Sutton 1989, p. 66).

건강행동으로 변화하려는 대부분의 환자들은 지속적인 지지가 필요한 과정에 놓인다. 그들은 처음 변화를 시도하기 전에 많은 생각을 하고 변화를 유지하기 위해서 몇 달이나 혹은 몇 년 동안 고민하게 된다.

우리는 이러한 접근을 사용하면서 건강심리와 행동변화에 관한 여러 문헌을 검토하였다. 몇 개의 주제가 매우 명확하게 드러났다. 첫째, 변화단계모델(Prochaska & DiClemente 1983, 1986, DiClemente & Prochaska 1998)에서 파생된 준비도는 동기를 이해하는 시작점이자 가장 효과적으로 환자와 작업할 때도 유용하였다. 그들은 변화준비 정도에 따라 욕구가 다양하였으며 그것에 맞추어 반응하였다.

둘째, 다양한 행동변화모델에서 드러난 중복되면서도 분명한 개념인 중요도와 자신감이었다. 이들은 변화준비도나 환자의 동기 수준을 설명하는 데 유용하였다. 모델에 따라 개념은 다양하였으나 동일한 결론이 내려졌다. 변화하는 것이 중요하다면 그것을 성취하기 위하여 자신감을 갖게 된다. 가고자 하는 방향으로 더욱 준비되었다고 생각될 때 더 많이 성공할 것이다. 환자와 상담할 때, 이러한 세 가지 주제에 대한 그들의 느낌을 이해한다면 행동변화를 둘러싼 복합적인 힘을 다룰 수 있을 것이다.

변화준비도는 심리적 활동의 결과를 반영하는 마음의 상태이다. 예를 들어, 죠는 그의 피트니스 멤버십 갱신을 자꾸 잊어버린다. 김씨는 체육시설 멤버십을 갱신하고 체육복 가방도 차 뒷칸에 두지만 갈 시간이 거의 없다. 그린빌은 정오에 열리는 심장 재활 수업에 참여하기 위하여 일찍 회사를 떠나야 한다고 양해를 구한다. 운동 프로그램을 수행하는 데 있어서의 그들의 준비도는 다양해 보인다.

준비도가 얼마나 다양한지 살펴보는 것은 시작 지점을 알 수 있어 유용하다. 당신은 위의 사례와 같은 다양한 경우에서 준비도 차이를 보면서 왜 그런지 이유를 알고 싶을 것이다. 중요도와 자신감의 개념은 이러한 과업에 도움이 된다. 그리고 이들을 아래에서 토의할 것이다. 그러나 우리도 처음에는 다른 실무자들처럼 이러한 심적 상태를 마음의 갈등상태, 준비도로 단순하게 인식하는 문제에 봉착하였다. 이것은 변화단계모델 관점과 논쟁이 되더라도 우리가 어떻게 사람들에게 말해야 하는지를 명확히 보여 준다(Davidson 1998, Prochaska & DiClemente 1998, Wilson & Schlam 2004, West 2006).

초이론적 변화단계모델에서는 준비도와 함께 사람들이 어떻게 의사결정을 하고 일상생활에서 행동변화를 위하여 어떻게 이동하는지 기술하고자 하였다. 한 논평가는 건강증진과 행동변화 분야에서 이것의 출현을 천문학에서의 새로운 행성 발견과 유사하다고 하였다(Stockwell 1992). 확실히 이 모델은 실무자와 연구자의 공감을 얻었다. 사람들은(그들이 환자이든, 실무자이든, 대중이든) 행동변화를 시도할 때 그림 2-1에서 보이는 선을 따라 전숙고 단계로부터 실행 단계를 거쳐 유지 단계로의 변화 연속성을 따라 이동한다고 하였다. 한 단계에서 다음 단계로 이동하는 데 필요한 과정을 기술한 총체적인 시도였으며, 이러한 과정은 치료적인 기법과도 관련되었다. 이 모델에 관한 내용과 비평은 Miller와 Heather(1998)의 연구에서 찾아볼 수 있다.

많은 연구에서 이 모델을 사용하였다. 흡연의 경우를 예로 들면 전숙고 단계에 있는 사람은 준비 단계에 있는 사람과 상당히 다르게 생각할 수 있다. 전자는 금연에 대하여 적극적으로 생각하지 않을 것이고 후자는 매우 적극적으로 계획을 세울 것이다. 이러한 두 사람 사이에는 그만 두려고 무언가 하려고 하면서도 그렇게 하

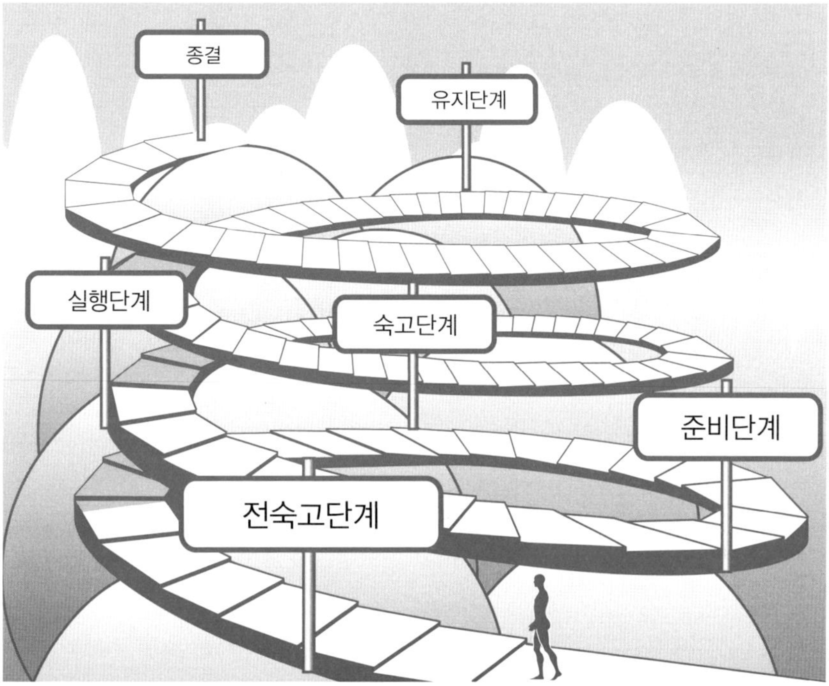

그림 2-1 • 변화단계모델

Prochaska, Norcross, DiClemente: 좋음(GOOD)을 위한 변화. 2판(William Morrow & Co, 1994). 허락하에 인용

지 않는 숙고 단계에 해당하는 사람이 있다. 이 단계에 속한 흡연자들이 가장 흔하다. 이 모델은 사람들이 그림 2-1에서 묘사한 나선형 방법으로 이러한 단계를 걸쳐서 변화할 것이라고 진술한다. 이 모델은 원래 원형으로 표현되었다가 사람들이 재발 상황을 '원점으로 되돌아감'이 아니라 그것을 통해 배우는 잠재성과 과정을 지속적으로 왔다갔다 하는 것으로 보았기 때문에 나선형으로 수정되었다.

이 모델은 실무자의 전문적 도움과 관계없이 변화하려는 사람에게 무엇이 일어나는지 보여준다. 준비도 상태가 다양한 사람을 어떻게 도울지에 관심을 돌린다면 개념적 기틀로서의 이 모델은 매우 적합하다. 사람들은 욕구가 다양하고 같은 종류의 도움에 잘 반응하지 않는다. 불행하게도, 과거에는 준비 단계 상태이거나 실행 단계에 전형적으로 20% 이하의 소수만이 머물렀음에도 많은 서비스가 실행 중심으로 제공되었다(DiClemente & Prochaska 1998). 실무자에게 이 모델의 매력은 아마도 단계에 관한 중요한 정의나 단계 특정적인 중재가 아니라 일반적 안내의 제공에 있다. 예를 들어, 누군가 변화를 준비하지 않으면 행동대화는 표현되지 않을 것이다. 단계의 존재 여부와 상관없이 단계별로 중재를 어떻게 일치시킬 지에 관한 같은 문제는 현재의 목적에서 그다지 중요하지 않기 때문에 대중성이 관찰된다고 보면 된다(Rollnick 1998).

이 모델은 변화준비도라는 통일된 개념을 제공하는데, 행동변화를 위한 발판으로서 사용되는 일상 연습에도 매우 유용하다.

> 이 모델은 물질남용 맥락에서 중독자와 치료제공자가 만나는 좀 더 넓은 변화 과정을 연구자가 이해하도록 도왔다(DiClemente 2004, p. 103).

일상적 맥락에서, 동료들은 이 모델의 유용성을 계절에 관한 이해와 유사하다고 기술하였다. 겨울이 시작되고 따뜻한 겨울 날씨나 여름의 일시적 한파에 놀라게 되는 상황을 우리가 정확하게 결정할 수는 없다. 그러나 그 개념은 여전히 겨울옷을 입고 외출할 때와 정원의 가구를 창고 밖으로 꺼낼 때를 결정하는데 유용하다.

실무자가 고려할 점은 개인의 변화 준비도와 일치시키거나 동등함을 유지하도록 하는 데 있다. 성공적으로 일치시키지 못할 때 무슨 일이 일어나는가?, 언제 환자의 준비도에 적합하지 않는 방식에 대해 말하는가? 마치 환자들이 행동을 위해 준비하고 가능한 더 많은 도움을 열망하는 것처럼 보이지만 변화에 관하여 생각하지 않은 환자와 이야기한다면 저항에 직면할 것이다. 환자의 준비도를 뛰어 넘는 활동은 위험할 수 있다. 아래에서 저항에 관하여 더욱 상세히 다룬다.

몇 년 동안 변화단계모델은 여러 분야에서의 연구와 임상적 발달을 자극시켰다. 중재에 대한 근거를 제공하기 위하여 실무자는 변화단계모델을 사용하였다. 여기서의 문제는 준비도를 판단하는 데 명명된 단계를 융통성 없이 사용한다면 결과가 복잡하고 불행해지고 때때로 비의도적일 수 있다는 점이다. 좋을 때는 이러한 판단이 실무자와 환자의 결과가 일치될 때이다. 나쁠 때는 실무자의 편견에 따라 그들이 따르고 과다하게 단순화될 수 있다. 가장 흔하게 직면하는 4가지 어려운 상황을 아래에서 논의한다.

전숙고자에게 시간을 낭비하지 말자

위에서 언급한 전숙고자는 Prochaska와 Diclemente(1983)에 의해 개발된 변화단계모델 중 첫 번째에 있다. 우리는 실무자가 표현하는 다음과 같은 생각을 듣게 된다. 변화에 대하여 명확히 준비되어 있지 않으면 그들을 혼자 내버려 두고 당신의 에너지를 조금 더 변화하는 데 준비된 사람들에게 집중한다. 이와 관련한 해석을 스트레스 감소 전략을 제공한 Ashworth(1997)도 기록하였다.

> … 모델은 변화하기를 꺼리는 사람들에게 애쓰는 것을 포기한 직원을 위한 근거를 제공할 수 있다(Ashworth 1997, p. 167).

다시 말해 불필요한 갈등을 피할 수 있고 전숙고자를 무시함으로서 업무가 과다해지는 상황도 감소시킬 수 있다.

이것은 바쁜 실무자를 이해하고 어디로 자신들의 에너지를 투자해야 하는지 결정하는 상황에 직면할 수 있다. 현명한 실무자는 나중에 논의할 수 있도록 관계를 강화하는 희망의 한 측면에 이 주제를 남겨 둔다. 그러나 한 편으로는 환자의 관심사를 마음 속에 담아 두고 시간의 압박하에 세심한 결정을 하게 된다. 다른 한 편으로는 전숙고자와 토론하지 않는다는 일반적인 가이드라인을 고수하려는 것이다.

이러한 점은 Prochaska, DiClemente와 그 동료들의 저서에서도 확실하게 소개되지 않았다. 사실, 그들조차도 변화를 준비한 사람들에게 집중하는 서비스 제공으로부터 '패러다임' 전환의 필요성을 주장하고 있다(DiClemente & Prochaska 1998). 전숙고자에게 중재를 제공하지 않는 문제는 변화에 대하여 표현되는 감정이 맥락 지향적이고 변화 가능하다고 생각할 때 거의 기질적 측면처럼 단계와 연결하여 환자를 낙인하는 데 있다. 그런 다음에 사람들은 동기가 있거나 없다와 같은 이분법적인 사고를 하게 된다. 주로 실무자는 변화단계모델에서 보이는 특징적 상태로 생각하게 된다. 그런 다음에 결국 '동기가 없는' 상태여서 작업하지 않는다고 정당화하기 쉽다.

이러한 점은 몇십 년 동안 중독 분야의 실무자에게 발생되어 왔다. 치료는 단지 진심으로 변화하려고 준비된 대상(소수 집단)에 한정되었다. 양가감정을 표현하는 환자들은 행동 중심 치료 체계에서의 도움에 동기가 없거나 순종하지 않은 대상으로 낙인되었다. 덜 준비된 고통 받는 이들과 이야기하는 방법을 찾는 것은 여전히 어렵다고 볼 수 있다(Davies 1979, 1981, Miller & Rollnick 1991).

전숙고자로 낙인된 환자들은 상당히 다양하다. DiClemente(1991)는 하기 싫어하고, 반항적이고, 체념적인 개인과 합리화하려는 개인을 구별해 내는 연구를 수행하였다. 전숙고자에게 저항을 보이지 않고 반대도 하지 않는 대화 방식을 사용하고, 준비도, 중요도, 자신감에 관한 사정으로 이러한 목표를 성취하도록 촉진하였다. 이러한 전략을 훈련받고 사용한 실무자 집단은 면담에서 저항을 보이지 않고 반대하지 않는 대화 방식에 관한 긍정적인 경험을 보고하였다(Rollnick et al., 1997). 그리고 이 대화 방식은 준비 단계에서 실행 단계로 진행하는 것이 어려운 흡연자에게 변화에 대해서 이야기하도록 하였다. 우리가 생각하는 것보다 전숙고자도 변화에 대하여 더욱 개방적이며 이러한 견해는 우리의 여러 연구에서도 지지되었다. 변화에 대한 준비가 덜 되었으나 건강증진 토론에 참여한 과다 음주자는 기술 중심의 중재보다 단기 MI 중재를 받을 때 더욱 솔직하게 반응하였다(Heather et al., 1996). 유사하게 실무자에 의해 전숙고자라고 확인된 흡연자가 단순한 조언을 제공받는 것보다 중요도와 자신감의 평가하는 중재에 더욱 효과적으로 반응하였다(Butler et al., 1999).

DiClemente와 Prochaska(1998)는 흡연하는 전숙고자들 사이에서 유지율을 향상시키는 것이 가능함을 많은 연구를 통해 증명하였다. 사람들을 전숙고자라고 낙인하고 중재에 효과가 없을 것이라고 결정하는 것은 현명하지 못하고 미숙한 일이다.

무엇에 관한 준비도인가?

연구자와 실무자에 의한 단계 낙인이 불확실한 행동변화에 대한 명확한 기준없이 자주 사용되었다. 이것은 혼란스러움과 지나친 단순화가 일어나게 한다.

어떤 행동변화는 매우 복잡해 보인다. 담배를 끊는 행동은 상담에서 금연이라는 사건만 포함되는 단순한 사례이다. 준비도를 판단하는 것도 상당히 솔직할 수 있다. 그러나 식이행동변화는 고려되는 변화의 범위가 하나가 아니라 좀 더 넓을 수 있다. 식이행동의 적응, 감소, 제외하기, 새롭게 추가하기 또는 이러한 방법을 혼합하는 것도 포함된다. 이러한 변화에 관한 준비도도 다양할 것이다. 나는 야채를 섭취하는 것에는 준비가 되었다. 그러나 초콜릿을 덜 먹는 것은 아직 준비되지 않았다. 그리고 육류 섭취를 감소해야 하는 문제에 대해서는 혼란스럽다. 이러한 상황에서 실무자는 식이 변화에 관한 나의 준비도를 어떻게 판단할 것인가?

당신이 사용하는 단어도 매우 중요하다. 과다 음주자에게 앞으로의 변화에 대하여 얼마나 준비되었다고 생각하는지 묻고 준비도에 대해서도 다양하게 판단해야 한다. 당신의 음주에 관해 이야기하는 것에 얼마나 준비되었나요? 당신의 음주 습관 변화에 대하여 생각하는 것은…? 주말에 당신의 음주를 감소시키는 것은….? 최종적으로 음주를 그만두는 것에…?

환자들은 식이, 흡연, 음주와 같은 특정 행동변화도 고려할 뿐 아니라 그들 삶의 다양한 측면에 대해서도 이야기한다. 변화준비도에 단지 문제 행동만을 고려해서는 안 되고 잠재적으로 변화가 필요한 상황도 고려해야 할 것이다. 과다 음주자에게 그녀의 삶에 대해 질문한다면 당신은 준비도에 대하여 다른 판단을 하게 될 것이다. 그녀는 실무자의 우선순위인 금주에 관해서는 전숙고자이나 알코올 섭취 감소는 숙고 상태일 것이다. 그녀가 좀 더 건강한 음식을 섭취하는 것은 준비 단계이고 그녀의 아이를 좀 더 잘 돌보는 행동은 실행 단계일 수 있다.

때때로, 만성 질환 클리닉에서의 변화나 개선은 환자를 위한 실제적인 목표가 아니다. 상담에서는 현재 상태를 유지하거나 더 나빠지지 않도록 한다. 이러한 상황에 따라 준비도 사정이 적용될 필요가 있다.

West(2006)는 현장에서 준비도를 사정하고 행동을 예측하기 위하여 변화 단계 질문지를 사용하는 것에 관하여 비평하였다. 우리도 상담에서 질문지를 사용하는 것을 옹호하지 않는다. 대신에 우리는 환자와 일치되는 지점을 찾을 때 단지 사용하며 대화적 접근을 더 많이 할 것을 제안한다. 해야 할 질문이 무엇인지 아는 것은 능숙한 관찰, 판단, 적절한 시기와 주의 깊은 경청을 요구한다. 그러나 준비도에 대해 판단하는 것은 단지 특별한 변화로 특정 짓는 행동이라고 생각한다. 우리는 단계를 배정할 때 실무자가 어떻게 대상자에게 접근할 것인가를 결정하기 위하여 지나치게 일반화하는 접근은 주의하라고 얘기하고 싶다. 예를 들어, 알코올로 고통 받는 위의 여성을 전숙고자라고 낙인하는 것은 그녀에 대해서는 덜 이야기하고 실무자의 우선순위와 편견에 대해 더 많이 이야기하도록 한다. 우리는 지금 이러한 생각의 가장 흔한 사례로 방향을 바꾸려고 한다.

숙고자는 '동기적' 도움이 필요하다; 실천적 중재가 필요한 좀 더 준비된 사람들

이것은 개인의 변화 단계에 중재를 일치시키는가에 집중한다. 과거에, 우리들을 포함한 실무자와 훈련가는 변화 단계모델의 단계와 일치하려는 사례들을 보아왔다. 숙고자는(종종 MI로 불리는) 변화의 장점과 단점을 저울질하도록 도울 필요가 있다. 반면에, 준비 단계인 사람들은 행동변화에 대처하도록 자신감을 향상시키는 기법(전략기술에 근거한 중재)과 같은 실천적인 문제를 도울 필요가 있었다. 이러한 생각이 임상가이드라인의 기초가 되었고(예: Annis et al., 1996), 매칭에 관한 주요 연구는 이러한 가설을 주의 깊게 탐구해왔다(Heather et al., 1996, Project MATCH Research Group 1997).

단계와 중재가 매칭되는 특별한 방법에서 여러 타당성이 보였다. 단계를 거치는 과정은 변화의 이득과 손실에 관한 사람들의 지각을 변화시키도록 하였다(Velicer et al., 1985, Prochaska 1994, Prochaska et al., 2005). 그리고 덜 준비된 흡연자와 과다 흡연자는 덜 행동 중심적인 변화 토론에 더욱 잘 반응하였다(Heather et al., 1996, Project MATCH Research Group 1997, Butler et al., 1999). 그러나 이러한 연구 결과는 많이 인용되지 못하였다. 왜냐하면 관찰된 효과가 일정하게 강하지 않았기 때문이다. 게다가, 변화에 관해 많이 준비된 사람들에게 Prochaska와 DiClemente(1998)가 변화 단계 후반에서 중요하다고 본 효능감이 관찰되었음에도 불구하고 기술기반 접근에 영향을 받았다.

다양한 변화 단계를 보이는 사람들의 욕구를 지나치게 단순화한 것이라고 할 수 있다. 중요도(장점과 단점)에 대한 관심은 숙고 단계만으로 제한하지 않고 준비 단계에서도 부각될 수 있다. DiClemente와 Prochaska(1998)도 기꺼이 인정한 결과이다. 유사하게, 자신감에 대한 관심을 숙고 단계에서도 표현할 수 있다. 흡연자에 대한 실험적 상담에서 이러한 사실이 발견되었다(Rollnick et al., 1997). 숙고 단계에서의 중요도(장점과 단점) 문제로 관심을 제한하는 것은 우리의 작업 기반을 약화시킬 수 있다.

어떠한 변화 단계에 있든지 간에 중요도에 대한 관심을 동기적 갈등과 연관시켜서는 안 된다. 이것은 자신감을 키우는 데 관심 있는 사람들은 동기적인 문제를 경험하지 않을 것이라고 생각하기 쉽다. 동기라는 용어는 (아래에서 보듯) 중요도와 자신감의 문제를 포함해야 하고, 변화준비도라는 보다 일반적인 개념과 동등하게 정의되어야 한다.

어디로 매칭하는가?

위에서 토론한 내용은 변화단계모델을 사용하여 환자를 치료에 매칭시키는 생각에 집중하였다. 위에서 기술된 사고로부터 이러한 생각이 구제될 수 있을까?

연구자들은 상당히 조심스럽게 단계를 매칭시키는 중재를 연구해 왔다. Project MATCH 연구(다른 매칭 기준 사이에서)에서 변화에 관하여 준비가 덜 된 음주자는 MI 형태가 적합하고, 준비가 좀 더 많이 된 사람들은 인지행동 접근이나 12단계 프로그램에 적합하다고 분석한 예를 볼 수 있다. 이것은 혼재된 결과를 보인다(Rollnick 1998, Plotnikoff et al., 2007). 일반적으로 보완 실용적 접근에서는 중재를 위해서 다른 단순한 접근보다 변화 단계 접근을 사용하는 것이 더 낫다고 하면서 맞춤형과 일반형 중재를 사용한다. 이러한 작업에 대한 검토는 Ashworth(1997), DiClemente와 Prochaska(1998)와 Spencer 등(2005, 2007)에서 볼 수 있다. 준비도에 따른 매칭은 확신하기 어려우나 결과는 아주 강력하다.

매칭에 대한 이러한 연구 결과는 상담실에서 실제 진행되는 것과 달리 너무 멀리 떨어져 있는가? 그리고 매칭이라는 개념 자체는 문제가 있는가? 실무자로서 우리의 대답은 예라고 할 수 있다. 매칭은 상담에서 환자에게 미리 정해진 분량만큼 중재를 제공하여 최고로 성취되게 하는 것이 아니라 지속성을 기초로 변화에 반응하게 할 필요가 있다. 이러한 면에서 우리는 상담에서 함께 하는 과정이라고 단순하게 생각하였다(Rollnick 1998). 때때로 숙고자는 변화의 중요도와 자신감에 대하여 말하는 것을 좋아한다. 준비 단계에 있는 사람에게도 동일하게 적용된다. 이후로 Heather 등(1996)과 Project MATCH 연구팀(1997)에 의한 연구 결과에서 매칭의 효과는 확인되지 않았다.

사실, 우리는 솔직하게 잘 준비되었다고 생각하는 환자들이 어떻게 말하는지, 특별한 변화가 무엇인지에 대하여 정교한 방법을 사용해 이야기하고 있다. 최고의 매치는 준비도나 잘 꾸려진 어떤 중재처럼 환자의 측정할 수 있는 특성이 아니라 상담실 안에서 환자들과 함께 하는 과정(journey)을 통하여 그들을 안내하는 실무자의 노력이었다.

변화단계모델은 환자의 변화준비도를 어떻게 대화의 주제로 이끌어내느냐에 대하여 우리가 생각하고 집중하도록 한다. 우리의 상담에서 이러한 도전은 다양한 주제를 실험하도록 하였고 건강심리학 문헌도 검토하게 하였다. 이러한 활동은 사람들은 왜 그들을 준비도 연속선상의 특별한 지점에 두려고 하는가?라는 질문으로 자극되었다. 우리는 이론과 우리의 임상 경험에서 근거를 확인하게 되었다. 준비도를 이해하는 데 변화가 가치로운지(중요도) 변화를 성취하려고 하는지(자신감)에 대한 생각이 영향을 주었다.

동기의 핵심 요소로서의 중요도와 자신감

우리는 사람들이 표현하는 변화준비도를 이해하는 데 중요도(왜 변화하는지)와 자신감(어떻게 변화하는지)의 차이를 만드는 것이 도움된다는 사실을 알아내었다. 단지 상담으로 생각해낸 것이 아니라 우리가 찾은 여러 이론(예를 들어 합리적 행위, 자기효능감, 건강신념, 결정균형, 주관적 기대 효용 이론과 사람들이 그들의 행동을 변화시키기 위하여 왜, 어떻게 행동하는지에 관한 질문으로 살펴본 것들)의 검토를 통하여 발견되었다. 때때로 행동변화에 관한 복잡성을 하나의 모델로 충분하게 설명하지 못할 때가 있다(Butler et al., 1996). 연구자와 이론가에게 동등하게 지지되는 단지 하나의 이론은 없다. 우리는 많은 이론들에서도 중복되는 유용한 기틀인 자기효능감이론으로 결정하였다.

Bandura(1997)는 행동변화에 관한 이론을 효능 기대와 결과 기대라는 2가지의 중심 개념으로 개발하였다. 그러나 그는 그후 20년 동안 이전에 강조한 것을 배제하였다. 효능 기대는 다양한 상황에서 특정한 행동변화를 성취하는 능력에 대한 개인의 자신감이다. 그래서 우리는 이 용어를 자신감으로 정하였다. 이것은 자기 확신이나 자기존중감과 같은 일반적인 개념이 아닌 보다 전반적인 개념이다. 자기효능감은 특정한 변화나 상황에 대처할 수 있는 개인의 믿음(그것들이 잘 발견되든지 간에)이다. 한편 결과 기대는 변화에 관한 질문에서 가치로운 결과를 이끄는 지에 대한 판단으로 언급된다. 그래서 우리는 이 용어를 중요도라고 정하였다. 다시 말해, 그들이 생각하는 정해진 행동으로 변화하려 할 것이고 그것은 좋은 결과를 이끌어낼 것이다(중요도). 그리고 그들이 믿는 대로 많은 상황을 넘어 변화를 성취하기 위해 필요한 기술에 도달할 수 있을 것이다(자신감).

결과기대 개념은 다른 행동변화 모델에도 아주 많다. 예로, 합리적 행동이론(Fishbein 2008)과 건강신념모델(Rosenstock 1988), 결정균형모델(Janis & Mann 1977)에서도 유사한 특성을 기술하기 위하여 여러 용어를 사용하였다. 사람들이 행동변화의 중요도와 가치에 대하여 어떻게 판단하는가를 보여준다. 가장 최근의 모델에서는 자기효능감의 개념과 변화의 가치에 대한 이러한 결과기대를 수용하였다(Schwarzer & Fuchs 1995, 1996 참조).

변화에 대한 '왜, 그리고, 어떻게'에 대한 차이를 만들 때, 임상 현장에서 그들 사이의 차이를 완전히 없애는 것은 불가능하다. 때때로 그들은 상당히 차이가 있어 보인다. 예를 들어, 지각된 변화중요도가 현저하게 낮고 자신감은 높은 경우 이것은 알코올 섭취를 감소하는 것에 어려움이 없다고(높은 자신감) 하는 과다 음주자에게서 보여진다. 그러나 그러한 변화를 중요하게 생각하지 않는다(낮은 지각된 중요성). 두 개념은 상호관련성이 있다고 생각된다. 특히 지각된 중요도가 현저하게 높으면 자신감은 낮다. 예를 들어 많은 흡연자가 금연하는 것을 매우 원하였다. 그러나 변화에 대한 생각은 금연의 어려움을 지각하였기 때문에 중요하게 생각하지 않았다(낮은 수준의 지각된 자신감). 금연은 성취가 기대되는 문제로 충분히 중요하지 않을 수 있다. 게다가 변화준비도가 점점 증가되고 있는 사람 앞에서 누군가 어깨를 으쓱하면서 '아니, 나는 그거 할 수 없어. 그럴 가치가 없어.'라고 얘기하는 것을 보면서 왜, 그리고 어떻게 질문은 충돌된다. 그러나 우리의 경험에 비추어볼 때 이 정도로 가치에 관한 차이가 없어지지는 않는다.

흡연자에 대한 경험적 상담에서 준비도 연속선상의 특정 지점에 왜 그들을 두었는지 질문하였다. 그 결과, 중요도와 자신감에 관한 두 가지 주제가 반복적으로 확인되었다(Rollnick et al., 1997). 실제로 우리는 자신의 준비도를 연속선의 중간 지점에 있다고 선택한 두 명의 흡연자에게 "왜 그렇게 느끼나요?"라는 질문을 했을 때 상이한 대답을 듣게 되었다. 한 사람은 흡연 관련 질환으로 매우 아픈 남성 노인이었다. 그는 절망감을 표현하였는데, 변화가 그에게는 매우 중요하였으나 성공할 자신감이 부족하였다. 다른 한 사람은 담배를 끊는 것이 그다지 중요하지 않다고 하였다. 그러나 그녀는 금연을 선택한다면 성공할 수 있다고 확신하였다. 끊고자 하는 그 누구도 위 두 상황을 확신하지 못한다. 그러나 각자는 완전히 다른 이유를 보여 주었다. 그 후 우리는 준비도, 중요도, 자신감이라는 주제가 식이, 운동, 음주와 쇼핑 중독의 변화대화에서도 반복됨을 확인하였다.

글상자 2-1은 중요도, 자신감 그리고 준비도에 관한 질문의 종류를 나열하고 있다. 이 책의 일차적 목적은 어떻게 건설적인 방식으로 이러한 질문을 하는가에 있다. 중요도, 자신감, 준비도는 이러한 논의를 해 나가는 데 매우 중요하다.

개념을 대체할 용어가 있는가?

여러 용어를 대신하여 중요도와 자신감을 사용하는 우리의 결정은 단순한 표현을 추구하려 하였기 때문이다. 이는 실무자가 행동변화 문헌에서의 여러 용어로부터 자유로워지게 하기 위함이었다. 우리는 변화의 장점과 단점, 지각된 변화의 이득과 손실을 중요도라는 용어로 대체하였다. 그러나 우리는 변화 가치를 저울질하는 것이 비슷한 심리적 수준에 대한 균형 문제로 간주되어 어쩌면 잘못되었다는 인상을 피하고 싶었다. 때때로 단순할 수 있으나 저울질하기는 문제되는 행동뿐 아니라 건강과 웰빙에 대한 가치와도 연결되어 다른 문제에 대한 감정에도 영향을 줄 수 있다. 그래서 중요도라는 용어로 강조하였다. 우리는 개인의 정서적 상태에 집중하였고 이 주제가 단지 기술적인 대처 행동에 집중하는 것을 이야기하는 가정에서의 오해를 피하고자 하였기 때문에 능력 대신에 자신감이라는 용어를 선택하였다. 그리고 단지 기술적인 대처 행동에 집중하는 것을 이야기하는 가정에서의 오해도 피하고자 하였다. 지금까지 우리가 발견한 이 용어가 가장 유용하다고 생각한다. 영어

글상자 2-1 행동변화를 다룰 때 3가지 주제

중요도	자신감	준비도
왜?	어떻게? 무엇을?	언제?
할 만한 가치가 있는가?	내가 할 수 있는가?	지금 내가 해야 하는가?
내가 왜 해야 하는가?	어떻게 그것을 해야 하는가?	다른 순위는 무엇인가?
어떻게 도움이 되는가?	어떻게 X, Y, Z에 대처해야 하는가?	
무엇을 바꿔야하는가?		
얼마만큼의 손실인가?	...한다면 성공하는가?	
정말 내가 원하는 것인가?	...변화하는가?	
영향이 있는 것인가?		

가 아닌 다른 언어를 사용하는 실무자들은 적절한 용어로 번역하여 사용할 필요가 있다.

우선순위 찾아내기

아주 뚱뚱한 사람에게 음식을 섭취하는 행동은 위안을 느끼게 해주는 대상이라고 생각된다. 식이나 운동 변화의 중요도는 때때로 값싼 음식을 구입함으로써 돈을 절약하는 문제나 저녁에 아이들을 돌보며 주변을 도는 문제가 체육관에 가는 행동보다 더욱 중요하여 다른 행동의 변화중요도도 저울질한다. 이것은 특히 시간이 부족한 경우 이야기하기가 어려운 부분이다. 만성질환 관리를 하는 곳에서의 사례를 보면 많은 환자들은 처음 장소에서 당뇨병이나 천식이라고 불리면 그 상황을 낙인이라고 생각하지 않는다. 이것은 건강 행동변화의 중요도에 대한 그들의 감정에 명백하게 영향을 줄 것이다.

이러한 상황에서 실무자가 경험하는 가치 갈등은 흔하지 않다. 실무자는 누군가의 건강을 돌보거나 생활습관을 조정함으로써 질병 발생을 예방하는 것이 매우 중요하다고 생각한다. 그러나 환자들은 여러 이유 때문에 다르게 생각한다. 이러한 가치의 차이는 건강과 질병에 대한 신념, 과학적 근거에 대한 태도와 행동변화에서의 지각된 중요도에 영향을 미칠 것이다.

중요도, 자신감, 준비도의 관계

그림 2-2는 3가지 용어의 관계를 설명하는 방식을 기술하고 있다. 중요도와 자신감에 대한 환자의 감정은 변화준비도의 일반적 상태를 제공한다. 이러한 3가지 개념은 심리적 이론으로 단단한 기초를 보여준다. 행동변화 연구, 중독 분야나 건강심리학의 검토는 이러한 개념 중 특히 중요도와 자신감에 관한 논의에서 명백한 경향을 보이고 있다(5장 중요도와 자신감 논의 참조).

그림 2-3에서 2명의 과다 음주자는 변화에 대하여 준비되지 않았다. 그러나 그들은 완전히 다른 이유를 가지고 있다. 음주자 A는 신체적 질환 때문에 변화가 매우 중요하다고 생각한다. 그러나 성공할 수 있는 능력에 대해서는 매우 비관적으로 느낀다. 반대로 음주자 B는 시도만 하면 절주를 성공하는 것에 자신감을 보인다.

그러나 현재 금주가 중요하다고 생각하지 않는다. 3번째 음주자 C는 높은 수준의 중요도와 자신감을 보인다. 그래서 음주자 A나 B보다 변화하는 데 더욱 준비되어 있다.

여기에서의 목표는 실무자에게 행동변화에 대한 복합적인 모델을 구축하는 것이 아니라 변화에 대하여 안내하기의 대화에 대한 개념적인 보조를 제공하는 데 있다. 과학적 흥미로 그림 2-3을 좀 더 복잡하게 만들었다. 그런데 많은 맥락적 요소가 어디에 표현되었는가? 특정한 행동을 변화하도록 하는데 환자들은 그들의 기분과 행동, 다른 사람들에게 무엇이 일어났는지 설명해야만 한다. 일상에서의

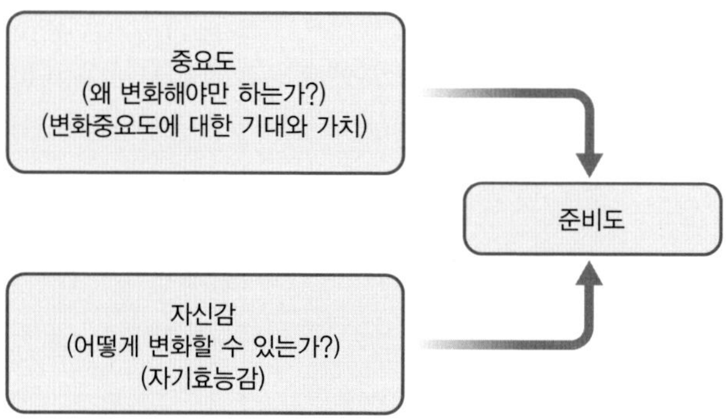

그림 2-2 • 변화준비도의 구성 요소

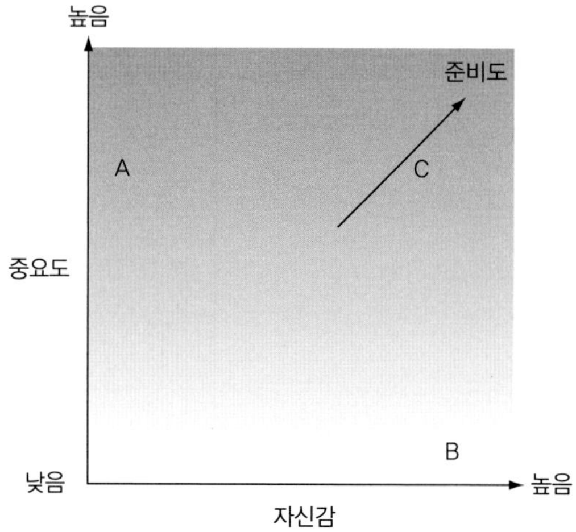

그림 2-3 • 중요도, 자신감, 준비도: 실무자 가이드

압력이나 문제들, 즐거움은 특정한 행동을 변화시킬 때 유지되거나 사라지지 않는다.

그러나 상담실에서 실무자는 중요도나 자신감과 준비도에 대한 감정을 분리하기 때문에 이러한 맥락적 영향력을 경험하지 않는다. 사실, 중요도와 자신감, 준비도에 관한 대화는 상황적 영향력을 통하여 형성된다. 그들은 행동이 일어나는 개인적 상황을 해결하는 것이 중요하다. 예를 들어, 중요도에 대하여 환자에게 질문하고 대화는 특정한 행동에 집중되거나 개인적 가치, 다른 우선순위, 스트레스 수준의 변화 영향력, 밀접한 관계 등에 대해 이야기하도록 방향을 바꾸어야 한다. 변화 성취에 대한 자신감에 대하여 이야기하려면 상담실에서 맥락적 문제도 끄집어내어야 한다. 예를 들어 외로움은 행동변화보다 중요한 순위를 보인다. 특히 환자의 의사결정과 가깝다면 준비도에 대해 이야기하고 이러한 논의를 적절한 순간(timing)과 다른 우선순위 문제로 방향을 바꿀 수 있다. 이러한 개념들은 문제 행동이 일어나는 맥락에 대해 이야기하도록 기회를 제공하는 데 중요하다.

그림 2-2의 분명한 한계와 그것에 대하여 논의하는 것은 건강 심리학의 행동변화 모델 중 단지 하나의 행동만을 집중하고 있다. 상담실에서 이야기하는 건강행동 간의 상호관련성은 동시에 일어나지는 않는다. 하나의 행동을 변화시키면 종종 다른 행동에도 영향을 미치게 된다. 우리는 이러한 도전을 3장에서 복합적인 행동을 다루는 안건 정하기 전략과 같은 실용적인 방법으로 표현하였다. 우리는 다양한 상황에서 다른 행동을 변화시키는 것이 어떻게 준비도, 중요도, 자신감을 고려하는지와 이론적인 도약에 관해서는 언급하지 않았다. 이론과 일상 실천에서의 연결점을 구축하는 것은 어려운 과정이다. 이론가들은 지나치게 단순화하는 것을 정당화할 것이다. 그리고 실무자는 용어를 불필요한 복잡성으로 보고 대항할 것이다.

다음 장에서 기술하는 접근은 변화에 대한 건설적인 대화를 위하여 상담의 기본과제인 중요도와 자신감을 사정하면서 준비도를 살펴보는 개념틀을 기초로 한다.

내적 갈등 관리하기

이러한 접근을 발달시키는 데 행동변화에 관하여 2가지 방식으로 생각하는 것이 지

극히 정상적 반응이라는 믿음에서 시작되었다. 아래의 예와 같이 2가지 방식은 구별된다.

- 나는 그것 하기를 원한다. 그리고 나는 그것 하는 것을 원하지 않는다.

  나는 날씬해지고 싶다. 그러나 나는 체육관에 가는 것이 어렵고 매우 힘들 것이라는 것을 안다.
- 나는 X하고 싶다. 그리고 나는 또한 Y하는 것도 원한다. 그런데 둘 다 하는 것은 불가능하다.

  좀 더 멋있어지기 위하여 몸무게를 줄이고 싶다. 그런데 나는 패스트푸드가 먹고 싶다. 왜냐하면 나는 그것을 좋아하고 음식을 만들기에는 너무 바쁘기 때문이다.
- 나는 X를 원하지 않는다. 그러나 나는 Y도 원하지 않는다.

  나는 당뇨로 합병증이 생기는 것을 원하지 않는다. 그러나 나는 혈당을 관리하는 게 싫다.

행동변화에 관한 우리의 접근에 이들을 다루는 방식을 통합하는 것이 필요하였다. 우리는 MI로부터 아이디어를 얻었다. 그리고 상담과 심리학의 환자 중심 접근의 기본적 생각도 포함시켰다. 우리가 사용하는 저항이라는 용어는 갈등의 다른 면을 의미한다. '나는 변화를 원하지 않아. 그럴 필요 없어. 그건 너무 어려워. 즐겨야 하는 것을 포기해야 해.'와 같이 이야기한다.

이것은 갈등의 다른 면이자 요구하는 목소리이다. 그 목소리는 환자가 듣거나 인식하지 못한다고 생각하면 점점 강해질 것이다. 그래서 건강실무자가 변화의 이득에 대하여 계속 이야기하면 환자는 변화가 얼마나 어렵고 바라지 않는 행동인지 이야기하면서 저울의 반대편에 있으려고 할 것이다. 그러나 건강실무자가 저항을 경청하고 인식한다면 이것은 말하고 있는 갈등의 다른 측면을 생각하도록 한다. 아래 두 사례에 대해 생각해보자. 환자는 임신부이고 흡연자이다.

간호사 A: 금연하시면 얼마나 아기에게 좋을지 생각해보셨나요? 흡연은 뱃속 아기에게 많은 해가 된다고 해요.

환자: 음... 줄이려고 했어요. 그런데 첫 아기도 잘못되지 않았어요. 임신한 동안 줄곧 담배를 피웠는데도 건강하게 태어났어요.

간호사 A: 그때 운이 좋았네요. 이번에도 그러한 행운이 생기길 바라시네요. 그렇죠?

환자: 음. 물론 나는 오랫동안 담배를 피워왔어요. 제이미도 돌보면서 일을 하는 제게 스트레스를 해소하게 해 줘요. 끊는다는 걸 생각할 수 없어요. 스트레스가 배 속 아이에게 더 해가 될 거예요. 금연하는 게 아이에게 더 끔찍할 거예요.

간호사 A는 변화 쪽을 선택하였다. 그녀는 금연의 이득을 증진시키려고 한다. 그 결과 환자는 그렇게 하는 것이 얼마나 어려운지 설명하면서(저항) 저울의 반대 쪽으로 향한다. 이 단계는 간호사가 환자의 금연의 가능성에 대하여 논쟁하고 금연하도록 설득하는 데도 환자는 변화할 생각이 없어 보인다.

간호사 B는 이렇게 다룬다.

간호사 B: 당신이 잠시 동안 금연하겠다고 말할지 궁금하네요. 당신 임신 중이죠?

환자: 이렇게 될 줄 알았어요. 음... 줄이려고 했는데 쉽지 않아요.

간호사 B: 맞아요. 많은 사람들이 금연이 가장 어렵다고 하죠. 당신에게 가장 어려운 점은 무엇인가요?

환자: 스트레스를 느낄 때 담배를 피우면 안정이 되요. 끊는다면 이완하도록 돕는 방법을 찾아야만 해요. 스트레스를 많이 느끼고 있기 때문에 아이를 위해서도 끊는 게 어렵네요.

간호사 B: 맞아요. 매 순간 바쁘게 살고 계시죠.

환자: 그래요. 그러나 사람들은 담배 없이도 스트레스를 다루고 있다고 생각해요. 완전히 끊어야 하나요? 줄이면 안 되나요?

간호사 B: 대부분 끊어야 하죠. 당신의 경험은 어떤가요?

간호사 B는 변화의 장애물을 경청하고 알아차렸다. 그리고 환자가 가능성을 탐색하도록 하였다.

환자가 긍정적으로 변화의 가능성과 중요도에 대하여 이야기한다면 변화는 쉽게 일어난다. 첫 번째 상황을 보면 어렵다. 그러나 위에서 본 다른 시나리오는 환자와 관계를 형성하고 반응하는 데 큰 차이를 보여준다. 당신은 그들이 저항하지 않고 내적인 갈등의 두 측면을 모두 표현하기를 원한다. 당신은 변화에 대하여 그들이 긍정적으로 이야기하는 것을 듣고자 원한다. 이것은 그들을 위해 경청하는 것보다 더욱 강력하다. 더 상세한 내용을 7장에서 논의한다.

조언과 정보의 차이

여기에 기술한 접근은 실무자와 환자에게 전문 지식이 있다는 믿음을 기초로 한다. 그들 각자가 알고 있는 것을 나눌 때 좋은 결정을 내릴 수 있다. 실무자는 과학적인 정보, 치료 대안에 관한 지식, 이전의 환자에게서 알게 된 경험으로 접근할 것이다. 환자들은 자신의 삶에 대해서 전문가이다. 이러한 점을 기초로 환자와 실무자는 정보(중립적인 사실) 교환을 하게 된다. 그러나 환자가 무엇을 해야 하는지 실무자가 정기적으로 제안한다는 것이 미리 정해져 있다. 충분한 의도를 보이는지 좋은 제안인지를 생각하는 것이 항상 필요한 것은 아니다.

흡연 상황에서의 조언에 관한 사례가 있다.

실무자: [특별히 실행 과정을 제안하면서] 하루 2개비로 잘 줄였네요. 그런데 완전히 끊을 필요가 있어요. 비흡연자가 되는 방법은 단순하고 간단해요.

환자: [자신의 견해를 내보이면서] 음… 긴장을 풀어야 하는 늦은 오후에 딱 2개비를 피운다구요. 하루 한 갑에서 이렇게 줄인 걸 보면 꽤 잘했다고 생각해요. 지금의 나로 지내는 것이 좋다고 생각해요. 남동생도 1년 전에 끊었다고 하지만 가끔 1개비씩 피운다구요.

실무자: [끊는 상황에 관한 논의로 되돌아가고 환자의 견해에 대하여 논박한다] 그러면 안돼요. 약간의 스트레스가 원래 상태로 되돌아가게 하고 지금의 노력도 낭패가 될 수 있어요.

이와 다른 정보 교환에 대한 사례가 있다.

실무자: [환자가 생각한 것에 대해 이끌어내면서] 하루 20개비에서 2개비로 잘 줄였어요. 머지않아 끊는 것에 대해 어떻게 생각하세요?

환자: [자신의 견해를 내보이면서] 음… 얼마 동안 저녁에 2개비는 피워야겠다고 생각했어요. 두 개비를 피울 수 있다고 생각하면 기분이 좋아져요. 그게 좋을

것 같아요.

실무자: [전문적 경험으로 정보를 제공하면서] 음.. 어떤 사람들은 상황적 흡연자가 되려고 하죠. 그렇게 관리하는 몇 사람을 알고 있어요. 경험상 대부분의 사람들은 몇 주 동안은 괜찮죠. 얼마 지나지 않아 담배를 다시 피우게 되죠. [그런 후 환자의 경험을 다시 이끌어낸다] 당신도 그런 적 있나요?

환자: [그의 경험으로부터 정보를 내보이면서] 음... 생각해보니 계속 담배를 가지고 있었어요. 수많은 마감기한과 압박으로 업무가 풀리지 않는다고 생각되면 담배를 피웠어요. 아마도 나 역시 그런 사람들 중 한 명인가 봐요. 부끄럽네요. 나도 …할 수 있도록 하고 싶어요.

조언을 제공하는 것이 불필요하다는 것이 아니다. 많은 보건의료 상황에서 조언을 제공하는 것이 적절하게 사용되어 왔다. 우리의 입장은 간호학이나 의학을 전공하는 학생이 친숙한 방식을 습득하고 상담 습관으로 조언 제공을 발전시키는 것이 쉽기 때문에 건강행동변화에서의 상담을 언급하고 있다. 이것은 연민과 명료화로 나타날 수 있으며 그 효과성은 의심할 필요도 없다. 우리는 조언이 완벽하게 적중한 동료로부터 이야기를 들을 수 있었다. 그는 운동 손상으로 전문가를 찾아갔으며 성인이 된 후 처음으로 금연한 채 절뚝거리면서 돌아왔다. '의사에게 갔었어요. 그가 힘든 시간을 보내도록 했어요. 그는 손가락을 치켜들면서 말했어요.' "마지막 기회에요. 너무 늦기 전에 담배 그만 피워요. 알겠어요?" '그래서 나는 해 냈어요. 단지 그거예요.' 3년이 지난 지금도 그 남자는 여전히 니코틴 중독으로부터 자유롭다. 우리는 전문가가 그에게 무엇이라고 말했는지 확신할 수는 없다(단지 환자의 설명만 들었을 뿐이다). 바로 그때 그는 변화가 준비된 상태였던 것이다. 그것은 확실히 조언이었다.

식이나 운동보다 흡연이나 지나친 음주 행동에서 단순한 조언이 행동변화에 더 효과적임을 볼 수 있다(예: Stead et al., 2008). 상담에서 우리는 단지 받는 사람이 소수이고 환자가 수동적일 때 관심 있게 반응하고 조언 제공은 행동변화에 대한 대화에 동의하지 않는다는 점을 보게 된다. 상담 분석에서도 환자로부터 요청받는 조언은 상당히 드물다는 것을 볼 수 있다(Heritage & Sefi 1992, Silverman 1997).

Silverman(1997)은 HIV 상담사가 환자로부터의 강한 거절을 당할지 모른다는 공포 때문에 개인적인 조언을 피하는 방식을 기술하였다. Silverman이 정보 제공을 조언이라고 불렀던 것과 같이 그들은 조언을 마치 정보처럼 제공한다. 또한 그들은 환자가 조언을 거절하여 환자에게 자유로움을 주고자 한다면 그 단어를 사용하고, 예를 들어, 이 클리닉에서 우리가 말하는 것은 …처럼 조언하게 되면 다른 사람에게 명백한 준거를 만들게 된다. 따라서 유능하게 조언을 제공하는 것은 종종 환자가 거절하지 못하도록 세심하게 이끈다.

이것은 정보제공을 위한 3단계(이끌어내기–제공하기–이끌기내기)로 기술하고 6장에서 상세하게 논의하였다.

주요 기술로서의 경청

상담으로 보여지는 방식은 실무자가 사용하는 전체적인 과정을 이끌기 위한 보다 넓은 전략과 순간순간 사용하는 미세기술을 구별하는 것이다. 이것은 동시에 두 경로를 따라 이동한다. 가능한 적극적으로 환자를 이해하기 위하여 미세기술로서의 경청 기술을 지속적으로 사용한다. 이 책에서 기술한 전략은 상담 초점과 방향을 제공한다.

환자 중심이라는 의미는 환자에게 '친절하고 공손함' 이상을 의미한다. 이것은 주의 깊은 경청을 말한다. 수동적이지 않은 적극적 과정이고 요청하는 과정이다. 행동변화 상담에서 준비도와 중요도, 자신감에 대한 환자의 느낌을 주의 깊게 경청하는 것은 근본적으로 한 사람이 다른 사람을 돌보고 특별한 질환을 가진 느낌에 관한 주제, 상담을 요약하기, 개인적인 문제를 다루기 등의 특별한 변화를 이끈다.

환자 중심 접근 사용에서 우리는 다음과 같은 목표를 갖는다.

- 환자의 걱정, 공포, 기대를 표현하도록 격려하고자
- 상담에서 그들이 더욱 적극적이 되도록 돕고자
- 요구하는 정보를 분명히 표현하도록 하고자
- 그들에게 의사결정과 책임감에 더 많은 통제감을 주고자 특히 그들의 행동변화를 말할 때 중요하여
- 공동으로 의사결정을 하고 실현 가능한 목표를 보장하고자

이러한 것을 성취하려면 실무자는 환자를 격려하고 호기심도 보이고 열린 질문으로 요청하고, 확인하지 않고 먼저 결정하는 것도 피해야 한다. 좀 더 어렵고 성공적인 상담에서 중요한 적극적 경청자가 될 필요가 있다. 적극적 경청은 환자가 사용하는 언어의 숨겨진 의미를 이해하고 찾아내는 과정을 의미한다.

그림 2-4에서 보이는 과정은 Thomas Gordon(Gordon 1970, Miller & Jackson 1985)의 작업으로부터 인용하였다. 목표는 환자가 말한 과업을 어떻게 수행할지 단순히 반복하는 것이 아니라 더욱 복잡한 과업으로 의미를 명확히 하는 것이다.

그림 2-4는 왼쪽 아래에서 오른쪽 아래로 환자가 전달하는 의미를 어떻게 왜곡하는지를 보여준다. 첫 번째 환자는 그녀가 의미하는 것을 정확하게 말하지 않았다(1 참조). 두 번째 단계에서 실무자는 말한 것을 제대로 듣지 못했다(2 참조). 논쟁에 강한 사람이라도 이러한 어려움에 익숙할 수 없다. 나는 말한다… 당신은 하지 않았네요. 당신이 말한다…. 단순한 어휘를 잘못 듣는 것은 하나를 던져냄으로서 충분할 수 있다. 셋째, 그 단어를 정확히 듣는다. 그러나 환자가 상당히 다른 방식으로 그 의미를 해석한다(3 참조). 적극적 경청은 두 의미 상자의 차이를 연결하는 것도 포함한다.

예를 들어, 환자가 나처럼 '나는 식사하는 것에서 위안을 찾아요.'라고 이야기한다면 넓은 범주에서 실무자는 의미를 얻는다. 환자의 의미와 실무자 해석에서의 차

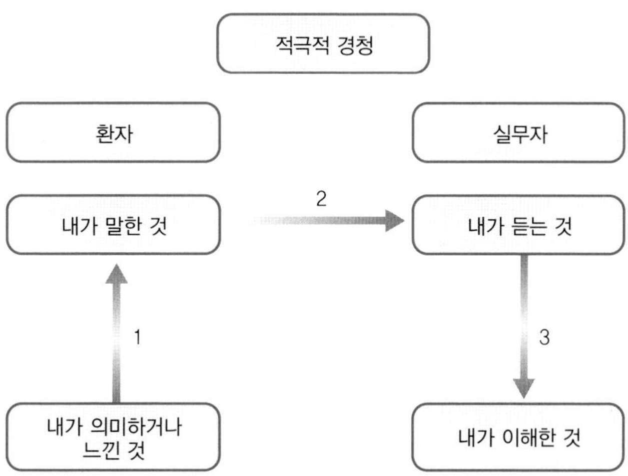

그림 2-4 • 적극적 경청

이를 연결하려면 주의 깊은 경청이 필요하다. 이것은 의미를 명확히 하도록 진술하기(때때로 반영적 경청이라고 부르는)와 질문하기 또는 의미를 명확히 하는 간단한 요약도 제공한다.

환자가 의미하는 것을 명확히 하는 것보다 반드시 해야 하는 것이 있다. 특히 행동변화에 대해 적절하게 이야기하도록 하고 대안의 탐색과 의사결정을 격려하여야 한다. 실무자의 의제에 대해서는 다른 측면이 있을 수 있다. 따라서 우리는 다음 장에서 초점맞추기와 지시하기를 유지하는 전략에 관하여 살펴본다. 목적을 갖고 대화하고 그것을 놓치지 않는 것이 중요하다. 그러나 환자의 걱정과 의미 추구를 제쳐둔다면 의사소통은 실패할 것이고 환자로부터 저항도 일어난다.

잘 경청하고 환자 중심 접근의 목표를 성취하려면 다음과 같은 기법이 사용된다.

- 단순한 열린 질문들
- 언어적, 비언어적으로 경청하고 즉각적으로 격려하기
- 명확히 하기와 요약하기
- 반영적 진술, 반복, 재해석, 바꾸어 말하기

  환자들은 그 의미를 더 잘 이해하려 하고 정교하게 그들을 격려한다고 말해왔다(Rollnick et al., 2008).

이 책에서는 이러한 기술의 사례를 제공한다. 무엇을 하고 어떻게 환자에게 반응해야 하는지에 관한 연습과 자기 인식이 이 기술을 획득하도록 한다. 때때로 경험 많은 실무자는 토론을 복잡하지 않고 단순하게 하는 데 연습이 기여하였다고 말한다. 예를 들어, 단순한 열린 질문은 다음과 같다. 당신의 건강에 대해 어떤 걱정을 하는가? 또는 지금 가장 걱정되는 것이 무엇인가? 대개 복잡한 질문보다 더 유용하다. 미래에 당신의 건강을 잃을 가능성에 대해 어떻게 생각하는가? 경험있는 실무자는 논제나 가설보다 그들의 환자를 더 많이 이해하는 편이 낫다고 이야기한다.

초점을 유지하기

환자 중심의 접근을 기술할 때 환자 중심 치료의 '언어'인 본질적인 수단을 유지한 채 실무자는 그 지점에서 멈추고 행동변화 상담으로 나아가라고 제안한다. 우리의 견해는 실무자와 환자가 행동변화에 대해 동일한 방식으로 느끼지 않기 때문에 부적절하게 보인다. 잠재적으로 긴장과 불일치도 보인다. 이것은 전자적 흐름에 관한 힘으로 측정될 수 있다. 환자는 선의의 실무자로부터 건강 행동변화를 고민하도록 하는 압박에 저항할 수 있다. 서로 다른 실무자와 환자는 예의를 보이나 때로는 숨기고 억누르며, 순순히 받아들여지기도 하나 또 때로는 분노에 차 적대적인 갈등 상태에 놓이도록 한다.

행동변화 상담은 예를 들어 환자에게 나쁜 소식을 전하는 문제와 같은 상황과는 질적인 차이가 있다. 그들은 변화 결단과 해결책, 전략과 장애물, 적절한 순간과 정확하게 돌아서기, 그리고 다가오는 몇 년 동안 일상적 삶을 살아가기에 대하여 논의한다. 변화의 주제는 종종 환자가 아니라 실무자에 의해 제기되어 환자의 저항도 많아진다. 도덕적 판단은 논의되는 상황과 밀접히 관련된다. 관심은 상담실 밖에서 환자가 해야 하는 것에 집중된다. 이러한 이유로 우리는 실무자가 지시적으로 제공하는 상담에도 구조가 필요하다고 생각한다. 환자들이 동의하지 않음을 피하게 하고 일치감 성취를 돕는다. 이것은 자동차 운전자와 유사한 방식이다. 자동차를 운전하면서 기어를 바꾸고 브레이크도 작동시켜 최종 목적지에 도착하도록 돕는 지도가 필요하다. 좋은 경청 기술은 상담이 부드럽게 진행되도록 하는 데 필수적이다. 실무자는 경청에 더하여 상담 구조나 안내도를 가지고 유용한 방향으로 상담을 진행할 필요가 있다. 우리는 다음 장에서 이것을 제공하려고 한다.

요점정리

- 환자의 자율성에 대한 존중과 선택이 중요하다.
- 환자가 어떤 행동이라도 결정하여야 한다. 아니라면 집중하게 한다.
- 직면적인 면담 기술은 비생산적이다.
- 정보 교환은 중요한 기술이다.
- 변화준비도는 조심스럽게 관찰되어야 한다.
- 중요도와 자신감을 사정하고 반응한다.
- 실무자는 구조, 방향, 지지, 환자가 원하는 정보 제공하기와 환자의 견해를 이끌어내고 존중하기, 민감하게 변화 협상하기를 제공한다.
- 환자는 적극적 의사결정자이다.

참고문헌

Annis, H., Schober, R., Kelly, E., 1996. Matching addiction outpatient counseling to client readiness for change: the role of structured relapse prevention counseling. *Experimental and Clinical Psychopharmacology 4*, 37-45.

Ashworth, P., 1997. Breakthrough or bandwagon? Are interventions tailored to stage of change more effective than non-staged interventions?. *Health Education Journal 56*, 166-174.

Bandura, A., 1977. Towards a unifying theory of behavior change. *Psychological Review 84*, 191-215.

Butler, C.C., Rollnick, S., Stott, N.C.H., 1996. The practitioner, the patient and resistance to change: recent ideas on compliance. *Canadian Medical Association Journal 154*, 1357-1362.

Butler, C.C., Rollnick, S., Cohen, D., Bachmann, M., Russell, I., Stott, N.C.H.S., 1999. Motivational consulting versus brief advice to quit smoking: a randomised trial. *British Journal of General Practice 49*, 611-616.

Corbett, G., 2006. What the research says about MI training: Part II. Mint Bulletin 13, 14-16. www.motivationalinterview.org

Davidson, R., 1998. The transtheoretical model: a critical overview. In: Miller, R.W., Heather, N. (Eds.) Treating addictive behaviors, 2nd edn. Plenum, New York.

Davies, P., 1979. Motivation, responsibility and sickness in the psychiatric treatment of alcoholism. *British Journal of Psychiatry 134*, 449-458.

Davies, P., 1981. Expectations and therapeutic practices in outpatient clinics for alcohol problems. *British Journal of Addiction 76*, 159-173.

DiClemente, C.C., 1991. Motivational interviewing and the stages of change. In: Miller, W.R., Rollnick, S. (Eds.) Motivational interviewing. Guilford Press, New York.

DiClemente, C.C., Prochaska, J., 1998. Toward a comprehensive, transtheoretical model of change: stages of change and addictive behaviors. In: Miller, W.R., Heather, N. (Eds.) Treating addictive behaviors, 2nd edn. Plenum, New York.

Diclemente, C.C., Schlundt, D., Gemmell, L., 2004. Readiness and stages of change in addiction treatment. *American Journal on Addictions 13*, 103-119.

Epstein, R.M., Franks, P., Shields, C.G., et al., 2005. Patient–centered communication and diagnostic testing. *Annals of Family Medicine 3*, 415–421.

Epstein, R.M., Shields, C.G., Franks, P., Meldrum, S.C., Feldman, M., Kravitz, R.L., 2007. Exploring and validating patient concerns: relation to prescribing for depression. *Annals of Family Medicine 5*, 21-28.

Fishbein, M., 2008. A reasoned action approach to health promotion. *Medical Decision Making 28*, 834-844.

Gordon, T., 1970. Parent effectiveness training. Wyden, New York.

Grant, V.J., 1995. Therapy of 'the word': new goals in teaching communication skills. *Health Care Analysis 3*, 71-74.

Heather, N., Rollnick, S., Bell, A., Richmond, R., 1996. Effects of brief counselling among male heavy drinkers identified on general hospital wards. *Drug and Alcohol Review 15*, 29–38.

Heritage, J., Sefi, S., 1992. Dilemmas of advice: aspects of the delivery and reception of advice in interactions between health visitors and first-time mothers. In: Drew, P., Heritage, J. (Eds.) Talk at work: interaction in institutional settings. Cambridge University Press, Cambridge.

Hsiao, C.J., Boult, C., 2008. Effects of quality on outcomes in primary care: a review of the literature. *American Journal of Medical Quality 23*, 302–310.

Janis, I.L., Mann, L., 1977. Decision making: a psychological analysis of conflict, choice, and commitment. Free Press, New York.

Kaplan, S.H., Greenfield, S., Ware, J.E., 1989. Assessing the effects of physician–patient interactions on the outcomes of chronic disease. *Medical Care 27*, S110–S127.

Kinmonth, A.L., Woodcock, A., Griffin, S., Spiegal, N., Campbell, M.J., 1998. Randomised controlled trial of patient centred care of diabetes in general practice: impact on current wellbeing and future disease risk. The Diabetes Care from Diagnosis Research Team. *British Medical Journal 317*, 1202-1208.

Marinker, M., Shaw, J., 2003. Not to be taken as directed. *British Medical Journal 326*, 348-349.

Miller, W.R., Heather, N. (Eds.), 1998. Treating addictive behaviors, 2nd edn. Plenum, New York.

Miller, W.R., Jackson, K.A., 1985. Practical psychology for pastors: toward more effective counseling. Prentice-Hall, Englewood Cliffs.

Miller, W.R., Rollnick, S., 1991. Motivational interviewing: preparing people to change addictive behavior. Guilford Press, New York.

Orth, J.E., Stiles, W.B., Scherwitz, L., Hennrikus, D., Vallbona, C., 1987. Patient exposition and provider explanation in routine interviews and hypertensive patients' blood pressure control. *Health Psychology 6*, 29-42.

Plotnikoff, R.C., Brunet, S., Courneya, K.S., et al., 2007. The efficacy of stage-matched and standard public health materials for promoting physical activity in the workplace: the Physical Activity Workplace Study (Paws). *American Journal of Health Promotion 21*, 501-509.

Prochaska, J., DiClemente, C., 1983. Stages and processes of self-change of smoking: towards an integrated model of change. *Journal of Consulting and Clinical Psychology 51*, 390-395.

Prochaska, J.O., DiClemente, C.C., 1986. Towards a comprehensive model of change. In: Miller, W.R., Heather, N. (Eds.) Treating addictive behaviors: processes of change. Plenum, New York.

Prochaska, J.O., 1994. Strong and weak principles for progressing from precontemplation to action on the basis of twelve problem behaviours. *Health Psychology 13*, 47-51.

Prochaska, J., DiClemente, C., 1998. Comments, criteria and creating better models: in response to Davidson. In: Miller, W.R., Heather, N. (Eds.) Treating addictive behaviors, 2nd edn. Plenum, New York.

Prochaska, J.M., Paiva, A.L., Padula, J.A., et al., 2005. Assessing emotional readiness for adoption using the transtheoretical model. *Children and Youth Services Review 27*, 135-152.

Project MATCH Research Group, 1997 Matching alcohol treatment to client heterogenity: Project MATCH post treatment drinking outcomes. *Journal of Studies on Alcohol 58*, 7-29.

Rollnick, S., 1998. Readiness, importance and confidence: critical conditions of change in treatment. In: Miller, W.R., Heather, N. (Eds.) Treating addictive behaviors, 2nd edn. Plenum, New York.

Rollnick, S., Butler, C.C., Stott, N., 1997. Helping smokers make decisions: the enhancement of brief intervention for general medical practice. *Patient Education and Counseling 31*, 191-203.

Rollnick, S., Miller, W.R., Butler, C.C., 2008. Motivational interviewing in health care: helping patients change behavior. Guilford Press, New York.

Rosenstock, I.M., Strecher, V.J., Becker, M.H., 1988. Social learning theory and the health belief model.. *Health Education & Behavior 15*, 175-183.

Schwarzer, R., Fuchs, R., 1995. Changing risk behaviors and adopting health behaviors: the role of self-efficacy beliefs. In: Bandura, A. (Ed.), Self-efficacy in changing societies. Cambridge University Press, New York.

Schwarzer, R., Fuchs, R., 1996. Self-efficacy and health behaviours. In: Conner, M., Norman, P. (Eds.) Predicting health behaviour: research and practice with social cognition models. Open University Press, Buckingham.

Silverman, D., 1997. Discourses in counselling: HIV counselling as social interaction. Sage, London.

Spencer, L., Pagell, F., Adams, T., 2005. Applying the transtheoretical model to cancer screening behavior. *American Journal of Health Behavior 29*, 36-56.

Spencer, L., Wharton, C., Moyle, S., Adams, T., 2007. The transtheoretical model as applied to dietary behaviour and outcomes. *Nutrition Research Reviews 20*, 46-73.

Stead, L.F., Bergson, G., Lancaster, T., 2008. Physician advice for smoking cessation. Cochrane Database of Systematic Reviews (2) CD000165.

Stewart, M., Brown, J.B., Donner, A., et al., 2000. The impact of patient-centered care on outcomes. *Journal of Family Practice 49*, 796-804.

Stewart, M., Belle Brown, J., Weston, W.W., McWhinney, I.R., 2003. Patient-centered medicine: transforming the clinical method. Radcliffe, Oxford.

Stockwell, T., 1992. Models of change, heavenly bodies and weltanschuungs. *British Journal of Addiction 87*, 830-831.

Sutton, S., 1989. Relapse following smoking cessation. In: Gossop, M. (Ed.), Relapse and addictive behaviour. Routledge, London.

Velicer, W.F., DiClemente, C.C., Prochaska, J.O., Brandenburg, N., 1985. Decisional balance measure for assessing and predicting smoking status. *Journal of Personality and Social Psychology 48*, 1279-1289.-

West, R., 2006. Theory of addiction. Blackwell, Oxford.

Wilson, G.T., Schlam, T.R., 2004. The transtheoretical model and motivational interviewing in the treatment of eating and weight disorders. *Clinical Psychology Review 24*, 361–378.

CHAPTER 3

시작하기: 라포 형성하기와 안건 정하기

Getting started: rapport and agendas

이 장에서는

- 개요
- 라포 형성하기
- 안건 정하기
- 전략 1. 복합 행동–안건 정하기
- 전략 2. 단일 행동–주제 제기하기

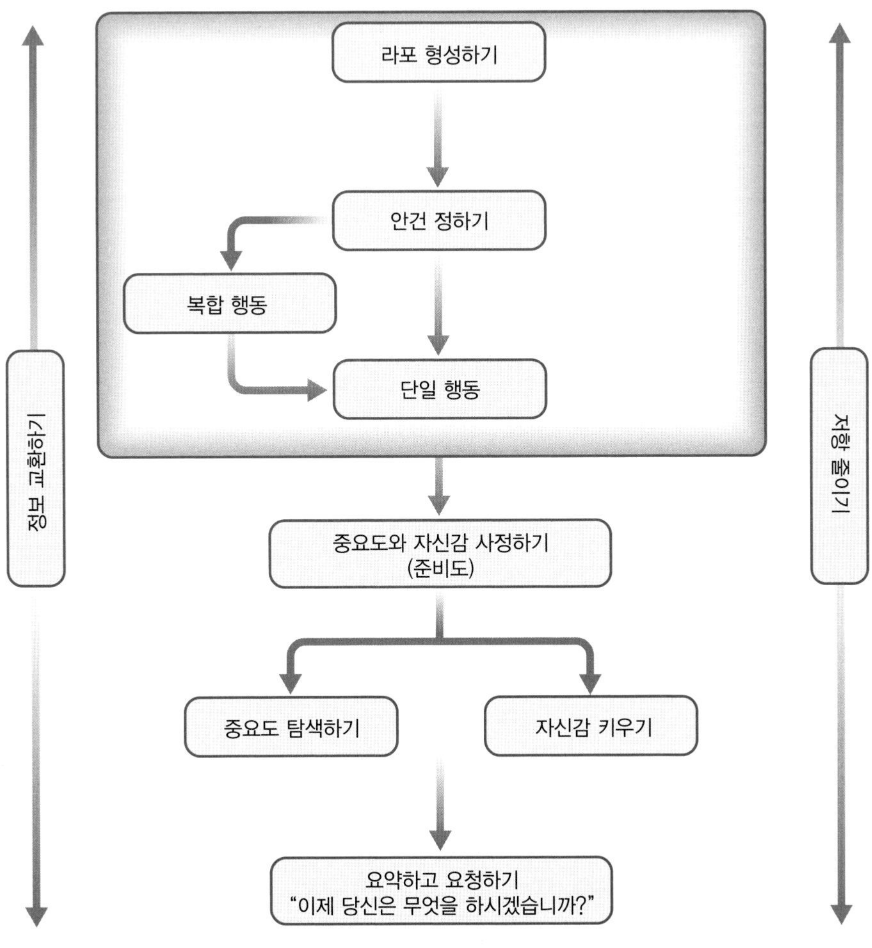

그림 3–1

박스 3-1 유용한 질문들

1. 무엇에 관해 이야기하고 싶은가요? 우리는 심장마비에서 회복하는 데 영향을 주는 흡연, 운동, 식이, 음주 등에 대해 이야기할 수 있습니다. 당신은 어떻게 생각하나요? 당신은 그 밖에 더 걱정되는 것이 있나요?
2. 식이나 흡연같이 당신의 건강에 영향을 주는 어떤 변화에 대해 이야기하고 싶나요? 아니면 오늘 당신은 이곳에 다른 걱정으로 왔나요?
3. 어떠한 운동과 식이에 대해 이야기하는 게 가장 좋을까요?
4. 어떤 사람들은 X의 변화가 Y를 개선할 수 있다는데, 당신은 어떻게 생각하나요?
5. 당신의 폐가 걱정입니다. 흡연에 대하여 당신이 어떻게 생각하는지 궁금합니다.
6. 당신의 알코올 섭취가 이러한 문제에 어떠한 영향을 미치나요? [현재 주호소] 무엇을 알아차렸습니까?

개요

실무자: 혈압이 지난 번보다 올랐네요.

환자: 진짜요? 괜찮은데요.

실무자: 음. 확실히 올랐어요. 약을 잘 복용하고 있죠?

환자: 꽤 잘...

실무자: 술을 줄이는 게 어때요?

환자: [약간 방어적이 되면서] 예. 노력해보죠.

실무자: 식이처방도 잘 지키고 있죠?

환자: 노력하고 있죠.

때때로 행동변화에 대한 논의를 시작하는 것이 어렵다. 라포를 잘 수립하는 것은 정직한 토론을 이끌고 환자의 행동을 건설적으로 이해하고 변화에 대한 개방성을 보이는 데 중요하다. 라포는 때때로 잘 수립되고 재수립되기도 한다. 안건 역시 분명하다. 예로 1차 보건의료 현장에서 실무자와 환자 사이의 관계형성이 이미 존재한다. 이것은 현재 상담을 제공하는 조건으로 작용할 것이다. 영양사와의 첫 약속 상황에서 치료적 관계는 빨리 성취될 필요가 있다. 라포 수립을 당연하게 생각할지라도 때때로 상대방을 이해하고 인정하기 쉬우나 한번 손상되면 회복하기가 어려울 수 있다.

관계 형성이 잘 되면 논의를 위한 주제 선정에도 쉽게 동의한다. 이것은 환자와 주제를 정하는 것, 실무자와 주제를 정하는 기회를 그들에게 제공하는 것도 포함된다. 몇 가지 가능성 있는 토론 주제들이 있고 시간이 제한적이면 선택이 이루어진다. 주제 선택이 어떻게 이루어지느냐는 상담 과정 동안 환자의 느낌을 강화하는 데 영향을 줄 수 있다.

주의사항

환자가 먼저 이야기하거나 신뢰와 상호협동의 기류가 생기기 전에 실무자가 주제를 직접적으로 정하는 것은 피하는 것이 좋다.

실무자: [환자가 들어와도 기록을 보면서] 그래서, 이제 담배 피우는 걸 포기했나요?

라포 형성하기

좋은 시작이 어려운 일만은 아니다. 경험 있는 보건의료 실무자는 이것에 숙련되어 있다. 다음의 가이드라인은 기본적인 것이지만 라포의 훼손을 피하는 데도 중요하다. 훼손의 가장 흔한 원인은 실무자가 흥미 있는 주제에 너무 빨리 초점을 맞추는 것이다. 이것은 이 장의 다음 부분에서 논의될 것이다.

물리적 환경

상담을 위한 물리적 환경은 좋은 관계가 발전되게 하거나 닫히게도 한다. 상담이 잘 이루어지기 위해서는 동등한 관계가 형성되어야 한다. 힘의 불균형에 다음 요소가 영향을 미칠 수 있다.

- 환자가 클리닉에 처음 오게 되면 단지 몇 분 동안이라도 무엇을 듣게 되는가? 주로 실무자의 걱정에 따라 의무적으로 겪어야 하는 정기 검사가 있는가?
- 그들이 안전하게 얘기한다고 느끼는가? 환자를 위한 적절한 프라이버시가 있

는가(소음차단장치나 칸막이 스크린)? 약사가 상담하는 약국에서도 건강증진 활동에 좋은 신체 활동을 더 많은 할 수 있게 환경을 만들어 놓았다.

- 들어갈 때 환자가 기록해놓은 컴퓨터 화면을 볼 수 있는가?
- 벽의 포스터가 적절한 분위기를 만드는가?
- 실무자 의상이 불필요하게 강압적인 스타일이지 않는가?
- 턱받이를 하고 뒤로 눕혀지는 치과 의자처럼 환자가 위압감을 느끼도록 취약한 신체적 자세를 취하도록 하는가?
- 방 안의 모든 사람들(예: 학생)이 소개되었는가?

상담에 대한 생각과 감정

환자의 기대가 라포에 영향을 미칠 것이다. 환자는 실무자가 그들을 특정한 방식으로 다루도록 기대하거나 바랄 것이다. 이것들은 점검될 수도 있고 어떤 오해라도 명확해질 수 있다. 환자는 행동변화와 같은 문제에 초점을 맞추기 전에 즉각적인 문제나 걱정거리를 표현할 것이다. 그러한 것들을 확인하고 적절하게 반응하는 것이 중요하다.

환자의 상담 맥락과 이에 대한 그들의 감정을 알아차리는 것이 중요하다. 예를 들어: 하루 종일 기다리게 해서 미안해요. 당신이 입원한 후 집으로 가는 것을 기대해요. 당신의 심장마비[당뇨 진단 등] 이후 줄곧 걱정했어요. 그리고 당신 건강을 유지하는 방법을 의논하고자 팀의 다른 여러 구성원을 이미 만난 것도 알고 있어요.

행동변화를 생각할 수 있도록 환자를 치료하기에서 안내하기로 초점을 전환하는 것이 중요하다. 주사 맞기, 탈의하기, 치아 스케일링과 광택내기, 당신의 돌보기에 적절하게 덜 또는 더 수동적인 참여가 이루어지도록 하는 몇몇 과정들 후 주제의 분명한 변화에 대하여 생각하게 할 필요가 있다. '이제 다 끝났어요, 의자에 앉으세요. 그리고 당신에게 영향을 주는 다른 …것들에 대해 함께 생각해봐요.'

어떤 상황은 특별한 도전 상황이 된다. 누군가 매우 아프고 나서 불평하고 수동적으로 지내는 것에 적응해 왔을 때 예를 들어, 심장마비 후 재활단계로 이동하게 되면(호전되기 위해 할 수 있는 방법을 찾아 보자.) 진짜 옮겨지는 것처럼 느낄 수 있다. 어떤 보건의료 현장에서는 환자들이 그들의 자율성을 많이 빼앗기고 순종하는 것을 배우게 되었다. 안전한 정신과 병동이 그 예이다. 이런 맥락에서 그들을 위하여 건강을 통제하는 환경을 설정하는 것은 특히 도전이 된다. 환자가 상담을 시작할 때부터 존중받고 있으며 그들을 위한 돌봄이 제공됨을 느낀다면 앞으로의 논의는 쉬워질 것이다.

전략 1: 전형적인 하루

라포를 형성하는 유용한 전략은 전형적인 하루 전략이다. 정보 교환의 장점을 6장에서 상세하게 기술하였다. 여기서는 이러한 맥락에서 적합한 논의에 이르도록 어떻게 행동을 설명하는지, 환자에게 전형적인 하루를 기술하도록 한다. 실무자의 역할은 개인이 상세하게 제공하는 관심을 발달시키고 제약을 연습하는데 있다. 이 방법은 상담의 초반에 행동변화의 주제가 제기되지 않았어도 아주 유용하게 사용된다. 6~8분 정도 여유로운 시간을 내면 양쪽 모두에게 가장 중요한 경험이 될 것이다. 일반적으로 전형적인 하루는 어떤 행동을 이야기해야 하는 기준 없이 설명될 수 있고 특별한 행동을 설명하라고 요구할 수도 있다. 하루 동안 당신이 먹은 것을 이야기해 주세요. 능숙하게 수행한다면 라포는 측정할 수 없을 정도로 강화될 것이다.

안건 정하기

35세, 천식환자인 제니퍼는 약물을 정기적으로 복용하는 것을 자주 잊어버린다. 하루 20개비의 담배를 피우고 있으며, 함께 사는 가족 중 성인들은 모두 담배를 피우고 매우 비활동적이다. 그녀는 고생을 한 후 마지막으로 여유 시간에 운동하고 싶다고 말한다.

때때로 개인의 건강에 영향을 주는 요인들이 너무 많아 어디서부터 시작해야 할지 이해하기 어려울 수 있다.

행동변화를 위한 판단 중에서 최악의 상황은 환자가 다른 무언가에 좀 더 관심을 보이면 실무자는 변화에 대한 특정한 논의로 조급하게 넘어가려 할 때 발생한다. 게다가, 이러한 조급한 결정은 환자들이 행동변화에 대하여 준비하기도 전에 행동변화가 요구되는 치료적 환경을 만들게 된다.

때때로 상대적으로 일상적인 문제가 행동변화에 집중하는 것을 방해한다. 경미한 차 사고에 흥분하여 상담을 받으러 온 환자는 실무자가 얘기하는 어떠한 것에도 집중할 수 없다. 때때로 환자가 더 관심 있는 개인적인 문제도 있으며 그것에 대해 이야기하기를 원할 수도 있다. 최근 심장마비를 경험한 사람은 삶과 죽음의 문제에 집착한다. 이러한 상황에서 운동을 좀 더 하라고 이야기하는 것은 부적절할 뿐 아니라 둔감해 보인다. 초기의 중요한 과업은 안건에 동의하는 것이다.

토론에서 행동변화가 실제적인 주제가 될 때 종종 건강 행동과 관련되고 복합적인 상황에도 직면한다. 예를 들어, 과다한 음주자들은 담배도 피우고, 기름진 음식을 많이 섭취하는 사람은 운동도 거의 하지 않는다. 그래서 여러 건강 행동이 개인의 공존에 위험을 주는 것으로 생각한다. 당뇨, 심장질환 그 외 만성질환으로 고통받는 사람들은 하나 이상의 변화를 해야 하는 도전에 직면한다. 초기 단계에서 무엇에 대해 이야기 나눌까 결정하는 것이 중요하다.

이 장에서는 안건을 정할 때 단순한 행동변화와 복합적 행동변화에 따른 논의의 차이를 보여준다. 우리는 실무자에게 분명하고 중요하게 전략 1(복합 행동)이나 전략 2(단순 행동)를 사용해야 한다고 조언한다. 이것은 가능한 많은 변화에 직면할 때, 환자와 논의하던 특별한 행동을 희생시켜 조급하게 순종하도록 하는 많은 실무자를 보아왔기 때문이다. 식이보다 운동 양상을 변화하는 데 더 준비된 사람에게 왜 식이를 주요하게 다루는가? 이러한 상담 단계에서 우리는 환자가 그 방향을 통제해야 한다고 생각한다.

전략 1. 복합 행동–안건 정하기

변화를 협상하는 것은 특별한 과정이다. 변화 협상이 다양한 행동에 적용될 수 있으나 한 번에 한 가지 행동에만 사용될 수 있다. '일반적으로 보다 더 건강한 생활습관'을 효과적으로 협상하는 것은 가능하지 않다. 다양한 문제에 대한 변화에 있어서 준비도는 각각 다르기 때문이다. 심지어는 식사와 같은 단일 주제에 있어서도, 한 가지 행동(초콜릿 대신 과일 간식 먹기)에 대한 변화에는 준비되어 있지만, 아직 다른 행동(베이컨 대신에 아침으로 시리얼이나 오트밀/포리지 먹기)에는 준비되지 않았을 수 있다. 때때로 하나의 행동변화는 다른 행동에 긍정적인 영향을 줄 것이다.

그러나 상담 과정에서는 한 번에 하나의 주제만을 다루는 것이 중요하다. 논의되어야 하는 많은 행동이 있을 때라도 분명한 목적을 두고 우선순위를 두는 것이 중요하다. 이것은 전체 과정을 더욱 잘 관리되도록 한다. 당신은 무엇을 말하려 하는지 정했는가?

복합 행동의 안건 정하기 가이드라인은 안건 설정 차트의 사용을 기본으로 한다. 이것은 일반적인 건강증진 현장에서 시작되었다(Rollnick & Mason, 1992). 그 후 2형 당뇨로 고통받는 내담자와의 협상 방법을 작업한 팀에 의해 적용되고 보완되었다(Stott et al., 1995).

목표는 당신의 안건에 대해 솔직하고 정직하여야 하고 적절하다면 환자의 안건을

> **주의사항**
>
> 환자가 우리가 미처 알아차리지 못하는 다른 우선순위를 가질 때 우리의 우리 자신의 관심에 집중하기 쉽다. 이러한 상황에서는 환자들과 관계 형성도 되지 않고 행동변화 상담에 대한 열정도 생기지 않을 것이다. 더군다나 그들은 그들의 관심과 걱정에 놓여있기 때문에 실제 행동은 취하지 않고 우리가 말하는 것을 그저 공손하게 따를 것이다.

이해하고 행동을 선택하도록 환자를 돕는 데 있다. 어쨌든 환자는 압박 받고 있는 개인적인 문제에 대하여 이야기하는 것을 선호한다. 실무자의 행동과 목소리 톤은 환자가 진짜 말하고 싶어하는 것에 대하여 호기심 있는 태도로 반응하여야 한다. 이러한 안건 정하기는 비공식적으로 열린 질문을 여러 번 함으로써 완성될 수 있다. 여기에 몇 가지 예가 있다.

상세하게 이야기하기 전에 당신은 무엇에 관해 이야기하고 싶나요? 식사 변화시키기, 좀 더 운동하기, 또는 그 외에 오늘 당신을 더 압박하고 있는 무언가가 있나요?

오늘 무엇에 관해 이야기하고 싶나요? 우리는 흡연, 운동, 식이, 음주 등 심장질환으로 회복하는 데 영향을 주는 그 어떠한 것도 이야기할 수 있어요. 당신은 어떻게 생각하나요? 아마 당신이 더 관심을 두는 무언가가 있나요?

잠시 생각해 볼 수 있을까요? 당신이 내게 이 시간을 함께 어떻게 보내고자 하는지 이야기해보세요. 나는 흡연, 식사, 운동, 약물복용 등등 당신과 같은 상황에 있는 사람들과 이야기해 왔어요. 어떻게 생각하나요? 당신은 이들 중 어떤 것에 가장 준비가 되었다고 생각하나요? 또는 당신을 괴롭히는 그 밖의 것이 있나요?

그림 3-2 • 안건 정하기 차트

Scott et al., 1995, Family Practice 12:413-16 그림 1에서 인용, Oxford University Press, 발행인으로부터 허가를 받음

우리는 위의 안건 정하기 방식들이 차트의 사용 방법임을 알 수 있었다(그림 3-2). 이것은 시간을 절약할 뿐 아니라 환자의 선택을 극대화하는 상호협동적인 연습도 포함한다. 이러한 차트는 단지 대화를 위한 보조도구임을 기억한다. 시각적 보조도구가 그 길로 가게 하지는 않는다. 차트없이 단순하게 열린 질문을 함으로써 이러한 협상을 더욱 유용하게 수행할 수도 있다.

안건 정하기 차트는 많은 건강행동을 분명하게 보여준다. 이 차트에는 환자의 생각으로 행동변화의 가능성에 관하여 영향을 주는 행동이나 주제를 표현하도록 하는 빈 공간이 있다. 예를 들어 함께 흡연하는 배우자, 다른 음식 구매에 영향을 주는 재정적인 걱정이나 우울 감정처럼 더 압도되는 개인적 문제, 차트를 사용하면서, 실무자는 그들이 관심을 두는 행동이 무엇인지 개방적으로 알아차리도록 한다. 목표는 실무자에게 도움을 받아 환자가 이야기할 주제를 정하도록 하는 데 있다.

• 환자나 당신이 제기한 주제를 동그라미 안에 채우면서 당신 의도대로 차트를

그릴 수 있다. 대체로 미리 준비된 카드가 사용될 수 있다. 이 도구를 웹사이트(www.elsevierhealthbehaviorchange.com)에서 다운로드할 수 있고 부록 1, 2로부터 복사할 수 있다.

- 차트에 적거나 혹은 환자에게 적도록 요청하는 것이 도움이 될 수 있다. 예로, 환자가 제기한 관심사로 빈 공간을 채울 수 있다. 적합하지 않은 행동에 줄을 긋거나(나는 담배를 피운 적이 없어요.), 이미 표현한 것을 점검한다(나는 이미 2일에 한 번씩 체육관에 가고 있어요.). 또는 타원 아래 특별한 표적 행동을 작성하기도 한다. 그리고 환자에게 차트를 집에 가져가라고 제안한다. 웹사이트(www.elsevierhealthbehaviorchange.com)에서 환자와 이 방식으로 사용한 도구를 찾을 수 있을 것이다. 그리고 이 상담의 필사본은 12장에 제공하고 있다.
- 정보 제공은 이러한 검토에서 중요한 부분이 될 것이다(6장 참조).
- 이러한 차트를 사용할 때 가장 흔한 2가지 위험은 차트를 체크리스트로 사용하려는 경향과 급하게 사용하는 데 있다. 이러한 점은 대개 환자를 희생시켜 하나의 행동에 조급하게 집중하도록 한다.
- 실무자의 목적이나 사용에 대한 사전 설명 없이 차트를 제공해서는 안 된다.

안건 정하기 차트를 소개하기

예: 이 종이에는 개인의 건강에 많은 영향을 줄 수 있는 행동이 적혀 있어요. 제일 영향을 주는 행동은 [적합하다면 환자의 상태]… 이다. 이러한 행동에 대해 어떻게 생각하세요? 그들을 변화시키는 것에 준비되었다고 생각하세요? 여기 빈 공간은 오늘 더욱 관심을 두어 생각하는 다른 주제들에 관한 거예요. 무엇을 생각했나요? 오늘 무엇을 이야기하고 싶은가요?

환자에게 이야기하도록 하는 것과 당신은 어떤 …의 변화에 대하여 생각할 준비가 되었는가?(위에서 사용한)와 당신은 어떤 …를 변화할 준비가 되었는가? 말하는 것에 차이가 있다면 기록한다. 대부분의 환자들은 후자보다 전자의 접근에 반응할 것이다. 무엇이든지 간에 변화준비도의 더 높은 수준을 요구한다. 다른 예로는:

이 종이에는 개인의 건강에 영향을 주는 행동에 관한 내용이 있어요. 식이와 흡연의 변화에 관하여 이야기하는 것에 관심이 있는지 궁금하네요. 어떻게 생각하세요? 당신이 변화를 고려하는 것을 제일 잘 판단할 수 있어요. 이야기하고 싶은 다른 생각이 있나요? 더 압박 받는 다른 걱정거리가 있나요(빈 칸을 가리키면서)? 어디에서 시작하는 것이 가장 좋다고 생각하세요?

시작하는 데 최고의 지점은 어디인가요?와 무엇이 가장 중요한가요?의 차이를 기록한다. 시작하기에 가장 좋은 지점을 물어보는 것은 가장 잘 다룰 수 있는 감정을 확인하게 한다. 반면 최고로 중요한 것은 환자의 관점에서 가장 불가능할 수 있다.

때때로 실무자는 어디서 시작해야 하는지 환자가 결정하게 하는 데 불안감을 느낀다. 예를 들어, 하루 30개비의 담배를 피우면서도 금연을 생각하지 않는 정상체중인 사람에게 음식에 대하여 이야기하는 것은 어려울 수 있다. 이 사람에게 몇 kg을 감량할 목적으로 더 건강한 식이의 가능성을 탐색하게 할 수 있지만 이것은 실무자의 우선순위에서는 순위가 낮아 보인다. 이것은 흥미로운 질문을 불러 일으킨다.

- 왜 우리는 누군가의 삶의 질을 최고로 향상시키는 것을 알고 있다고 생각하는가?
- 현실적으로 우리는 그들에게 하나 이상의 행동에서 우선순위가 필요하다고 요구할 수 있는가?
- 그들이 하나의 행동을 변화시키고자 한다면 그 행동이 그들의 의지에 긍정적인 영향을 미쳐 다른 행동도 나중에 변화시킬 것이라고 예상할 수 있는가?
- 분명한 우선순위가 있다고 생각할 때 우리의 간호에 관한 의무는 무엇인가?

우리는 삶에서 이러한 반성을 했던 세계에서 가장 유명한 클래식 기타리스트 중 한 명에 관해 왜 이야기하려는 것인가?

아마도 나는 해야 하는 것보다 더 먹고 마시고 담배도 피웠지. 아니 나는 엄청나게 즐기며 살았지. 담배는 서서히 혈압을 오르게 했고 손톱아래 적혈구가 자극을 받아 점점 증가하게 되었지. 한 때 내가 잠시 담배를 끊었을 때가 있었지. 손톱이 심각하게 약해져서 나의 기타 연주도 생기를 잃었지(Guardian, 1997. 1.14).

이 책에서는 환자가 행동변화에 또한 최고의 판단을 할 것이라고 생각하고 그들의 우선순위가 가장 효과적일 것이라는 접근을 기초로 한다.

많은 실무자들은 그들의 관점에 대하여 분명한 메시지를 제공하면서 이러한 상황을 다룬다. '건강을 향상하기 위하여 당신이 할 수 있는 가장 중요한 일은 금연이라고 생각해요. 그리고 나는 당신이 이것에 대하여 심각하게 생각할 것을 권해요.' 하지만 환자에게 책임감을 돌리면서 '그러나 최선이라고 생각하고 가장 잘 관리할 수 있도록 행동으로 실천하는 건 당신에게 달려있어요.'라고 한다.

다른 관심사를 다루기

실무자는 종종 안건 정하기 차트의 가장 유용한 부분은 빈 공간이라고 이야기한다. 환자들이 어떤 다른 주제에 관심을 보여도 그들이 이번에 그것을 이야기하고 싶어할 것이라고 단정지어서는 안된다.

어쨌든, 환자가 무언가 얘기하기를 원하면 짧은 시간 동안이라도 경청하고, 정보를 제공하고, 그런 다음에 가야 할 방향을 정한다. 환자가 하나의 주제에 대하여 이야기하고 싶어하기 때문에 그들이 심리치료 하기를 원한다고 추정하지마라. 우리는 그들이 대개 시각의 제약을 인식하고 단지 몇 분 동안 주의 깊게 경청하는 것에도 많이 감사해함을 확인하였다. 특정한 지점에서 환자뿐 아니라 실무자도 이러한 논의에 '정착함'에 행복해할 것이다. 그 지점에서 실무자는 이렇게 말하게 된다. '우리는 …에 대한 이야기를 나누었어요. 나는 이것이 왜 당신을 성가시게 하는지 이해되네요. 우리가 지금 어디에 머무르고 있나요? 다른 주제로 옮겨 이야기해도 괜찮을까요?' 이러한 관심사를 안건 정하기 차트의 빈 공란 중 하나에 작성하는 것이 유용할 것이다. 이것은 중요도를 알아차리게 하고 환자가 지금 다른 면을 생각하는 것도 더욱 쉽게 한다.

행동의 범위를 논의하기

환자가 어떤 하나의 행동에 조급하게 집중하도록 몰고 가지 않게 조심하여야 한다. 경청하고 이끈다. 당신이 호기심을 가진 마음 상태가 되도록 한다. 당신은 진심으로 사람들이 이야기하려는 주제를 선택하는 것에 대해 어떻게 느끼는지를 정확하게 알고 싶어 한다.

당신은 이러한 과업을 돕는 준비도 척도를 사용할 수 있다(p. 79 참조, 웹사이트(www.elsevierhealthbehaviorchange.com)에서 다운로드할 수 있고, 부록 3으로부터 복사할 수 있다.) 당신의 목표는 환자가 가장 이야기하고자 하는, 준비된 행동을 찾는 것이다. 예를 들어

> 변화에 대하여 가장 많이 준비되었다고 생각하는 것은 어떤 것인가요?
>
> 당신의 흡연과 음주에 대하여 정확하게 말하는 것이 무엇인가요? 당신은 그것들의 변화를 이야기하는 것에 대해 얼마나 준비되었다고 생각하나요? 당신은 당분간 그것을 그냥 두고 싶나요?
>
> 좀 더 운동하는 것을 생각해보세요. 이 선 중에서 당신은 어디에 있나요? 어떤 사람은 아직 준비가 안되었다고 하고 어떤 사람은 많이 준비되었다고도 하죠. 그리고 누군가는 이들 사이에 있어요. 이 순간 당신은 이것에 대해 어떻게 생각하나요?

결과를 요약하기

최종적으로 이해한 내용을 요약한다. 그리고 이러한 가능성에 대해 대비한다.

- 환자가 행동을 변화하는 것에 관심이 없다. 당신의 논의가 어떤 사례이든지 끝을 맺는다.
- 환자는 특정한 행동의 변화를 이야기하고 싶어한다.
- 환자는 특정한 행동에 양가감정을 가진다.

변화의 중요도와 자신감 형성하기에 관하여 좀 더 상세히 검토하도록 한다(5장 참조). 시간이 끝날 때가 되면 당신은 환자에게 행동 관찰 일기를 쓰거나 그것에 대해 생각해 보도록 요청한다.

실무자들은 이 책에 기술된 모든 전략들과 이러한 상담 단계가 환자의 자율성과 변화준비도를 강조하는 것이라고 오해할 수도 있다. 특별히 어려운 행동변화를 다루는 것으로부터 비관주의를 강화하고, 수동 공격성을 형성하고, 좌절감을 전달하는 수단으로 사용될 수도 있다. 이것은 나한테 달려있지 않아, 이건 환자에게 달려있다. 젊은 데도 죽기 원한다면 그의 문제이다. 우리는 이러한 종류의 태도를 가진 채 안건 정하기 차트를 상담과정에서 사용하는 실무자를 만난 적이 있다. 여기

에서는 환자의 경과가 나아지지 않음에 대한 실무자의 감정과 지시적이거나 비지시적인 단순 개념에 좌우되는 것을 논의할 필요가 없기 때문에 유용하다. 실무자는 과업을 확인하고 만족스러운 결과를 보려는 것이므로 위에서 기술한 안건 설정 차트를 사용하는 것은 매우 지시적이다. 동시에 이것은 논의에서의 주제를 환자가 통제하기 때문에 환자 중심 도구이기도 하다. 이것은 변화에 대하여 민감하면서도 목적지향적인 대화를 해 나갈 수 있기 때문에 선천적인 협상 수단과도 같다.

안건 정하기 차트를 사용하는 데 있어서의 최악의 방법은 실무자가 마치 체크리스트처럼 환자에게 차례차례 각각의 행동을 조사하면서 통제하는 것이다. 이것은 접근에서 중요한 정신을 상실한 행동이다. 때때로 우리는 안건 정하기 과정이 건설적으로 사용되지 않고 주제에 가려지는 것을 보았다. 생활습관의 변화와 환자가 책임감을 갖도록 격려하는 데 있어서의 초점이 환자에게 먼저 그 문제에 대하여 비난받는 느낌을 이끌어내고, 진전이 이루어지지 않는 것에 대한 비난도 이끌어낸다. 환자가 안건 정하기에 관여하지 못하면 이러한 문제가 드러나게 되므로 잘 관찰한다. 안건 정하기 과정을 진행하기 전에 환자의 감정을 이해하는 것이 바람직하다.

안건 정하기처럼 시각적 보조도구는 단지 그 자체일 뿐임을 기억한다. 그것을 사용하는데 편안함을 느끼지 못한다면 하지 말아라! 만남에 대한 일반적인 태도가 더욱 중요하다.

전략 2. 단일 행동–주제 제기하기

어떤 상황에서 실무자는 그들이 논의하기 원하는 하나의 특별한 행동을 확인하였다. 현장이 특별한 클리닉 예를 들어, 금연 클리닉이라면 환자와 실무자 모두에게 안건은 명확하고 외부로 드러나게 된다. 이러한 주제를 어떻게 잘 제기할 것인가를 걱정할 필요는 없다. 다른 상황은 덜 직접적이며, 특별한 증상이나 장애를 보이는 환자의 맥락에서 잘 나타난다. 실무자는 특정한 행동과 함께 확실하거나 가능성이 있는 연결을 확인하게 된다. 대체로 단일 행동은 건강 점검의 결과로서 환자의 최적화된 건강을 분명하게 구성하는 것이다.

어떤 실무자는 이것이 특별히 민감한 문제라고 생각하지 않는다. 그들은 위험한 건강 행동에 대하여 관심을 제기하는 것이 전문가의 임무라고 생각한다. 그리고 문제를 제기하지 않은 것이 이러한 책임감을 회피하는 것이라고 생각한다. 우리는 이것으로 가정을 무시하려는 것이 아니다. 우리는 실무자가 '면전에서 그들을 들이 받는' 문제를 제기할 때 많은 환자들이 그 자리에서 불편해하는 모습을 보아왔다. 물론, 우리는 환자와 면담할 때 이것에 대하여 강한 견해를 보이는 연구 결과도 알고 있다(Stott & Pill 1990). 두 사람 사이의 라포 형성에는 질적인 부분이 매우 중요하다. 오히려, 우리는 실무자로서의 책임감이 중요한 건강 행동 주제를 어느 정도 제기하는 것이고 동시에 그러한 것에 환자가 잘 반응하는 것이라고 생각한다.

주의사항

환자에게 주제를 제기할 때 잘난체하고 비판을 잘한다는 인식을 가지게 하지 않는 것이 중요하다. 주제를 제기하기 전 환자와 라포를 잘 형성하는 것이 중요하다. 다음처럼 환자와 말하는 상황에 처하면 그날은 희망적으로 생각하기 어렵다. 나는 당신의 …[음주, 식이 등]에 대하여 우리 둘 다 꽤 무례했다고 생각해요. 안 그래요? 당신의 흡연으로 이 상황이 초래되었어요. 그렇죠? 직접적인 직면은 거의 모든 사례에서 저항을 일으킬 것이다.

당신이 누군가와 라포를 잘 형성했다면 어떠한 주제도 이야기할 수 있다. 그래서 이것이 당신의 처음 우선순위를 고려하게 한다. 당신과 환자 모두가 같은 편이라는 것을 기억하라. 당신은 그들의 건강을 향상시키고 유지하는데 관심이 있다. 당신의 안건에 솔직해지고 환자의 견해로 주제를 표현하도록 한다. 몇 가지 사례가 있다.

나는 이 순간 당신의 건강을 향상시키기 위하여 우리가 집중해야 하는 가장 중요한 것이 무엇인지 궁금하네요. 당신이 과다한 체중을 좀 줄이는 것이라고 한다면 당신을 도와야겠다고 생각해요. 당신은 이 점을 어떻게 보나요? 당신도 이것이 우선순위여야 한다고 생각하나요?

혈액순환이 안되는 것은 흡연과 관련이 많아요. 당신이 계속 담배를 피우려는 이유를 짧게 이야기할 수 있나요?

운동을 좀 더 하는 것이 당뇨 조절을 향상시킬 것이라고 생각해 본적이 있나요?

당신의 주량에 대하여 어떻게 생각하세요?

어떤 사람들은 식이를 변화시키는 것이 속쓰림 개선에 유익하다고 생각하는 것을 당신도 알고 있나요? 관심이 있다면 그것에 대하여 얘기하고 싶네요.

당신 폐를 걱정했어요. 흡연에 대하여 어떻게 생각하나요?

운동을 덜 하는 사람들은 혈압 상승과 심장질환 문제를 발달시키는데 큰 위험을 보여요. 당신의 삶에서 좀 더 신체활동을 하는 것이 중요한지에 관하여 이야기할 맘이 있나요?

당신이 관심을 보이는 행동은 환자가 하려는 행동을 인정하지 않아서가 아니라 그 행동변화가 건강에 효과가 있기 때문이라는 것을 분명히 한다. 결과적으로 당신은 적절하고 비판단적으로 관심을 보이고 탐색하여야 한다. 이 단계에서, 변화를 위한 질문은 여전히 개방적이라는 것과 함께 논의를 위한 주제가 제기된다.

정교한 주제

주제를 제기하는 것도 확실히 어려울 때가 있다. 라포를 수립하도록 시간을 보내는 것 외에도 이것을 계획하는 것도 쉽지 않다. 한 예로 과다 음주에 관한 주제를 제기해 본다.

알코올중독자로 낙인될 것이라고 걱정하는 남자는 실무자에게 자신의 건강에 대한 걱정을 표현하는 것이 어려울 수 있다. '알코올'이라는 단어를 단지 표현하는 것만으로도 즉각적인 저항을 만들어낼 수 있다. 솔직히 말해서 우리의 노르웨이 동료가 관찰한 결과, 당신의 노력이 누군가의 자존감을 약화시키고 저항감을 불러일으킬 수 있다(Tom Barth, 사적 의사소통). 이러한 상황에서 무엇을 하지 말라고 말하는 것은 쉬워 보인다. 더욱이 '알코올중독자', '음주 문제' 심지어 '걱정'과 같은 단어의 언급도 하지않아야 한다. 환자가 스스로 이러한 결론에 도달하도록 한다. 알코올 사용이 가장 안전한 표현이다. 즉각적으로 저항에 부딪히면 이것은 변화 전략 신호가 된다.

사실, 우리는 이러한 문제를 쉽게 해결하는 경로를 발견하지 못했다. 사실 그 행동에 문제-사실 접근으로 사람에 관한 1차적인 걱정을 전달하는 것과 다르게 환자가 자발성을 드러내도록 하는 단순한 전략은 없다. 예를 들어, 집에서 막대한 압박에 직면하여 식이행동이 멈춘 45세의 남성을 발견했다. 그는 5살 이하의 아이가 3명이나 있었고 아이 중 한 명은 심각한 호흡기 문제도 있었다. 그의 부인은 산후우

울증으로 고통받고 있었고 알코올에도 의존하고 있었다. 그는 심각한 수준의 수면 박탈을 경험하였고 직장 스트레스도 심하였다. 결국 그는 소변에서 혈액이 검출되어 병원에 입원하였다. 예비 수술을 포함하여 여러 복잡한 검사의 시행 중에도 그는 수동적이었고 침묵으로 일관하였다. 어느 날, 그를 마취한 의사가 침대로 찾아 갔고 그 옆에 앉았다. 그리고 그가 경험하는 증상에 대하여 어떻게 생각하는지 질문하였다. 마음의 문이 열리면서 그 환자는 가정에서의 문제를 이야기하였다. 그런 직후 그는 병원에서 퇴원하였고 정신과의사를 찾아갔다. 그는 그 마취의사가 진심으로 자신을 걱정해 준 유일한 사람이었다고 하였다.

이러한 종류의 라포를 형성하는 방법이 바로 전형적인 하루를 질문하는 것이다(전형적인 하루 전략은 6장 참조). 이것은 정상 맥락에서 알코올 사용이나 불건강한 식이 행동 등의 주제를 자연스럽게 이야기하도록 하고 당신이 지나치게 탐색하거나 직면하는 것으로부터 보호한다(예: 솔직히 술을 얼마나 마시나요? 왜 술을 마시죠?). 당신은 이처럼 시작한다.

> 당신과 당신이 살아온 삶에 대하여 잘 알지 못합니다. 아마 아침부터 잠들기 전까지 당신의 하루 생활에 대하여 이야기하는 몇 분의 시간을 보내게 될 것입니다. 원한다면 당신의 방식대로 식이나 알코올의 사용, 운동에 대해 이야기해주세요.

당신이 주제를 제기하였을 때 그 사람이 위협을 받는다고 느끼는 듯이 보이면 그들에게 생각할 수 있는 시간을 제공하는 것이 유용하다. 이러한 점은 지속적인 관리가 가능한 1차 보건의료 현장에서 꽤 수월하다. 그 사람은 다시 와서 당신을 볼 것이다. 비위협적인 방식으로 물러서고 나중에 그것에 대해 알아본다. 입원 현장에서도 우리는 환자의 침대 곁에 잠시 머물고 나중에 논의하는 것이 유용함을 확인하였다. 당신의 걱정이 진심임을 알고 둘 사이에 타당한 라포가 있다면 병원생활에서의 지루함 대신 당신이 기대하는 것보다 환자가 당신의 방문을 더 관심있어 하도록 만들 수 있다.

Raby(1999)는 음주하는 노인에게 문제를 제기할 때의 '3 J'를 소개하였다. 그리고 여기에 그러한 도전을 요약하였다.

- 당신의 임무(JOB)를 명확히 한다. 그들에게 알코올로 초래되거나 악화될 수 있는 가능성과 드러나는 문제들 간의 관계를 보여준다.

- 그들을 판단(JUDGE)하지 않도록 한다. 그들이 그럭저럭 살기 위하여 최선을 다하고 있음을 알아주고 경험하는 어려움도 이해하고 있음을 보여준다.
- 선수(JUMP)치지 않아야 함을 기억한다. 그들이 문제가 있다고 인식하였다고 변화 준비가 되었다고 가정하지 않는다.

요점정리

- 라포를 형성할 시간을 확보하고 선택에 대한 환자의 권리를 존중하고 있음을 보여주는 것이 중요하다.
- 논의해야 할 몇 가지 행동이 있을 때 환자가 시작하기 가장 좋은 지점을 알고 있는 사람이 될 것이다.
- 성급하게 주제와 변화에 초점을 맞추는 것을 피한다.

참고문헌

Raby, S., 1999. Not born yesterday: a training manual about alcohol and older people. Aquarius Action Projects, Birmingham.

Rollnick, S., Mason, P., 1992. Negotiating behavior change: a selection of strategies. Unpublished manual.

Stott, N.C.H., Pill, R.M., 1990. Advise yes, dictate no. Patients' views on health promotion in the consultation. *Family Practice* 7, 125–131.

Stott, N.C.H., Rollnick, S., Rees, M., Pill, R., 1995. Innovation in clinical method: diabetes care and negotiating skills. *Family Practice* 12, 413–418.

중요도, 자신감 그리고 준비도 사정하기

Assessing importance, confidence and readiness

CHAPTER 4

이 장에서는

- 개요
- 척도질문: 보다 구조적인 접근을 위한 전략
- 좀 더 대화적인 접근
- 다음으로 이야기할 것: 중요도 또는 자신감?
- 변화준비도를 사정하는 4가지 전략
- 결론: 준비도, 중요도, 자신감
- 안건 정하기와 중요도, 자신감 사정하기의 사례

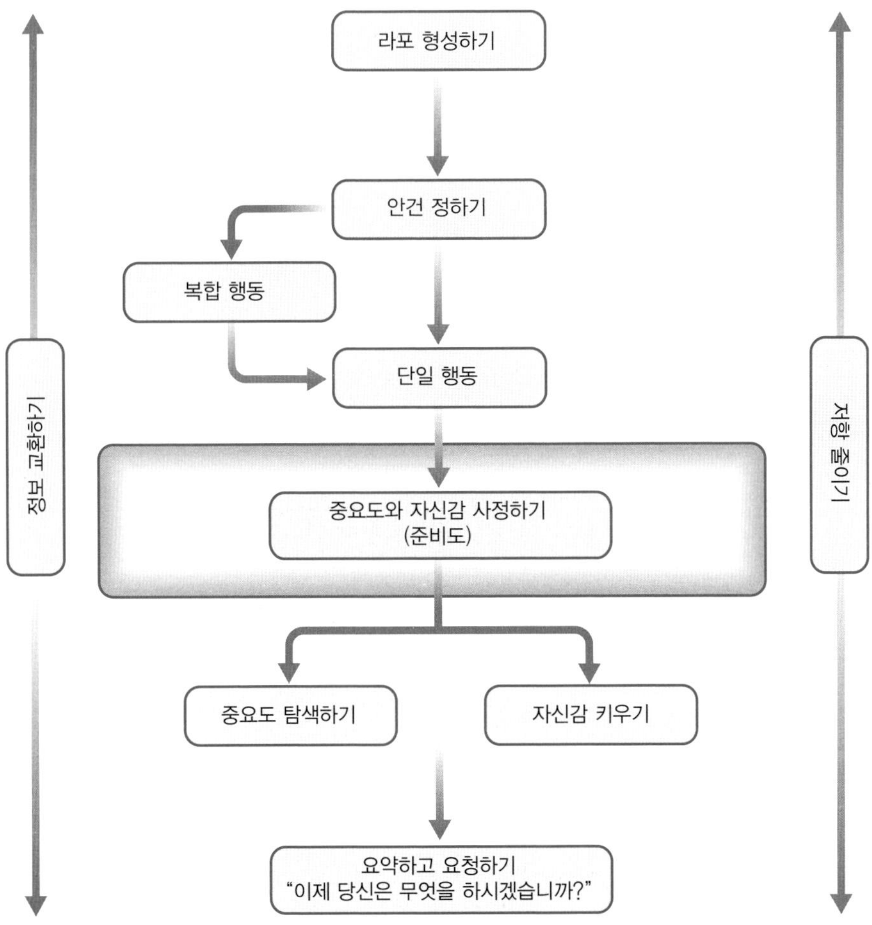

그림 4-1 • 중요도, 자신감(그리고 준비도) 사정하기

박스 4-1 유용한 질문

중요도 사정하기

지금 순간 [변화]에 대해 어떻게 느낍니까? [변화]하는 것이 당신 개인적으로 얼마나 중요합니까? 만약 1점이 '전혀 중요하지 않다.'이고 10점이 '매우 중요하다.'이면 당신에게 몇 점을 주겠습니까?

자신감 사정하기

지금 [변화]를 결심한다면, 그것을 성공할 것이라고 얼마나 확신합니까? 만약 1점이 '전혀 확신이 없다.'이고 10점이 '매우 확신한다.'이면 당신에게 몇 점을 주겠습니까?

준비도 사정하기

사람들마다 어떤 것을 변화시킬 때 준비 정도가 매우 다릅니다. 당신은 어떻습니까?

개요

> 저는 정말 금연하고 싶습니다. 제 건강에 좋지 않고 아이들이 제가 담배피는 걸 싫어하는 것도 압니다. 그리고 요즘은 흡연이 더 큰 문제가 되면서 모든 곳이 금연 구역이 되어가고 있습니다. 하지만 제가 금연을 할 수 있을지 모르겠습니다. 몇 차례 시도해서 가장 오래 금연한 기간이 고작 3주 정도였기 때문에 그냥 포기하려고 합니다(A).
>
> 저는 제가 정말 원한다면 언제라도 음주량을 줄일 수 있습니다. 2년 전 체중감량을 시도했을 때 저는 6주 동안 전혀 술을 마시지 않았습니다. 그렇지만 지금은 전혀 음주량을 줄여야 할 필요가 없습니다. 저는 건강하고, 숙취같은 것도 전혀 없고 직장과 가정에 지장을 주지 않기 때문입니다. 만약 절주를 해야할 필요가 있다면 그렇게 할 겁니다(B).

위와 같이 어떤 사람들은 변화할 수 없는 것처럼 보이고 또 어떤 이들은 원하지 않는 것처럼 보인다. 이번 장에서는 이 두 가지 차원을 이용하여 준비도를 사정하는 방법과 변화를 망설이게 하는 요인에 초점을 두고 어떻게 대처해야 할지 살펴보려고 한다.

우리는 대상자의 보다 포괄적인 개념인 준비도는 중요도와 자신감에 대한 인식의 영향을 받는다고 주장하였다. 즉, 연속선 상에서 준비도가 어떤 위치에 있는지 진술할 수 있다(2장, 그림 2-3 참조). 어떤 이는 변화에 대한 개인적인 가치(중요도)는 확신하지만 그것을 성취하기 위해 필요한 기술들을 익히는 것(자신감)에는 확신이 없을 수도 있다. 이러한 경우는 앞의 첫 번째 환자처럼 대부분의 흡연자에게 해당된다. 반면 두 번째 환자와 같은 심한 음주자(술고래)는 전혀 다르다. 그들은 종종 변화에 대한 가치(중요도)에 있어 복잡한 감정을 갖고 있지만, 그들이 정말 원한다면 쉽게 달성할 수 있다(자신감)고 말한다. 식습관 변화의 경우 사람들은 종종 두 가지 차원 모두에서 비교적 낮은 수준을 보인다.

특정 행동에 대해 이야기할 때 대상자가 선택할 수 있는 수많은 방향들이 있다. 우리는 중요도와 자신감 사정하기가 첫 번째 유용한 단계임을 발견하였으므로 이것을 이 접근에서 의사결정을 위한 버팀목으로 사용하고자 한다. 간단히 말하면, 이것은 대상자가 변화에 대해 어떻게 느끼는지를 당신이 정확히 이해하도록 돕는다. 또한 이것은 당신이 제한된 시간과 자원으로 대상자의 가장 핵심적인 문제에 초점을 맞추도록 돕는다. 우리는 모든 상담에서 이 업무가 이루어져야 한다고 주장하는 것은 아니다. 예를 들어 상담자가 이미 대상자가 변화에 대해 어떻게 느끼는지 알고 있거나, 이것에 대한 강한 직관을 갖고 있을 수도 있다. 이 경우 당신은 정보 교환하기(6장 참조)나 중요도 탐색을 위한 전략 사용하기(5장 참조)와 같은 다른 업무들을 수행할 것이다. 상담이 마치 여정과 같다면 중요도와 자신감 사정하기는 선택할 수 있는 하나의 길(route)이 될 수 있다.

실무자들은 각자 다른 방식들을 갖고 있다. 어떤 이들은 덜 구조화되고 보다 유기적인 방식에서 좀 더 대화 중심적으로 일하며, 또 다른 이는 구조적 질문과 따라야 할 양식같은 것을 선호하기도 한다. 다음 부분에서 각각의 방식에 있어 이러한

주의사항

우리에게는 환자의 건강이 우선 사항이기 때문에, 그들도 마찬가지일 것이라고 여기기 쉽다. 이것은 환자들이 중요도에 대한 확신을 우리와 공유하거나 행동을 망설이는 것은 환자가 어떻게 하는 것이 가장 좋은지를 알지 못하기 때문이라고 상상하게 만든다. 결국 이것은 동기를 북돋우기 위해 실제적인 충고에 기반한 중재를 하도록 이끌게 된다. 하지만, 모든 환자들에게 그러한 접근이 도움이 되지는 않을 것이다.

자, 우리 모두 당신의 체중을 줄이는 것이 얼마나 중요한지 압니다. 당신이 생각하는 효과적인 체중 감량법을 찾아 봅시다. 정신적인 지지를 줄 수 있는 다이어트 모임을 예약해 드리겠습니다. 당신이 별로 하고 싶어하는 마음이 없어 보이지만, 체중을 감량하는 데 도움이 된 많은 성공사례들이 있기 때문에 건강에 있어서의 차이를 알게 될 것입니다.

사정을 어떻게 수행할지에 대해 살펴보았다. 모든 경우에서 사정은 2~3분 정도의 짧은 시간 안에 가능하다.

척도질문: 보다 구조적인 접근을 위한 전략

지금 순간 [변화]에 대해 어떻게 느낍니까? [변화]하는 것이 당신 개인적으로 얼마나 중요합니까? 만약 1점이 '전혀 중요하지 않다.'이고 10점이 '매우 중요하다.'이면 당신에게 몇 점을 주겠습니까?

지금 변화를 결심한다면 그 변화가 성공할 것이라고 얼마나 확신합니까? 만약 1점이 '전혀 확신이 없다.'이고 10점이 '매우 확신한다.'이면 당신에게 몇 점을 주겠습니까?

많은 건강실무자들은 이와 같은 척도질문을 사용해본 경험이 있으며, 환자들 역시 다른 상황들, 예를 들면 통증 관리나 기분 조절 등에서 이러한 질문에 대답한 적이 있다. 이것은 Schazer 등(1986)이 행동변화 상담에서 처음 사용하였다. 여기에서는 우리의 목적에 맞게 사용하고자 한다.

물론 표현하는 방식들은 다양하지만 각 눈금의 끝을 명확하게 하는 것은 도움이 된다. 중요도와 자신감이라는 단어가 우리가 추구하는 생각을 표현하는 데 가장 덜 애매모호하였다. '얼마나 중요한 것입니까?'를 묻는 대신에 '얼마나 동기화되었습니까?'로 묻는다면 대답은 중요도와 자신감을 섞어놓은 것이 되며, 환자의 위치를 이해하는 데 덜 유용하다. 우리 중 한 사람은 '얼마나 동기화되었습니까?'라는 질문에 환자가 '5점 정도... 나는 정말로 원하지만 얼마나 가능한지 모릅니다!'로 대답하는 것을 들은 적이 있다. 만약 위에서 설명한 2가지 질문으로 물었다면 중요도는 8점, 자신감은 3점 정도에 해당되며, 이러한 방식이 둘의 평균인 5점보다는 다음 단계를 결정하는데 훨씬 도움이 될 것이다.

때로는 환자들이 중요도 질문에 대해 '매우 중요하다.'로 단순히 대답할 것이다. 이 경우에는 5장에서 설명할 중요도 탐색하기 과정으로 넘어가면 된다. 유용하고 분명한 반응은 '왜?'라고 간단히 물어보는 것이다. 이것은 환자들에게 변화의 가치에 대해 긍정적인 방식으로 말하도록 한다. 반응하는 방식은 아래에 상세한 예로 나타내었다.

중요도와 관련된 개념은 변화에 대한 요구(wanting) 또는 변화에 대한 열망(keenness)이다. 사정을 위한 질문은 다음과 같다.

> 지금 [변화]에 대해 어떻게 느끼시나요? 얼마나 많이 [변화]를 원하나요? 1이 '전혀 원하지 않음'이고 10이 '매우 원함'이라면 당신은 몇 점을 주겠습니까?

뒷부분의 질문 2개를 철저히 검토하는 것은 보다 일반적 개념에서 변화에 대한 준비도 또는 동기에 접근하는 것이다. 일부 초기 연구들에서 동기라는 용어의 의미가 이론적 혼동을 초래할 수 있었기 때문에(Rollick et al., 1997), 우리는 앞서 살펴본 사정단계에서 이 용어를 사용하는 것을 제안하지 않았다. 우리는 변화에 대한 이득과 손실에 대한 환자들의 느낌과 견해를 간파하는 데 관심이 있다. 이러한 변화 요구를 충족시키기 위한 자신감 문제와는 별도로 변화에 대해 개인적으로 어떻게 생각하며, 모든 것을 감안했을 때 변화가 그들의 삶을 향상시키는지에 관심이 있다.

자신감에 대해 물을 때 자기효능감이라는 용어의 의미를 따르는 것은 일반적인 자기믿음이나 자아존중감에 대해 관심을 두는 것이 아니라, 행동변화가 시도될 다양한 상황에서 숙달될 수 있는지에 대한 자신감에 관심을 갖는 것이다.

사정에 대해 소개하기

환자들은 왜 당신이 이 전략을 사용하고 싶어하는지 완전히 이해해야 하며, 라포도 잘 형성되어 있어야 한다. 다음과 같이 소개할 수 있다.

> 당신이 [행동이나 변화]에 대해 어떻게 느끼시는지 정확하게 알지 못합니다. 두 개의 간단한 질문에 대답해 주신다면 그것을 토대로 앞으로 어떻게 해야할지 알 수 있을 것 같습니다.

여기에서 잠시 멈추고 환자의 반응이 어떤 것이든 그것에 대해 더 다룬다. 때로는 환자들이 당신이 시작하게 허락하지 않거나 어떻게 느끼는지 당신에게 말하지 않을 수도 있다. 하지만 이것이 정확히 당신이 원하는 것이다. 여전히 당신이 혼란스럽다면 평가를 내버려두고 다시 돌아온다.

만약 환자가 참여하지 않는다면 평가를 하지 않는다. 먼저 관심의 수준을 높이려는 시도를 하고 당신의 호기심을 표현한다. 라포가 충분히 형성되었다면 다음 예와 같이 친근하게 시도해본다.

누군가에게 당신이 [행동이나 변화]에 대해 어떻게 느끼는지에 대해 얘기해 본 적이 있나요? 저는 당신의 입장이 어떤지 듣고 싶습니다.

또는 다음과 같이 살펴볼 수도 있다.

이런 상담에서 당신에게 이것 또는 저것을 하라고 성급하게 말하는 실수를 할 수 있습니다. 저는 그런 식으로 당신이 압박감을 느끼는 것을 원하지 않습니다. 우리는 다른 것에 대해서도 이야기할 수 있습니다.

시각적 자료가 도움이 된다.

환자들은 보다 형식적인 사정에도 적극적으로 참여하게 된다. 당신이 구조화된 도구를 제공하면 환자들은 나머지를 하게 된다. 만약 환자들이 질문하기와 응답하기와 같이 느낀다면 당신은 이상적인 사정에 미치지 못하는 것이다.

- 사정은 위의 질문들을 사용하여 말로 이루어질 수 있다. 준비도 척도(readiness rule)는 웹사이트(www.elsevierehealthbehaviorchange.com)에서 다운로드할 수 있고 부록 3을 복사하거나 시각적 도구를 사용하여 종이에 선을 그릴 수도 있다.
- 가장 중요한 것은 이러한 활동에서의 마음가짐이다. 당신은 진정으로 호기심을 가질 필요가 있다. 사정은 사건에 대한 수사가 아니라 탐구이다.
- 사정의 목적은 중요도와 자신감 두 가지 영역을 이해하는 것이며, 이것이 당신의 초점이 되어야 한다.
- 우리가 사용하는 단어들이 중요할 수 있다. 예를 들어 금연에 대해 얘기 중인 흡연자는 '시도해보기, 일주일 동안 금연하기, 다시는 담배에 손대지 않기'와 같은 자신감에 대한 질문들에 다르게 반응할 것이다.

어떻게 이 전략을 발전시킬 것인가

이와 같은 보다 표준화된 사정절차는 흡연자를 대상으로 한 실험에서 유래되었다(Rollnick et al., 1997, Butler et al., 1999). 출발점은 가정의들에게 7~10분 간의 진료에서 사용하는 방법을 가르치는 것이었다. 우리의 목적은 2~3분 내로 흡연에 대한 즉각적인 심리적 평가 방법을 찾는 것이었고, 이것은 변화에 대한 이야기의 바탕이 되었다.

자원한 흡연자 집단을 대상으로 한 예비연구에서, 변화연속성에 대한 준비도를 갖고 시작하였다. 우리는 이것이 실무자들이 사용할 전략을 선택하는 지침으로 사용되길 기대하였다. 처음에는 저마다 다른 요구를 가진 참여자들이 준비도의 연속선 상에서 비슷한 위치에 있다는 사실에 혼란스러웠다. 전략을 선택하는 것은 환자들이 진술한 준비도와 직접적으로 관련된 것은 아니었다. 우리는 왜 그들이 연속선 상에 특정 지점을 가리켰는지에 대해 묻기 시작했고, 대화는 두 가지 주제, 2장에서 설명한 중요도와 자신감으로 초점을 모을 수 있었다. 이후로 이러한 차원을 직접적으로 묻기로 했고, 이러한 사정에 기반하여 한쪽 분량의 중재 방법을 발전시켰다. 이것은 실무자들을 훈련시키기 위해 사용되었다(Rollnick et al., 1997). 우리는 그 후로 그들이 일상 업무에서 이러한 사정을 사용하고 있음을 발견하였고, 흡연자 뿐만 아니라 다른 행동변화에서도 사용함을 알게 되었다.

다른 종류의 행동변화 문제 상담에서 이것을 사용할 때, 몇몇 환자들은 점수화하는 것에 대해 어려워한다. 물론 이것은 다루고자 하는 변화의 구체성과 관련성에 따라 결정적으로 좌우된다. 변화가 보다 구체적일수록 사정을 이해하기가 쉽다. 본질적으로 이러한 중요도와 자신감에 대한 사정은 환자들이 2~3분 이내로 특정한 변화에 대해 어떻게 느끼는지 말할 수 있게 하는 구조적이고 직접적인 방식이다. 그것이 지향하는 바는 환자 중심이며, 가장 주의가 요구되는 영역으로 환자들이 정의하는 플랫폼, 즉 기반을 제공해준다. 각 영역 내에서 다음 단계를 어디로 갈지에 대한 결정은 5장에서 다루어지며 여기에서의 초점은 사정에 있다.

좀 더 대화적인 접근

사정은 비형식적으로도 이루어진다. 다음의 사례는 환자에게 어떤 영역이 가장 큰 관심인지를 풀어내는 대화 과정을 보여준다. 운동에 관한 대화로 중요도와 자신감에 대한 비형식적 사정 사례는 다음과 같다.

실무자: 자, 사무직으로 승진된 후 거의 운동을 하지 못했고, 결과적으로 살이 좀 찌셨다는 것을 확인했습니다. 새로운 업무가 스트레스가 많은 편이라 기분을 푸는 방법도 가지셨구요. 비활동적인 업무를 맡고 있는 상태에서 이제 운동에 대해 계획해보는 것은 어떠세요?

환자: 글쎄요. 필요성에 대해서는 압니다. 하지만, 저는 지금 건강하지 않다고 느끼지 않고 똥배가 나온 적도 없어요. 단지 근육단련을 위해 체육관에 가는 상당한 비용을 지불하고 싶지 않습니다. 트럭에 짐을 싣던 시절에는 그 일을 위한 목적이 있었습니다. 저는 더 이상 유용하다는 생각이 들지 않는 것은 하지 않을 겁니다.

실무자: 당신에게 중요한 것을 성취하고자 할 때 당신은 활동적이 되는 것을 좋아하시는군요. 스포츠에 참여해본 적 있나요? 구기종목 같은거요?

환자: 아뇨. 비록 예전에 힘이 센 편이었지만, 기술 쪽은 좋지 않았어요. 당신도 만약 기술에 능숙하지 않다면 경기는 그닥 재미있지 않을 겁니다. 당신이 말하는 것처럼 제가 기분을 풀면서 좋은 몸을 만드는 데 도움이 되는 것들을 생각하는 것은 어려워요. 그렇지만 그런 것을 찾고 싶습니다.

짧은 대화를 통해 환자가 변화의 중요도를 이해하고 믿고 있다는 것이 분명해졌지만, 어떻게 그것을 시작할지에 대한 창의적인 도움이 필요할 것이다. 현재 그는 찾을 수 있는 해결책에 대해서 추구할 수 있다는 자신감이 없다.

우리는 이 과정에서 궁금해하는 방식을 택하는 것이 유용함을 알 수 있었다. 왜냐하면 이것은 환자가 어떻게 느끼는지에 대한 당신의 진정한 관심을 반영하기 때문이다. 그것은 당신이 통제권을 갖고 있는 질문과 응답시간이 아니라, 환자에게 그림을 어떻게 그릴지에 대해 물어보는 방식이다. 당신은 뒤에 앉아서 환자들이 대부분을 이야기하도록 하고 필요하다면 침묵한다.

다음으로 이야기할 것: 중요도 또는 자신감?

이러한 사정의 결과는 가끔 분명하다. 한 차원은 거의 걱정하지 않는 반면 다른 차원에서는 어려움이 있다. 그렇다면 중요도를 탐색하거나 자신감을 높이기 위해 어떤 전략을 선택하느냐의 문제이다. 각 차원 내에서의 선택 방법들은 5장에 제시될 것이다.

때로 두 가지 차원 모두 분명하지 않을 경우가 있다. '할 수 있는가, 해야 하는가, 할 것인가, 안할 것인가?'로 구성된 복잡한 미로에 들어가는 것은 종종 단순히 행동 변화와 관련될 뿐만 아니라 또 다른 개인적 문제들과도 관련이 있을 수 있다.

> 저는 살을 빼고 싶지만 먹는 것은 제게 위안이 됩니다. 불안하거나 심술이 나고, 스트레스가 너무 심할 때에는 때로 뱃속이 빈 것 같은 공허한 감정이 있곤 합니다. 그럴 때 많이 먹고 나면 제 자신이 혐오스럽습니다. 그런데 이것을 멈추는 것이 정말 어렵습니다.

습관은 복잡하고, 변화시키는 것이 어려울 수 있다. 위와 같은 상황에서 상담 시간이 짧다면 실무자들은 그들의 기대치를 낮출 필요가 있다. 너무 야심찬 것은 가장 큰 실수이며, 종종 '한 번에 한 단계씩 해 보는 게 어때요? 무엇부터 시작할까요?'와 같이 너무 조급한 행동대화(action talk)를 만들어낸다. 이에 대한 결과로 저항이 나타날 것이다. 한 가지 가능성은 안건 정하기로 다시 돌아가거나 다른 문제로 바꾸는 것이다. 실무자들은 환자들을 도구로 삼아 중요도 또는 자신감 중 어디에 초점을 둘지를 결정해야 한다.

초점을 어디에 둘지 결정하는 방법으로 다음과 같은 방법을 제안한다. 그러나 실무자들의 의사결정을 위한 청사진은 없으며, 단지 직관적 판단을 보조해주는 것임을 명심해야 한다.

- 만약 중요도 수준이 낮다면, 가능하면 중요도에 초점을 맞춘다.
- 중요도와 자신감 간에 점수 차이가 크다면, 더 낮은 숫자에 초점을 둔다.
- 두 가지 점수가 비슷하다면 중요도에서 시작한다.
- 만약 둘 다 매우 낮다면, 당신의 기대치를 낮춘다. 우선적으로 당신이 행동변화에 초점을 맞추는 것이 현명하다고 보는가? 보다 관련이 있을지 모르는 다른 문제들의 가능성을 고려해본다. 환자와 함께 이것에 대해 나누고, 환자가 정확하게 어떻게 느끼는지에 대한 동의에 도달하도록 노력한다. 중요도와 자신감의 차원이 낮다면, 우리는 이러한 사정을 넘어선 선택은 거의 효과가 없다고 본다.

중요도보다 자신감에 대해 이야기하는 것이 더 쉬운가?

많은 실무자들은 자신감을 키우는 것이 더 쉽다고 본다. 왜냐하면 보건의료 환경에서 행동지향의 전문가적 실무 분위기와 일치하기 때문이다. 이것은 마치 자신감을 키우는 것은 어려움이 없다는 듯, 중요도의 문제로만 한정해서 동기의 문제로 보는 형태를 취할 수 있다. 하지만 이것은 자신감을 변화를 위한 전략을 격려하고 돕는, 좀 더 간단하고 실제적인 문제로 보는 반면, 중요도를 복잡한 것으로 간주하는 함정에 빠지게 할 수 있다. 자신감 키우기를 이야기할 때, 저항이나 동기와 같은 세심한 문제들을 전혀 고려하지 않은 채 실제적인 행동변화의 업무를 시작하는 듯한 느낌을 갖게 한다. 이런 식으로 이해한다면 곧 조언하기가 나타나게 되고, 이러한 제안에 대한 환자의 반응이 예측 가능해진다. 네, 노력했지만 효과가 없네요. 왜냐하면... 동기의 문제는 다른 차원에 대해 이야기할 때도 나타난다. 예를 들면, 제가 원한다면 할 수 있어요. 하지만(중요하지 않네요.)…. 또는 저는 원하지만(자신감이 없네요.) 중요도나 자신감 중 어느 하나가 다른 것보다 더 간단하다고 말할 수 없다. 변화에 대한 양가감정은 확실히 둘 중 하나 또는 두 가지 모두의 문제이기 때문이다.

변화준비도를 사정하는 4가지 전략

중요도와 자신감, 두 가지 중 하나 또는 이 두 가지와 함께 준비도를 평가하는 것이 유용할 때가 있다. 그것은 한 단계 앞을 논의하기 위한 유용한 기반이 된다. 우리는 이것이 반드시 사정되어야 하는 영역이라기보다는 전반적으로 상담 과정 내내 지속적인 기반으로 간주하려고 한다. 이것은 당신이 환자의 변화준비도를 과대평가했을 때 나타나는 저항을 설명해준다(7장 참조).

네 가지 사정 전략은 다음과 같다.

- 열린 질문
- 척도 질문
- 준비도 척도
- 작은 얼굴 그림

준비도 척도에 대해 좀 더 자세히 설명한다면 이것에 대한 지침이 다른 평가방법들에도 똑같이 적용된다는 것에 주목해야 한다. 준비도에 대한 사정은 단 한 번의 작업이 아니라 지속적인 과정이며 대화와 성찰을 포함한다.

무엇에 대한 준비인지 구체적이어야 한다. 보통 특정한 행동에 대해서 이야기하게 되지만 항상 그런 것은 아니다. 이것에 대해 분명히 하는 것이 도움이 된다. 만약 확신할 수 없다면 환자와 함께 확인해본다. 예를 들면, 흡연에 대해 다룰 때 다음 각각에서 차이가 있을 수 있다. 흡연에 대해 이야기하기, 금연 시작하기, 니코틴 대체요법 시도하기, 금연날짜 정하기 등이 각각 논의에서 유용한 주제가 될 수 있다.

주의사항

적어도 세 가지 방식으로 우리의 태도가 이러한 과정을 방해할 수 있다.

첫째, 우리는 사람들의 삶을 향상시키는 데 너무 열중한 나머지 그들이 대체로 만족하고 있다는 것을 잊는다. 우리는 그들이 변화할 준비가 되어 있길 바라고, 그 결과 마치 이것이 그런 경우인 것처럼 지속하게 된다.

둘째, 우리는 준비에 대해 '양자택일'의 입장을 가질 수 있다. 이것을 하길 원하는가? 그렇지 않은가? 우리는 얼마나 사람들이 양가감정을 가지는지 또는 '심사숙고'하는지를 잊어버리고 변화를 원하는 것과 원하지 않는 것 사이에서 흔들리게 된다.

셋째, 우리는 특히 압박감을 느낄 때 냉소적이 될 수 있으며, 충분히 탐색할 시간을 갖지 않은 채 겉으로 동기화되지 않은 대상자들을 단념할 수 있다.

형식적 vs 비형식적 사정

중요도와 자신감에 대한 사정은 비형식적 또는 구체적으로 이루어질 수 있다. 다음에서 우리는 임상실무에서 유용했던 준비도 척도와 작은 얼굴 그림을 소개하고 있다. 물론 실무자들이 중요도와 자신감의 개념을 바탕으로 여러 단계들로 나눈 유사한 실무도구들을 발전시키는 것을 막을 방법은 없다. 환자들과 같이 실무자들도 자신이 선호하는 것이 있으므로 모든 경우에서 표준적 실무를 구성하는 것은 주의해야 한다.

요약하면, 사람들은 그들의 행동을 변화시키는 준비도에 차이가 있다. 만약 당신이 환자보다 앞서간다면 환자는 변화할 준비가 아직 되어 있지 않을 때 충고함으로써 저항이 나타날 것이고 이는 시간 낭비를 이어질 것이다. 당신의 목적은 환자들의 변화에 대한 준비도를 이해하는 것이고, 그들이 변화에 대해 가치있다고 여길 때 그들이 의사결정을 향해 앞으로 나아가는 것을 돕는 것이다. 변화에 대한 준비는 상담 내내 변화한다는 것을 기억한다.

단계에 기반을 둔(stage-based) 또는 연속체(continuum)

준비도를 사정하려고 할 때, 당신은 단계적인 개념 또는 연속체의 개념을 사용할 것인가? 변화를 위한 준비에서 분명한 단계들을 거치는가 또는 경계가 없는 연속선상을 이동하는가? 이론과 심리측정적 평가에서는 이러한 문제가 논쟁의 주제가 되어 왔다(Budd and Rollnick 1996, Sutton 1996, Davidson 1998). 실무자들에게 어떤 접근이 유용한지는 확실하지 않다. 우리는 이것에 대한 좋은 논의들을 들었다. 비록 적절한 중재의 과학적 타당성에 대한 문제가 제기되지만, 단계기반 평가는 실무자와 환자에게 모두 분명하고 간단해 보인다(West 2006). 실무자들에게 새로운 단계와 관련된 개념은 매우 유용할 수 있다. DiClemente와 Prochaska가 반복해서 보고한 바와 같이, 많은 행동변화 노력들은 대부분의 환자들에서 처음에는 맞지 않은 단계인 행동중심 접근에 제한되어 있었다(DiClemente & Prochaska 1998). 단계를 지정하여 사용하는 것은 이러한 문제를 강조하는 데 도움이 된다. 여기에 대한 자세한 내용은 2장을 참조한다.

반면, 사람들이 여러 단계들을 왔다갔다하는 것도 알고 있다. 사실 상담에서 환자들이 한 번에 다른 단계들을 나타내는 여러 '목소리'를 갖고 있는 경우가 많아 특히 '숙고자들'인 경우 그러하다. 변화에 대한 걱정과 낙관이 순식간에 방어와 저항 중 하나로 흔들리게 된다. 그들에게 실무자들이 이 갈등의 일부가 될 수 있다. 다소 강제적인 방식으로 이야기한다면, 숙고자의 저항하는 목소리가 나타날 것이다. 다른 방식으로 이야기할 때는 낙관의 목소리가 나타날 것이다. 그러므로 환자들이 '있는' 변화의 단계는 실무자와의 상호작용의 결과이다. 만약 이를 고정된 기질과 같은 속성으로 본다면, 이러한 복잡성은 단계기반 평가를 지나치게 단순화하는 것이 될 수 있다. 이러한 이유에서 우리는 일반적으로 사정과 전략 선택에 대한 연속성 기반의 접근이 보다 유연하고 대화에서 다루기 쉽다고 본다.

여기에서 우리의 목적은 환자들이 변화에 대해 어떻게 느끼는지를 안내해 줄

'간단하지만 쓸만한' 지침을 찾아서 저항보다는 관심을 갖게 할 중재를 시작하는 것이다. 앞으로 환자들의 참여와 변화준비도에 따라 중재를 조정하고 이러한 과정을 돕는 전략과 시각적 보조도구를 준비할 것이다. 시각적 보조도구 중 하나는 단계별로 사용하고 다른 하나는 연속체를 사용한다. 두 가지 모두 웹사이트(www.elsevierhealthbehaviorchange.com)에서 다운로드하거나 부록 3과 5를 복사할 수 있다.

전략 1. 열린 질문

가장 쉬운 방법은 단순한 열린 질문으로 묻고 환자의 반응을 주의 깊게 따라가는 것이다. 예를 들면:

> 정말 (   ) 대해 어떻게 느끼시나요? 얼마나 변화할 준비가 되었나요?
>
> 사람들마다 자신의 (   )에 대해 변화하려는 준비 정도가 매우 다릅니다. 당신은 어떤가요?
>
> 어떤 사람들은 음주에 대해 이야기하는 것을 전혀 원하지 않고, 어떤 사람들은 음주에 대해 불확실하며, 어떤 이들은 음주에 대해 전혀 신경쓰지 않습니다. 당신은 어떻게 느끼시나요?

전략 2. 척도 질문

또한 숫자 측정 방법을 사용할 수 있다. 예를 들면:

> '전혀 준비되지 않은'은 1점, '준비된'이 10점이라면 당신에게 몇 점을 주시겠습니까?

여기서 중요도와 자신감 사정에 어떻게 반응하는지에 대해 5장에서 자세히 설명된 비슷한 질문들을 뒤이어 살펴볼 수도 있다.

> X점을 주셨네요. 왜 [더 낮은 점수]를 주지 않고 X점을 주셨나요?
>
> X점을 주셨네요. 당신이 [더 높은 점수]로 가기 위해서 무엇을 해야 하나요?

전략 3. 준비도 척도

세 번째 방법은 준비도 척도와 같은 것을 사용하는 것이다(그림 4-2). 종이에 척도나 선을 그어서 사정에 대해 소개한다. 예를 들면:

> 당신은 [행동] 변화에 얼마나 준비가 되었나요? 이 척도에서 어디쯤 있나요? [오른쪽 끝을 가리키며] 여기, 준비가 된 상태에 해당되시나요? 중간이나 왼쪽 끝 쪽인가요?

환자의 판단을 이끌어낸다. 만약 정보의 부족 때문에 망설인다면 환자에게 더 많은 정보를 원하는지에 대해 물어본다. 이러한 작업을 통해 더 많은 이야기꺼리를 만들 수 있음을 기억한다. 이것은 의사결정에서 중요하므로 이러한 과정을 급히 서둘러서는 안 된다.

그리고 난 후 다음 단계를 고려한다. 일반적으로, 환자들이 준비되지 않은 경우에 실행할 수 있는 전략은 정보교환이다. 이것은 문제에 대해 계속 생각해보기 위해 필요한 모든 사실들에 접근할 수 있도록 보장해준다(6장 참조). 만약 적어도 변화를 고려할 정도로 준비가 되었다면, 중요도나 동기를 사정할 필요가 있는지를 알아내도록 노력한다. 사정해 볼 필요성이 명백하다면, 이번 영역에서의 적절한 전략이 도움이 될 것이다.

환자를 살펴본다. 연속선의 오른쪽 절반에서는 변화에 대한 준비가 오락가락한다. 상담과정을 통해 이를 지켜본다. 자신이 오른쪽 끝에 있다고 설명했을 때, 의사결정으로 밀어부쳐서는 안 된다. 상담의 끝에서 환자가 '네. 저는 그것에 대해 정말 어떤 것을 분명히 할 겁니다.'와 같이 말하고 돌아갈 필요는 없다는 것을 기억한다. 변화에 대해 생각할 결심을 하는 것조차 유용한 결말이 될 수 있다.

그림 4-2 • 준비도 척도

Stott 등(1995)을 변형, Family Practice 12:413-416, Fig 2, Oxford University Press의 허락을 받음

전략 4. 작은 얼굴 그림

그림 4-3은 네 개의 작은 얼굴들을 보여주는데, 각 그림에는 변화 단계에 대한 말풍선이 그려져 있다. 이 그림은 웹사이트(www.elsevierhealthbehaviorchange.com)에서 다운로드 받거나 부록 5를 복사할 수 있다. 그림을 환자에게 보여주고 어떤 얼굴이 가장 적절한지를 물어본다. 만약 2~3개의 얼굴을 놓고 선택하지 못한

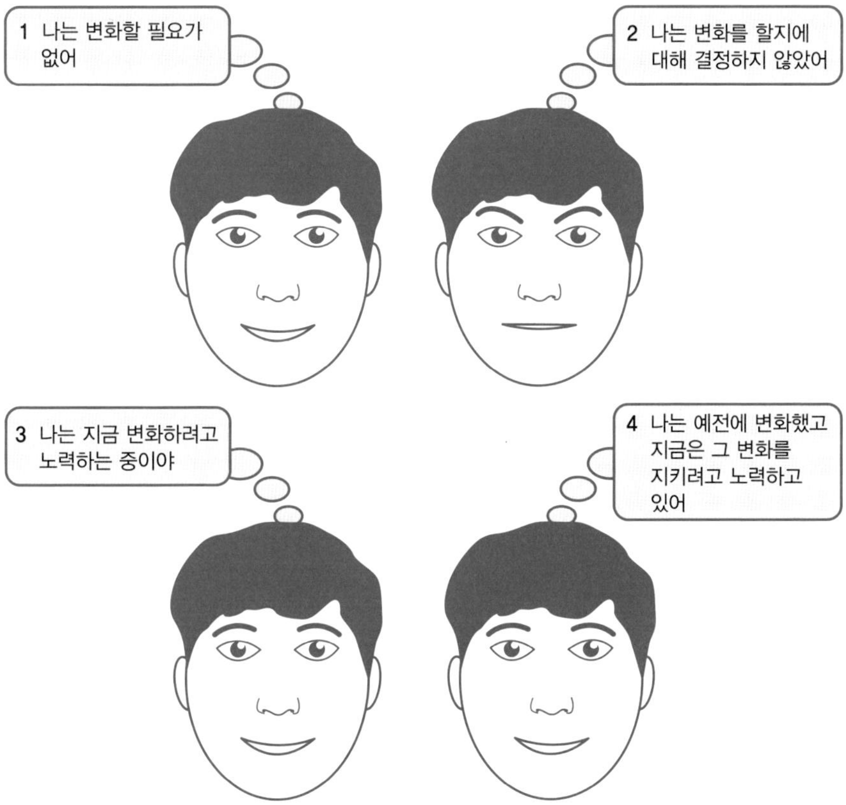

그림 4-3 • 작은 얼굴

다면, '이 두 그림 중 어디에 잘 맞는지 얘기해주시겠어요?'와 같은 열린 질문으로 자세히 물어서 그들의 위치를 더 이해하도록 한다. 이러한 그림은 변화에 대한 준비도를 유용하고 빨리 가늠할 수 있게 해 준다(Rollnick et al., 1992 , Mason 1997).

단계기반 사정에서는 어떻게 반응하는지가 중요하다. 2장에서 설명한 이유 때문에 우리는 실무자들이 환자들의 변화단계에 따라 특정한 중재를 연결시키는 것을 제안하지 않는다. 단계기반 사정의 출발점은 환자에게 왜 이전 단계가 아닌, 지금의 단계에 있는지를 묻는 것이 된다. 이것은 환자가 변화에 대한 동기가 어떤 기준에 있는지를 설명할 수 있도록 대화를 열어놓는다. 대화는 중요도와 자신감으로 필연적으로 돌아가게 될 것이다.

Miller와 동료들이 음주자들의 정기검진 연구에서 도출한 단계기반 사정은 6장에서 설명될 정보교환의 원리를 사용함으로써 환자들에게 다른 사람들이 변화에 대해 어떻게 느끼는지에 대한 이해를 제공해주는 시작점이 될 수 있다(Miller et al., 1988 , Miller & Sovereign 1989). 그러므로 표현된 단계는 다른 사람들과 관련지어서 자신의 개인적 의미를 해석하는 기반이 될 수 있다.

결론: 준비도, 중요도, 자신감

만약 3가지의 모든 차원을 사정한다면, 어떤 종류의 유형들이 나타날 것인가? 또 다른 관련된 질문 중 보다 유용한 것은 각기 다른 준비 정도에서 나머지 두 가지 차원은 어떤 유형으로 나타날 것인가?에 대해 묻는 것이다. 비록 단계를 거쳐 어떻게 앞으로 변화해가는지 살펴본 전향적 연구가 아니라, 단계별로 사람들의 기대를 횡단적 스냅사진(snapshot)의 형태였지만 연구자들은 두 번째 질문에 대해 조사하였다. 초반에서 후반으로 갈수록 준비도의 변화는 변화에 대한 지각된 중요도의 변화와 분명한 관련이 있었다. 즉, 변화가 보다 중요하다고 지각할수록 점점 더 준비하는 것으로 기대되었다(Rollnick et al., 1996). 단계를 이동해가면서 변화에 대한 찬성이 반대보다 커지는 횡단적 효과가 분명히 있다(Prochaska 1994). 자신감의 문제는 준비도의 후반 단계에서 보다 두드러졌지만 지금까지 이에 대한 증거는 충분하지 않다(Davison 1998, Rollnick 1998).

임상적 관점에서 이러한 발견들은 중요하다. 만약 대상자의 준비도가 낮다면, 중요도가 주요 이슈가 된다. 준비가 어느 정도 된 상태라면 중요도나 자신감 중 하나를 걱정하게 된다. 후반 단계로 갈수록 점차 중요도와 자신감이 겹쳐지는 당황스러운 경우를 만나게 된다. 이 때는 변화고려 단계의 도가니에 있거나 준비도 연속선상에서 중간쯤 되는 시기로, 다음과 같은 질문에 충돌하게 된다. 왜 내가 해야 하는가? 어떻게 할 수 있는가?

안건 정하기와 중요도, 자신감 사정하기의 사례

간호사: 브라운 부인 안녕하세요? 잘 지내셨어요? [즉각적인 문제와 걱정에 대해 살핀다.]

브라운 부인: 조금 피곤한 거 말고는 괜찮아요. 막내가 기침을 심하게 해서 밤에 몇 번 깨는 바람에 잠이 좀 부족하네요.

간호사: 의사선생님을 만나고 싶으세요?

브라운 부인: 아뇨. 기침약을 먹으면 하루나 이틀 후엔 괜찮을꺼예요. 좋아지지 않으면 이번 주말 쯤에 데려올께요.

간호사: 네. 그렇게 하세요. 자, 체중에 대해 얘기해볼까요? [문제를 제기한다.]

브라운 부인: 네. 제가 살을 좀 빼길 원하셨고 저도 몇 년 동안 시도해왔어요.

간호사: 네. 체중감량을 위해 노력하셨어요.

브라운 부인: 네. 거의 모든 식이요법을 해봤네요!

간호사: 우리는 다시 식이요법에 대해 살펴보거나 아니면, 좀 더 활동적으로 당신이 섭취한 음식을 보다 잘 소비하는 방법은 살펴볼 수 있어요. 둘 다 살펴볼 수도 있어요. [환자가 안건을 설정하도록 안내한다.]

브라운 부인: 저는 제가 의사들보다 칼로리나 식이요법에 대해 더 잘 안다고 생각해요! 하지만 식이요법을 하면서 운동을 위해서 노력해본 적은 없어요. 운동에 대해 생각해봐야할 것 같아요. [환자가 안건을 정한다.]

간호사: 좀 더 활동적이 되는 것에 대해 어떻게 생각하세요? 어떤 것을 하고 싶으세요? 지금 당신에게 얼마나 중요한가요? [중요도에 대한 비형식적 사정]

브라운 부인: 글쎄요. 제가 어렸을 때는 운동을 좋아했어요. 하키팀에 있었고 수영장에 가는 걸 빠지지 않았어요. 그 때 이후로는 조금 빗나갔죠. 저는 좀 더 살을 빼서 건강해지고 싶어요. 제 스스로에 대해 좀 더 좋은 느낌을 갖고 싶어요. 저는 아이들이 더 크기 전에 수영장에 데려 가고 싶어요. [환자는 자신의 신체활동에 대한 과거 경험과 그녀에게 변화하는 것이 얼마나 중요한지에 대해 이야기한다.]

간호사: 네. 정말 당신에게 중요하군요.

브라운 부인: 네. 이제 그것에 대해 생각하게 되었는데 실현가능한지는 잘 모르겠어요. 수영이 시작하기에 가장 좋을 거 같은데, 어떻게 시간을 낼지, 지금 제 사이즈의 수영복을 입을 용기가 날지는 모르겠어요.

간호사: 네. 운동을 하시고 싶은데 자신감이 없으시군요. 지금 규칙적으로 수영을 시작하기로 결정한다면 얼마나 성공할 것이라고 확신하세요? 1점이 '전혀 아닌'이고 10점이 '매우 확신하는'이라면 몇 점을 주시겠어요? [자신감에 대한 형식적 평가]

브라운 부인: 지금은 5점 이하일 거 같아요. 왜냐하면 시간과 제 자신에 대한 의식 때문이에요. 아이들이 학교와 어린이집에 가게 되는 낮에는 시간이 좀 있고 수영장도 조용하고 좋을 거 같은데... 잘 모르겠네요.

간호사는 분명히 면담을 구조화시켜서, 브라운 부인이 자신의 관심과 걱정을 충분히 표현할 수 있었다. 브라운 부인의 체중을 줄이는 것이 중요하다는 것이 분명해졌고, 이러한 목표를 위해 신체활동을 하는 것이 주요한 행동변화였다. 자신감을 높이는 것이 초점이 된다는 것이 명백하다. 대화 속에서 나눈 말들은 세어 본다면 간호사는 브라운 부인보다 적었다. 간호사는 주로 질문을 하고 요점을 명확히 드러냈고 브라운 부인은 어떠한 충고도 필요로 하지 않은 채 자신의 행동계획에 대해 이야기하고 있었다.

요점정리

- 동기란 변화하는 것에 대한 가치를 두는 것(중요도)과 그것을 수행하기 위한 자신의 능력을 믿는 것(자신감)의 결합으로 보는 것이 도움이 된다.
- 우리는 중요도와 자신감에 대해 질문함으로써 행동변화에 대한 환자의 태도를 가장 잘 이해할 수 있다.
- 척도 질문은 이것을 하기 위한 유용한 방법 중 하나이다.
- 변화에 대한 일반적인 준비도에 대해 질문하는 것은 앞으로 어떻게 나아가는 것이 좋을지에 대해 알 수 있도록 도움을 준다.
- 시각적 보조도구는 사정을 촉진시키도록 도움을 준다.
- 이러한 사정은 환자의 태도와 믿음에 대한 것이며, 행동 자체에 대한 평가(예: 얼마나 술을 마실 것인지, 얼마나 운동을 할 것인지)와는 구별된다.

참고문헌

Budd, R.J., Rollnick, S., 1996. The structure of the readiness to change questionnaire: a test of Prochaska and DiClemente's transtheoretical model. British Journal of Health Psychology 1, 365–376.

Butler, C.C., Rollnick, S., Cohen, D., Bachmann, M., Russell, I., Stott, N., 1999. Motivational consulting versus brief advice for smokers in general practice: a randomized trial. British Journal of General Practice 49, 611–616.

Davidson, R., 1998. The transtheoretical model: a critical overview. In: Miller, R.W., Heather, N. (Eds.) *Treating addictive behaviors, 2nd edn. Plenum, New York.*

De Schazer, S., Berg, I., Lipchick, E., et al., 1986. Brief therapy: a focused solution development. Family Process 25, 207–222.

DiClemente, C.C., Prochaska, J., 1998. Towards a comprehensive, transtheoretical model of change: stages of change and addictive behaviors. In: Miller, W.R., Heather, N. (Eds.) *Treating addictive behaviors, 2nd edn. Plenum, New York.*

Mason, P., 1997. Alcohol counselling services in general practice (part II) *who uses them and how? Journal of Substance Misuse 2, 210–216.*

Miller, W.R., Sovereign, R.G., 1989. The check-up: a model for early intervention in addictive behaviors. In: Loberg, T., Miller, W.R., Nathan, P.E., Marlatt, G.A. (Eds.) *Addictive behaviors: prevention and early intervention. Swets & Zeitlinger, Amsterdam.*

Miller, W., Sovereign, R.G., Krege, B., 1988. Motivational interviewing with problem drinkers: II. The drinker's check-up as a preventative intervention. Behavioural Psychotherapy 16, 251–268.

Prochaska, J.O., 1994. Strong and weak principles for progressing from precontemplation to action on the basis of twelve problem behaviours. Health Psychology 13, 47–51.

Rollnick, S., Heather, N., Gold, R., Hall, W., 1992. Development of a short 'readiness to change' questionnaire for use among brief, opportunistic interventions among excessive drinkers. British Journal of Addiction 87, 743–754.

Rollnick, S., Morgan, M., Heather, N., 1996. The development of a scale to measure outcome expectations of reduced consumption among excessive drinkers. Addictive Behaviours 21, 377–387.

Rollnick, S., Butler, C.C., Stott, N., 1997. Helping smokers make decisions: the enhancement of brief intervention for general medical practice. Patient Education and Counseling 31, 191–203.

Rollnick, S., 1998. Readiness, importance and confidence: critical conditions of change in treatment. In: Miller, W.R., Heather, N. (Eds.) *Treating addictive behavior, 2nd edn. Plenum, New York.*

Sutton, S., 1996. Can 'stages of change' provide guidance in the treatment of addictions? A critical examination of Prochaska and DiClemente's model. In: Edwards, G., Dare, C. (Eds.) *Psychotherapy, psychological treatments and the addictions. Cambridge University Press, Cambridge.*

West, R., 2006. Theory of addiction. Blackwell, Oxford.

CHAPTER 5

중요도 탐색하기와 자신감 키우기

Exploring importance and building confidence

이 장에서는

- 개요
- 중요도를 탐색하는 5가지 전략
- 중요도 탐색하기의 사례
- 자신감을 키우는 5가지 전략
- 행동 계획 시 기억할 것
- 자신감 키우기의 사례
- 중요도와 자신감의 겹침
- 결론

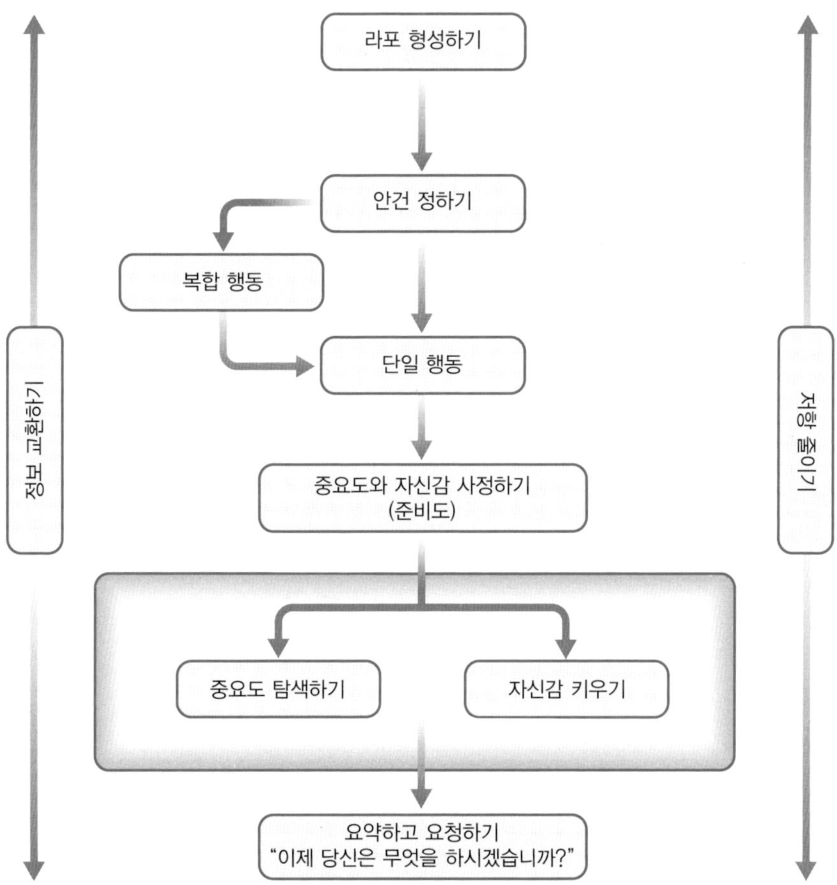

그림 5-1 • 중요도 탐색하기, 자신감 키우기

박스 5-1 유용한 질문

중요도 탐색하기

1. 어떻게 하면 당신의 변화에 대해 좀 더 중요하게 받아들이겠는가?
2. 심각하게 변화를 고려하기 전에 어떤 일이 있어야 하는가?
3. 왜 본인에게 중요도 점수를 그렇게 높이 주었는가?
4. 변화의 중요도 점수를 X에서 Y로 높이기 위해서는 무엇이 필요한가?
5. X에서 Y로 높이는 데 방해가 되는 것은 무엇인가?
6. [현재 행동]에서 좋은 부분과 좋지 않은 부분은 무엇인가? 당신이 좋아하거나 좋아하지 않는 것은 무엇인가?
7. [현재 행동]에 대해서 염려스러운 것은 무엇인가?
8. 만약 변화를 원한다면, 그것은 어떤 것인가?
9. 이제 어떻게 하시겠는가? [중립적인 방식으로 변화에 대해 묻고자 할 때]

자신감 키우기

1. 이러한 변화들을 위해서 좀 더 자신감을 갖게 하는 것은 무엇인가?
2. 자신감에서 그렇게 높은 점수를 주신 이유는 무엇인가?
3. 어떻게 하면 X에서 Y로 좀 더 높은 점수로 올릴 수 있나?
4. 당신이 성공하도록 제가 어떻게 도울 수 있는가?
5. 이전에 변화하려는 시도들에서 도움이 되었던 것이 있었나?
6. 가장 최근에 시도했던 잘못된 방식에서 어떤 것을 배웠나?
7. 변화를 결심한다면, 당신은 어떤 것들을 선택할 수 있나? 다른 사람들에서 효과가 있었던 방식들을 알고 있는가?
8. 이 목적을 달성하기 위해 필요한 실제적인 것들에는 무엇이 있는가? 그러한 것들을 달성할 수 있을 것 같은가?
9. 당신이 보다 자신감을 갖도록 도울 수 있는 것들이 있는가?

개요

환자 1: 아마 나는 담배를 끊을 수도 있고 그렇지 않을 수도 있어요. 금연은 문제가 아니랍니다. 지금까지 아무런 문제없이 잘 지내왔어요. 흡연을 즐기지만 제게 해가 되지 않았어요. 아이들 앞에서 특히, 어린 마리아는 폐가 좋지 않기 때문에 담배를 피면 안 된다는 것을 알아요. 좋은 예라고는 생각하진 않지만, 저희 할머니는 60년 동안 하루에 80개피의 담배를 피우시고도 85세 나이에 버스를 타려고 달려가시곤 했어요. 저는 흡연을 즐기지만 걱정하지 않아요.

어떤 환자들은 행동변화에 대한 중요도를 낮게 본다.

환자 2: 금연을 위해서 노력하는 것은 제게 소용이 없어요. 당신이 말하는 것이 옳다는 것은 알아요. 제가 금연을 위해 수많은 시도를 했지만 의지력이 없었어요. 저는 몇 주 정도만 지속했을 뿐 다시 원래대로 돌아갔어요.

환자 3: 제가 하루에 3번 이 흡입기를 사용해야 한다는 것을 기억할 수 있을지 모르겠어요. 숨쉬는 것이 힘들 때는 기억하기가 쉽지만, 호흡이 좋아지면 완전히 잊어버립니다. 천식발작을 막기 위해서 중요하다는 것은 알지만 아직 제가 충분히 준비되지 않았습니다.

어떤 환자들은 너무 자신감이 없어서 노력하는 것조차도 소용없어 보일 때가 있다.

변화중요도와 변화계획을 행동으로 옮기는 자신감을 사정할 때(4장 참조) 중요한 연결지점에 도달하게 된다. 다음에 어디로 갈 것인지, 그리고 중요도와 자신감 중 어디에 초점을 둘 것인지를 결정해야 한다. 이번 장은 이러한 차원에서 효과적인 전략 선택에 대해 요약한다. 보통 둘 중 가장 낮은 것에서 시작하는 것이 생산적이다. 중요도와 자신감 각각에 해당되는 전략들을 구성하였다. 어떤 것을 사용할 것이냐는 둘러싼 상황과 당신의 포부, 환자의 요구에 달려있다.

섬세한 댄스

이 두 가지 차원을 다룰 때, 실무자들은 파트너의 움직임을 이끌어나가는 무용수의 모든 기술과 능숙함이 요구된다. 리드하거나 리드를 당하는 동시에, 파트너십에 대한 미묘한 위협에도 예민할 수 있어야 한다. 파트너로부터의 저항을 강제로 맞서기보다 가능하다면 건설적 방향으로 변형시키는 것이 필요하다. 이를 유념하고 다음에 설명된 전략들을 충실히 이행한다면 효과를 얻을 수 있을 것이다. 무용시간에 스텝에 대해 배우는 것처럼 이러한 전략들은 단지 충돌을 막기 위한 보조장치들이다.

어느 정도 긴장을 푸는 것도 상담에서 이러한 정신을 유지하기 위해 요구된다. 이 책의 앞부분에서 언급하였듯이, 행동변화에 대해 이야기할 때 헌신적이고 궁금해하는 태도를 발전시키는 것이 도움이 된다. 당신이 모든 대답을 갖고 있다고 기대하는 것은 소용없는 일이다. 만약 여기에서의 접근이 추구하는 정신으로 일하고자 한다면 환자에게 대부분의 것들이 있다고 믿어야 한다.

중요도를 탐색하는 5가지 전략

중요도를 탐색하기 위한 5가지 전략은 다음과 같다.

- 더 이상 독촉하지 않기
- 척도 질문을 기반으로 하기
- 찬성과 반대에 대해 검토해보기
- 행동에 대한 걱정을 살펴보기
- 다른 상황을 가정해보기

중요도를 탐색하는 전략들은 당신의 요구에 맞추어 하나를 선택할 수 있는 메뉴와도 같다. 당신이 발전시킬 수 있는 시간이 있다면 이러한 전략을 조정해서 대상자 집단에 보다 적절한 새로운 것으로 구성해보기를 제안한다.

이러한 전략들을 환자들에게 적용하는 기술로 간주하지 않도록 주의해야 한다. 만약 그런 경우 신뢰관계 형성을 막는 무관심의 표시가 된다. 이러한 전략들은 목적을 가진 대화를 구성하기 위한 단순한 아이디어들이다. 그것들의 특수성은 오해되어서는 안 되며, 저항을 최소화하기 위해 우리가 알아야 할 구체적인 기준, 가이드로 볼 수 있다. 앞서 언급했듯이, 맹목적으로 따르는 것이 아니라 창조적 적용이 목표가 되어야 한다.

환자에게 맞는 전략을 개별화하기

중요도를 다루기 위한 전략들은 이 차원의 점수가 꽤 높을 때 가장 잘 사용될 수 있다(10점 기준에서 5점 이상). 이것은 특히 걱정되는 것들을 살필 때 적용된다. 예를 들면 어떤 환자가 변화에 대해 특별히 중요하게 생각하지 않는다면, 어려움에 처했을 때처럼 걱정되는 것을 살펴보는 전략을 쓰게 된다. 환자들은 '무슨 걱정이요?'라고 말할 것이다. 같은 논리가 가정해보기에도 적용된다. 예를 들면 '척도질문'과 '찬성과 반대에 대해 검토해보기'와 같은 전략들은 중요도의 정도에 상관없이 보다 안전하고 널리 적용될 수 있다. 다음 부분에서 전략들은 지각된 중요도가 낮은 수준에서 높은 수준에 따라 환자에게 적절한 순서로 제시된다.

당신이 사용하는 행동에 대한 다양한 걱정 수준을 나타내는 단어들이 중요할 수 있다. 만약 환자가 '저의 음주가 때로는 문제가 된다.'고 했을 때, 당신이 '알코올 중독자가 되어가고 있다고 생각하시는군요.'와 같이 반영적으로 반응하는 경우 저항을 일으킬 수 있다. 만약 당신이 사람들에게 이야기할 기회를 준다면 그들은 변화를 나타내는 다양한 단어들을 사용할 것이다. 이러한 것들에 주의를 기울이고 가능한 한 맞추어야 한다. 다음 중 많은 전략들이 환자들이 행동에 대해서 얼마나 걱정하는지를 이끌어내는 질문에서 시작한다. 그러나 가끔 환자들에게 물어보지 않고, 어떤 일이 있었는지 지켜보기도 한다.

0에서 10까지 중요도의 연속선을 떠올린다면 각각의 지점을 표현하기 위해서 다른 단어들이 적절하다는 것을 알 수 있다. '[행동]에 대해서 당신이 좋아하지 않는 것은 무엇인가요?'라는 질문은 중요도 점수가 0이 아니라면 대부분의 모든 사람들에서 가장 안전하게 선택할 수 있다. 중요도 점수가 높아질수록 다음 순서와 같이 단어들을 사용하는 것이 적절하다[싫어하는 또는 좋아하지 않는(2~3점/10점), 걱정되는 부분(6/10점 이상), 어렵거나 문제가 되는(7~8점/10점)]. 당신이 환자들이 이야기하는 방식, 선택한 단어와 신체 언어에 주의를 기울일 때 질문하기에 적절한 방식을 직관적으로 선택할 수 있을 것이다.

전략 1. 더 이상 독촉하지 않기

낮은 자신감과 함께 만약 지각된 중요도의 수준이 매우 낮다면, 행동변화에 대한 이야기를 마치고 그들이 보다 중요하다고 여기는 문제를 다루거나 상담을 끝내는 것을 추천한다. 어떻게 이것을 하는지가 중요하다. 당신은 환자들이 낙심하게 내버려둔다거나 심지어 다시 당신을 만나는 것을 꺼리게 만들 수도 있다. 다음과 같이 이야기하는 것을 고려해본다.

아마 지금은 이것에 대해 이야기할 적절한 시기가 아닌 것 같죠? 어떻게 느끼세요?

무엇을 할지에 대해 불확실하다고 하셨습니다. 당신이 결정하도록 강요하고 싶지 않습니다. 선택은 당신에게 달려있습니다. 저는 그것에 대해 생각할 시간을 가지시길 권합니다.

당신과 비슷하게 느끼는 다른 분들을 만났습니다. 그들 나름의 이유 때문에 그 당시에는 어떤 것을 하지 않기로 결정하였습니다. 반면 또 다른 이들은 변화를 시도하였습니다. 변화를 고려할 적절한 시기에 대해서는 당신이 가장 최고의 심판관이 될 것입니다. 당신에게 더 중요한 다른 문제가 있나요?

당신이 무엇을 하든, 불확실성에 대해 인정하되 환자를 내버려두어서는 안 된다. 무엇을 해야할지에 대해 확실하지 않다면 환자에게 물어본다. 예를 들면 우선시되는 다른 문제가 해결될 경우 언젠가는 그것에 대해서 다시 이야기하는 것을 원할 수 있다. '체중을 줄이는 것에 대해 언젠가 얘기하고 싶지만 지금은 아픈 엄마를 돌봐야하기 때문에 너무 걱정되고 스트레스를 받습니다. 그것에 대해서는 단지 생각할 수가 없어요.'

이런 상황에 접한 실무자들은 실재 또는 잠재적인 위험에 대해 적어도 환자에게 알리는 것이 직업적 책임감이라고 보기 때문에 심호흡을 한 후 단순히 정보를 제공하려는 유혹을 받는다. 만약 이것이 신뢰관계 형성을 망치지 않는다면 이러한 접근은 이해할 수 있고 정당화될 수 있다. 6장에서 이에 대해 더 다룰 것이다.

전략 2. 척도 질문을 기반으로 하기

이 전략은 환자들을 이해하기 위한 질문 목록을 사용하고, 보다 상세히 변화 중요도와 개인적 가치에 대한 전반적인 질문들을 살펴보도록 환자들을 격려하는 것을 포함한다. 4장에서 설명한 Shazer 등(1986)의 숫자 평가에 기반하지만 숫자 형식이 아닌 것도 사용될 수 있다. 중요도에 대해서 숫자적인 평가를 할 때, 다음에 제시된 간단한 질문 목록은 환자 이야기의 대부분과 변화에 대해서 어렵게 생각하는 부분들에 대한 생산적인 논의를 이끌어 낼 수 있다(Rollnick et al., 1997).

당신은 이미 환자들에게 변화가 얼마나 중요한지에 대한 사정을 수행해왔으며, 필수적인 것은 아니지만 마음 속에 이상적으로 생각하는 점수 수준을 갖고 있다. 다음과 같이 열린 질문으로 물을 수 있다. 왜 그렇게 높은가요? 어떻게 하면 더 높은 점수에 올라갈 수 있죠? 한 단계 위로 올라가려면 무엇을 해야 하나요? 한 단계 나아가기 전에 필요한 점수는 몇 점인가요?

이 질문의 목적은 2가지 측면이 있다. 먼저 환자들은 자신의 입장을 보다 잘 이해하고, 언젠가는 바람직하고 가능한 변화에 대해 스스로 긍정적으로 이야기하는 것을 들을 수 있다. 둘째, 실무자인 당신은 환자들의 주요 문제와 변화에 대한 현재 태도를 보다 잘 이해할 수 있다. 이를 달성하기 위해 이야기의 속도를 늦추고, 대상자가 어떻게 느끼는지에 대해 알고 싶어하는 진정한 호기심을 발전시킨다. 질문에 대한 대답을 경청하고, 가능한 한 완전히 자신을 표현할 수 있도록 반영과 간단한 열린 질문과 같은 기법들을 사용해야 한다. '다음에 내가 무슨 말을 해야 하지?'와 같은 당신 자신의 사고 과정이 아니라, '그들이 나에게 말하고 있는 것이 정확히 무엇인가?'처럼 가능한 한 대상자가 말하는 것의 의미에 관심을 가져야 한다. 과정과 환자를 믿는다. 저항에 대해 주의 깊게 관찰한다. 왜냐하면 이것은 당신이 얼마나 멀리 그리고 빠르게 나아가고 있는지를 알려주는 신호이기 때문이다.

왜 그렇게 점수가 높은가?

왜 더 낮은 점수가 아닌 그러한 높은 점수를 줬는지에 대해 물어본다. 예를 들어:

> 개인적으로 당신이 [행동]을 변화시키는 것이 꽤 중요하다고 말씀하셨습니다. 그렇다면 왜 1점이 아니라 6점을 주셨나요?

대답은 변화에 대한 긍정적 이유 또는 MI에서 '변화대화(change talk)'라는 용어에 해당된다(Miller & Rollnick 2002). 예를 들어:

> 이 상태로 영원히 갈 수는 없기 때문에 1점이 아니라 6점이예요.

분명한 대답을 위해서는 '왜 그래서는 안 되는 거죠?' 또는 '장기간 지속했을 때 가장 걱정되는 것이 무엇인가요?'라고 묻는 것이 간단할 수 있다.

당신의 업무는 왜 변화를 원하는지에 대한 이유들을 지금 이끌어내는 것이다. 속도는 느려야 하고, 간단한 열린 질문이 매우 도움이 된다. 만약 대답이 분명하다면, 변화를 이끌어내고 앞으로 나아간다. 만약 좀 더 복잡하다면, 모든 결과들을 이해하기 위한 시간을 가진다. 만약 환자가 중요도를 0점이나 1점으로 주었다면, 당신은 이 전략을 사용하지 않을 것이다! 그러나 2점 정도에서도 이렇게 말할 수 있다:

> 당신에게 그것은 우선 순위가 높은 것이 아니군요. 하지만, 0점이나 1점이 아닌 2점을 주었어요. 저는 당신이 척도의 가장 아래 쪽에 내려놓을 꺼라고 생각했는데 그러지 않았군요. 마치 당신에게 어느 정도의 중요도가 있다는 것처럼 들립니다. 그것이 무엇인가요?

만약 '왜 그렇게 점수가 낮죠?'라고 묻는다면, 얼마나 반응이 다른지 알 수 있게 될 것이다. 이러한 질문은 변화에 대한 부정적 진술을 낳고 환자들이 양가감정에서 저항의 요소들을 발견하도록 만든다.

변화대화를 이끌어내고, 탐색하고, 반영할 때 구체적인 예와 왜 그런지에 대한 이유를 물어본다.

> 돈을 아끼고 싶기 때문에 금연에 대한 중요도 척도에서 5점을 주셨네요. [반영] 담배에 돈을 쓰지 않는다면 돈을 어디에 쓰실 건지 물어봐도 될까요? [보다 자세한 사례를 요청하며]

어떻게 더 높은 점수로 올릴 것인가?

두 번째 종류의 질문은 반대 방향, 즉 환자들이 제시한 점수에서 높은 쪽으로 움직인다. 예를 들면:

> 지금 6점을 주셨네요. 당신에게 [행동]을 변화시키는 것이 꽤 중요하네요. 6점에서 9점으로 올라가려면 어떤 일이 있어야 하나요? 또는 어떻게 하면 6점에서 8점, 9점까지 올라갈 수 있나요? 6점이나 7점에서 멈추도록 하는 것에는 무엇이 있을까요?

환자의 점수 또는 환자 두 가지에 대해 물어볼 수 있다는 것을 주목한다. 환자에 대해서 물을 때가 더 기분이 좋다. 이러한 질문에 환자가 대답할 때, 상황이 조금 달라진다면 어느 시점에서는 변화를 선택할 것이라는 가능성을 열게 된다. 그것은 또한 실무자들이 변화에 대한 장애물이나 방해물을 이해하는 것을 돕는다.

실무자들에게 있어 주요한 도전은 질문과 반영적 경청과 함께 주의 깊게 환자의 반응을 따라가는 것임을 보여주는 대화를 예로 제시하였다. 여기서 실무자는 위에서 설명한 첫 번째 종류의 질문: 왜 그렇게 점수가 높은가요?로 대화를 시작하였고, 환자의 반응을 단순히 따라갔다. 이 예에서 두 번째 질문, 어떻게 더 높은 점수로 갈 수 있나요?를 사용하는 것은 필요하지 않았다. 대화는 자연스럽게 '무엇이 보다 동기화되도록 만들었는지?'를 따라가게 된다. 새로운 전략을 어떻게 사용하는지는 실무자가 대화의 구조를 제공하는 것에서부터 시작된다는 것에 주의한다.

실무자: [상담시작 후 몇 분 내로 환자의 중요도와 자신감에 대해 사정하기로 결정함] 운동을 더 하는 것에 대해 어떻게 느끼시나요? 0점이 '전혀 지금 당신에게 중요하지 않다.'이고 10점이 '매우 중요하다.'라면 당신에게 몇 점을 주시겠어요?

환자: [잠시 침묵 후] 6점 정도요.

실무자: 만약 지금 운동을 더 하기로 결심하셨다면, 성공하는 데 대한 자신감은 몇 점 정도인가요? 0점이 '전혀 자신하지 못하는', 10점이 '매우 자신있는'이라면 몇 점을 주시겠어요?

환자: 8점 정도

실무자: 당신이 그렇게 결심하셨다면, 꽤 자신감이 있으시네요. 그렇지만 얼마나 중요한지에 대해서는 지금 확실하지 않군요.

환자: 네, 그런 거 같아요.

실무자: 당신은 6점 정도로 중요하다고 보셨네요. 왜 1점이 아니라 6점을 주셨나요?

환자: [처음에 침묵하다가] 1점이 아니라 6점을 준 건 다시 건강해지기 위해서는 심장을 튼튼하게 해야한다는 걸 알기 때문이에요. 저는 일리가 있다고 생각합니다. 만약 다리가 부러진다면 다시 건강해지기 위해 물리치료를 받아야 할 거예요. 저는 심근경색을 겪었기 때문에 다시 걷기와 수영을 해야 합니다.

실무자: 네. 당신에게 도움이 될 겁니다. [충고보다는 반영의 톤으로]

환자: 항상 그렇게 말씀하시죠!

실무자: 그렇지만 확실하지 않군요.

환자: 네. 좀 더 푹 쉬는 것이 더 좋지 않을까라는 생각도 듭니다.

실무자: [정보 교환을 하기로 결정하고 좀 더 지시적으로] 그렇다면 당신의 우선 순위는 건강해지는 것이군요. 심근경색 후에 심장에 어떤 일이 있었는지 이야기해주시겠어요?

환자: 네, 조금, 잘 이해가 되지 않지만….

실무자들은 많은 경우 척도질문으로 다시 되돌아올 수 있다는 것에 유념한다. 예를 들면, '심장을 손상시킬 것 같은 두려움 때문에 좀 더 많은 운동을 할 수 없군요. 그것이 아니라면, 운동을 더 원하는 것에 몇 점을 주시겠어요?'와 같이 척도질문 방식을 발판으로 사용할 수 있지만, 완전한 대화를 위한 뼈대가 될 수는 없다. 또 다른 상황에서는 척도의 숫자로 돌아가는 것이 매우 도움이 되기도 한다.

당신은 이러한 논의의 결과에 대해 궁금할 것이다. '어디로 가게 되는지?'는 개인의 독특한 요구에 달려있기 때문에, 이에 대해 일반화하는 것은 현명하지 못하다. 요점은 단순하게 중요도의 차원에서 이야기하는 것이 어떤 것을 명확히 하는데 도움을 줄 수 있다는 것이다. 변화에 대한 이야기를 확고히 할 수도 있고 그렇지 않을 수도 있다. '왜 그렇게 높은가?'의 질문은 환자에게 변화 이유에 대해 설명하도록 하므로, 그것에 대해 당신이 이야기하는 것을 앉아서 듣고 있는 것보다는 더 도움이 된다. 환자들을 뒤따라가는 것이 가장 좋다. 만약 이야기가 변화대화 없이 끝난다면, 그냥 이야기된 것을 요약하고 앞으로 당신이 할 수 있는 지원에 대해 제공한 후 거기서 상담을 마친다. 상담의 목적은 변화에 대한 동의나 결정을 얻는 것이 아니라 환자들이 무엇을 할 것인지를 결정하는 여행을 지원하는 것이다. 중요도를 탐색하는 것은 바로 그러한 탐구이다.

전략 3. 찬성과 반대에 대해 검토해보기

2번째 전략과 달리 3번 전략은 지각된 중요도에 대한 구체적인 사정에 기반할 필요는 없다. 행동변화의 중요도가 쟁점이라는 것은 분명하지만, 유일한 도전은 이러한 중요도를 올릴 수 있는 전략으로 무엇을 사용할지를 결정하는 것이다. 이러한 과정보다 숫자적 평가가 선행된다면 10점에서 5점 정도를 보일 때 가장 이상적인 전략이 된다. 10점 중 1점에 해당된다면, 행위와 관련된 어떤 손실도 지각하지 못할 것이다.

내적 갈등의 한 측면(Miller & Rollnick 2002)으로 같은 상태에 머무르는 것과 변화하는 것에 대한 이득과 손실 모두에 초점을 맞춘다. 표 5-1에서와 같은 갈등이 나타난다. 어떤 측면을 선택하느냐에 따라 '변화함' 또는 '변화하지 않음' 각각의 이득과 손실이 존재한다. 이를 이중 접근-회피 갈등(double approach-avoidance conflict)이라는 용어로 부른다.

표 5-1 양가감정(ambivalence)

식이 변화에 대한 명백한 요구에 직면했을 때	
변화하지 않음	변화함
손실	**손실**
못생기고 비호감처럼 느낌	항상 무엇을 먹어야 할지 생각해야 함
멋진 옷을 사기 어려움	좋아하는 정크 푸드(junk food)를 포기해야 함
심장질환과 당뇨의 위험이 높아짐	몸에 좋은 음식은 종종 비싼 편임
아이들과 함께 쉽게 돌아다닐 수 없음	
이득	**이득**
무엇을 먹어야 할지 생각할 필요가 없고, 가족과 함께 먹을 수 있음	변화를 달성할 때 기분이 좋아짐
내가 정말 좋아하는 음식을 먹을 수 있음	더 날씬하고 건강함을 느낌
	체중을 줄인다면, 자신감이 높아지고 자신을 더 매력적이라고 느끼게 됨, 멋진 옷을 살 수 있음
	보다 활동적이 될 수 있음

이러한 종류의 갈등을 경험하는 사람들의 다양한 방식들은 충분히 이해되지 않았다. 확실히 경험은 심리적, 사회적 차원 모두를 포함한다. 중독분야에서는 Orford(1985)가 잘 기술하였다. 과도한 음주에서부터 도박, 성적 난잡함의 형태에 이르기까지, 탐닉과 제약 사이의 과도한 다툼은 한 사람을 혼란스럽고, 고양되고, 죄책감을 느끼고, 우울함을 느끼거나 낙관적이게도 만들 수 있으며, 다른 사람과의 갈등 속에 휘말리게 할 수도 있다. 그러므로 MI와 같은 직접적 설득을 위한 대안책이 중독분야에서 발전했다는 것은 놀라운 것이 아니다(Miller 1983). 상담자와의 갈등 가능성은 크다. 몇 분 내로, 환자의 기분은 저항과 후회, 문제에 대한 동의에서 명백한 부정 사이를 오락가락할 수 있다.

보건의료영역에서 우리는 반드시 심각한 중독 문제의 고통 속에 있는, Orford (1985)가 과도한 취향(excessive appetite)이라고 불렀던, 사람들과 작업하는 것은 아니다. 훨씬 더 흔한 딜레마가 있을 수 있다. 기분 변화가 심하지 않을 수 있으므로 과체중이거나 비만인 사람들이 심한 갈등 상태에 있다고 믿을 필요는 없다. 우리는 사람들이 행동변화에 대해 어떻게 느끼는지에 대해 충분히 알지 못한다. 임상에서의 경험은 보건의료현장에서 행동변화에 대한 논의가 이루어질 때, 사람들마다 갈등의 본질과 범위가 상당히 다름을 말해주었다. 이러한 차이는 많은 차원들에서 발생한다.

가장 놀라운 차이는 갈등의 범위이다. 어떤 이들은 표 5-1에서 설명된 바와 같이 다차원의 여러 종류의 갈등들을 접하게 된다. 다른 이들은 변화에 대해 불확실해 보인다. 왜냐하면 현재 갈등 상황에 있는 것이 아니고, 다른 중요한 문제나 변화에 대한 손실이 다른 모든 것을 압도하기 때문이다. 한 예로, 활동적인 것을 좋아하는 요통 환자라도 더 이상의 손상이 두렵기 때문에 단순한 운동을 하는 것도 꺼리게 될 수 있다.

갈등의 인식 정도도 이전에 갈등에 대해 이야기한 적이 있었는가에 따라 사람마다 차이가 있다. 흡연자들은 이득과 손실에 대해 보통 잘 인식하고 있는 편이지만, 과도한 음주자들은 다소 인식이 부족할 수 있다. 어떤 환자들은 자신의 느낌이나 견해에 대해 이야기해본 적이 결코 없으며, 처음으로 그러한 이야기를 한다는 것에 대해 영광스러워 한다. 그러나 우리들은 환자들에게 이러한 영역이 매우 친숙하고, 어느 시점에 이르면 실무자들이 이와 같은 작은 검은 상자를 여는 것을 기다리고 준비하고 있다는 것을 알고 있다. 그들은 이러한 내용을 알고 있으며 그들 삶의 그 시점에서 변화에 대한 고려를 피하는 것에 대한 대답을 이미 갖고 있다.

흥미로운 차원은 포함되는 정서적 강도의 수준이다. 이는 개인과 행동에 따라 달라지므로, 일반화하는 것은 어리석다. 왜냐하면 환자들에게 인지적 또는 정서적 차원에서 이러한 문제를 탐색하도록 격려하는 것이 더 좋은 것인지에 대한 결론이 될 수 있기 때문이다. 가끔 양가감정의 정서적 표현은 환자에게 혼란스러울 수 있지만, 인지적 차원에서는 분명하고 의식적이며 보다 도움이 되는 표현일 수 있다. 반대도 역시 가능하다. 항상 저항에 주의를 기울이며, 환자들이 자신을 이끌어가도록 하는 것이 최선이다. 우리는 환자들이 변화를 결심하면서 양가감정이(적어도 일시적으로) 해결되는 것을 발견했고, 종종 정서적 반응이 동반되었다. 깊은 한숨을 쉬거나 당황하기도 한다. 이러한 경우 비록 적절한 방식으로 그들을 돌봐줄 실무자의 헌신이 필요하지만, 이것이 보다 건설적일 수 있다.

결국에는 장 · 단기적 결과에서는 분명한 차이가 종종 발생하며, 이득이 손실에 비해 의사결정에 더 강력한 영향을 미친다.

술을 마시면 비록 내일 아침에 일어나는 것은 힘들지만, 오늘 제 기분은 좋습니다.

흡연은 제 건강에 위험하지만 지금 제 기분을 좋게 하고 편안하게 해 줍니다.

비록 전염의 위험이 있다는 것을 알지만, 콘돔을 사용하지 않는 것이 더 자연스러운 느낌을 갖게 합니다.

요약하면, 양가감정의 이러한 측면은 회계사의 대차대조표와 같이 구조적으로 엄격하고 이성적이고 일관적이다. 그것은 변화의 가치에 대한 개인적 갈등으로, 종종 독특한 사고와 모순으로 가득 차 있다. 일반적으로 말하는 내용의 독단과 일반화에 대한 근거는 거의 없다.

주의사항

환자들은 자신이 갖고 있는 문제로 인해 내적 갈등을 경험하기도 한다. 우리는 이러한 논쟁에서 어느 편을 드는 것을 원하지 않는다. 만약 환자가 변화 또는 변하지 않아야 하는 이유를 제시한다면, 우리는 두 가지 모두 당연히 고려할 것이다. 만약 우리가 변화의 측면을 선택한다면, 환자는 균형을 잡기 위해 논쟁의 반대쪽으로 반응할 것이다. 자신이 변하지 않는 쪽으로 이야기하거나, 변화에 대한 자신의 입장을 고집하면서 끝내기 쉽다.

실무자: 만약 계속 활동을 안 하신다면, 체중이 계속 증가해서 심근경색의 위험이 매우 높습니다. 활동을 좀 더 해서 더 건강해진다면, 기분이 더 좋아지실 거라는 걸 압니다. [변화의 다른 측면에 대해 이야기]

환자: 하지만 저는 너무 바빠서 체육관에 가거나 공원에서 걸을 시간이 없습니다. 제 동료 중 한 사람이 작년에 조깅하다가 심근경색이 온 적이 있어서 우리 모두는 운동을 믿지 못하게 되었습니다. 저는 체중과 운동이 정말 상관이 없다고 생각합니다. 우리 가족들은 모두 뚱뚱했습니다. [현 상태에 대해 방어함]

이 전략은 상담실에서 가장 잘 사용된다. 하지만 시간이 부족하다면 표 5-2가 그려진 종이를 사용하여, 환자에게 집에서 운동하는 것에 대해 물어볼 수 있다. 이것은 웹사이트(www.elsevierhealthbehaviorchange.com)에서 다운로드 받거나 부록 6을 복사할 수 있다. 사용할 때 빠르면 5~7분 정도, 길면 1시간 정도 걸린다. 만약 시간이 더 필요하다면, 환자에게 가능한 많은 부분을 설명하도록 한다. 가장 중요한 첫 단계는 환자에게 찬성과 반대에 대해 검토해보도록 하는 것이다. 예를 들어:

당신의 (   )에 대해서 잠시 동안 이야기하고 싶으세요? 그것의 좋은 점과 좋지 않은 점은 무엇인가요?

또는

가끔 (   )의 찬성과 반대에 대해 검토해보는 것이 도움이 됩니다. 잠시 동안 이것을 하는 것이 당신에게 도움이 될까요? 아니면 하지 않는 것이 좋으신가요?

또 다른 접근은 환자에게 대차대조표를 제공하는 것이다. 예를 들어:

여기 당신에게 도움이 되는 그림이 하나 있습니다. 변화에 대해 확신하지 못하는 사람들은 [현재 행동]에 머무르는 것에 대한 찬성과 반대가 있으며, 다른 측면에는 또한 변화에 대한 찬성과 반대가 있습니다. 이와 같이 변화에 대해 생각해보신 적이 있나요? 그것에 대해 이야기하고 싶으신가요?

여기에서 단어 사용이 중요하다. 가장 흔한 실수는 불필요하게 이득과 손실이라는 복잡한 말을 사용하는 것이다. 심지어 장점과 단점도 일부 환자들에게 어려울 수 있다. 찬성과 반대가 가장 적절하다. 좋은 점과 덜 좋은 점도 사용한다. 가능하다면 좋아하다와 좋아하지 않다도 이상적이다. 만약 환자들이 문제나 걱정과 같은 단어를 사용하지 않는다면, 이러한 단어는 사용하지 않도록 주의한다. 그러한 단어는 환자들이 느끼는 것보다 더 높은 수준의 걱정을 의미하며, 특히 동기화가 덜 된 경우 불필요한 저항을 불러올 수 있다.

표 5-2 **대차대조표**

변화하지 않음	변화함
손실	**손실**
이득	**이득**

한 가지 주요 결정은 현재 행동을 유지하는데 대한 찬성과 반대 또는 변화에 대한 찬성과 반대 또는 두 가지 모두에 초점을 맞출 것인가이다. 한 가지 측면에 대한 내용들은 종종 다른 측면의 거울과 같다. 그리고 둘의 구분은 환자와의 대화에서 사라진다. 두 가지 입장에서 모두 질문하는 것은 보다 많은 정보를 낳게 된다. 그러므로 흡연에 대한 반대(예: 건강하지 못한 느낌)는 자연적으로 변화에 대한 찬성의 이야기(예: 더 건강한 느낌)로 가게 된다. 하지만, 우리는 다음과 같은 지침을 고려하는 것을 제안한다. 만약 다음과 같다면, 현재 행동에서 시작한다.

- 당신이 환자의 건강에 대해 잘 알지 못한다.
- 환자는 문제에 대해 잘 이해하지 못하고 있거나 비위협적인 환경에서 그것에 대해 이야기할 기회가 없었다.
- 환자는 준비 단계와 어느 정도 거리가 있다. 즉, 변화에 대해 적극적으로 고려하지 않는다.
- 환자는 행동에 대해 부끄러워한다.

현재 행동에 대한 찬성과 반대

당신의 역할은 구조화된 도구를 제공하고 주의 깊게 경청하는 것, 그리고 마지막에 요약하는 것이다. 환자의 역할은 자신이 느끼는 바를 당신에게 설명하는 것이다. 긍정적으로 시작하는 것은 신뢰관계를 형성하고 정상적인 맥락에서 행동을 볼 수 있도록 도울 것이다. 이것은 특히 환자가 행동에 대해 문제라고 믿거나 적어도 당신이 그것이 문제라고 확신하는 상황에서는 충격일 수 있다. 대상자가 변화하려고 하지 않는 경우, 행동을 통한 이익을 설명함으로써 직접적인 방식으로 이것을 다룰 수 있다.

- 다음과 같이 질문한다: [행동]에 대해 좋은 점은 무엇인가요? 가능하다면 이것을 이끌어내고 요약한다. 여기서 당신의 역할은 단지 이해하는 것이다. 의미와 직접적인 관련이 없는 것에 대한 질문은 하지 않도록 노력한다. 간단한 열린 질문들은 매우 유용하다. 예를 들면, 이것은 왜 그런가요? 어떤 면에서 그런가요? 정확히 당신에게 어떤 영향을 주나요? 그것에 대해 좀 더 얘기해주세요.
- 그리고 난 후 다음과 같이 질문한다: [행동]에 대해서 좋지 않은 점은 무엇인가요? 가능한 많은 시간을 들여 하나씩 이것에 대해서 이끌어낸다. 환자가 좋아하

지 않는 것을 정확히 이해하기 위해 간단한 열린 질문을 사용한다. 예를 들면, (   )에 대해 좋아하지 않는 것은 무엇인가요? 또는 이것은 당신에게 어떤 영향을 미치나요?

- 변화가 없는 경우 이득과 손실에 대해 환자가 사용한 같은 언어로 가능한 간결하게 요약한다. 이것은 간단한 기술이지만 연습을 요구한다. 적어도 동시에 두 가지를 할 필요가 있다. 주의 깊게 듣고, 환자가 찬성과 반대에 대해 설명할 때 사용했던 동일한 주요 단어들을 기억한다.

변화에 대한 찬성과 반대

환자가 다른 상황에 대해 고려할 준비가 되었다는 생각이 들었다면 이것이 유용하다.

- 다음과 같이 질문한다: 변화에 대해 좋은 점은 무엇인가요? 가능하면 이것을 이끌어내고 요약한다.
- 그리고 다음과 같이 질문한다: 변화에 대해 좋지 않은 점은 무엇인가요? 천천히 조심스럽게 이것을 이끌어낸다.
- 변화의 양쪽 측면을 환자가 사용한 언어를 이용하여 가능한 간결하게 요약한다.

전략 4. 행동에 대한 걱정을 살펴보기

이 전략은 현재 행동이나 상황의 손실에만 초점을 둔다. 만약 환자가 걱정하는 것처럼 보이는 경우, 걱정이라는 단어에 초점을 두고 사용할 수 있다. 이것에 대한 오해, 즉 걱정 수준에 대한 과대평가는 저항을 낳을 수 있다. 그러지 않기 위해서는 환자들이 문제가 정확히 무엇인지를 표현하는 시간을 갖도록 돕는 것이 이상적이다. 이것을 사용하게 되면 자동적으로 변화대화(change talk)를 이끌어낼 수 있다. 이 전략은 과도한 음주자의 건강증진상담에서 발전되었다(Rollnick et al., 1992). 표 5-1 양가감정 표에서는 한 가지 측면, 즉 현재 행동에 초점을 둔다. 물론 변화에 대한 걱정을 조사하기 위해서도 사용된다.

이 전략을 사용할 때는 두 가지 원칙을 지침으로 한다. 첫째, 실무자가 아닌 환자가 걱정을 표현한다. 둘째, 일단 환자가 결론에 도달했을 때 실무자는 변화가능성에 대해 주요 질문을 하게 된다. 당신의 역할은 구조를 제공하고, 환자의 이야기를 주의 깊게 듣고, 끝에서 요약하는 것이다. 환자의 역할은 당신에게 어떻게 느끼는지에 대해 설명하는 것이다. 시작할 때, 다음의 두 가지 질문 중 하나가 도움이 된다. 당신의 [행동]에서 가장 걱정이 되는 것은 무엇인가요? 또는 [행동]에 대해 갖고 있는 걱정은 무엇인가요?

그 후에는 어떤 상황에서 왜 그렇게 느끼는지를 정확히 이해하려고 시도하면서 환자의 설명을 따라간다. 시간을 갖고 환자가 갖고 있을 수 있는 다른 걱정들에 대해서 살펴본다. 정보를 교환하되 업무에서 벗어나지 않도록 노력한다. 당신의 역할은 환자들이 왜 그런 걱정을 하는지에 대한 정확한 그림을 그리도록 하는 것이다. 그리고 나서 환자의 이러한 걱정을 요약하고 다음 단계에 대해 묻는다.

이것은 부드럽고 비직면적인 방식으로 한다. '이제 어떻게 하겠는가?' 이러한 질문은 의도적으로 중립적으로 표현한 것이다. 환자는 앞으로 나아가거나 또는 변화에 대한 결정에서 벗어날 수도 있다. '지금 당신은 걱정에 대해 제게 이야기하셨습니다. 변화에 대해서 어떻게 느끼나요?'와 같이 변화에 대해 구체적으로 묻는 질문은 도움이 될 수 있지만, 지나치게 몰아 부치는 느낌을 갖게 될 위험이 있다.

현재 행동에 대해 현실적인 시야를 갖는 것은 걱정을 보다 구체화함으로써 변화에 대한 동기를 증가시킬 수 있다. 매일 또는 매주 일기를 쓰는 것은 행동과 변화 계획을 이해하는 데 유용한 방법이 될 수 있다. 적당한 음주를 즐기는 사람이 자신이 와인병에서 따르는 술잔의 수와 냉장고에서 꺼낸 맥주캔의 갯수에 놀랄 수도 있다. 비슷한 예로, 건강한 식사를 한다고 믿는 사람은 간식으로 먹은 과자봉지의 개수를 과소평가할 수 있다. 요약하면, 일기를 적는 것은 언제, 얼마나 많이 그리고 어떤 상황에서 행동이 일어나는지를 명확하게 해준다.

환자에게 일기를 쓰도록 강요하는 것은 덜 효과적이다. 의문시되는 행동을 조사하는 데 있어 관심과 결심이 결합되어야 한다. 환자들이 일기를 쓸 수 있는 현실적인 시간이 고려되어야 한다.

일기를 쓰는 것은 다른 목적에도 기여한다. 예를 들면, 일단 변화를 결심한 후 진행과정을 모니터할 때이다.

전략 5. 다른 상황을 가정해보기

이것은 행동변화의 의미를 검토해 보는 또 다른 방식이다. 우리는 더 깊이 발전시키지는 않았다. 왜냐하면 이것의 적용은 위에서 설명한 변화와 관련된 찬성과 반대 전략의 절반을 단순히 반복하는 것처럼 보이기 때문이다. 이것은 환자에게 소개되는 방식과 전체적으로 가설적인 대화의 어조 때문에 별도의 전략으로 강조되었다. 비록 임상적 추측에 기초한 것이지만, 지각된 중요도가 비교적 높은 수준 즉, 10점에서 7점 이상에 해당되는 경우 가장 잘 사용된다.

위험을 무릅쓰고 말하건데, 지각된 중요도 수준이 높을수록 변화와 변화의 반대편이 어떨지에 대해 더 많이 생각할 것이다. 하지만 비록 높은 수준에서도 변화를 이야기하는 것은 어렵다. 환자들의 전반적인 준비성이 증가할수록 자연적으로 동시에 물러나려는 충동을 갖게 되기 때문이다. 당신이 열린 질문을 사용하여, 변화에 대해서 어떻게 느끼나요?라고 변화에 대해서 물었을 때, 환자들은 그것에 반대되는 입장을 설명하게 된다. 가끔 이러한 대답은 변화에 대한 걱정을 표현하려는 진정한 욕구에서 나오므로, 주의 깊게 경청해야 하며, 실무자들은 '네, 그렇지만...'의 반응으로 논쟁해서는 안 된다. 하지만 어떤 경우에는 이것이 단지 '뒷걸음치는' 목소리로, 똑같은 곳에 머물려는 흔히 반복되는 개인적 논쟁일 수도 있다. 변화에 대한 걱정을 표현하는 이 두 가지 이유의 차이를 가늠하는 것은 매우 어렵다.

의도적으로 가설적으로 이야기하는 것은 실무자와 환자 모두 이러한 혼란에서 벗어나게 할 수 있다. 이러한 방법은 환자들이 위협을 느끼는 것과 '뒷걸음치는' 목소리를 사용하는 위험에서 벗어나게 한다. 두 사람 모두 무엇이 일어날지에 대해 떨어져서 궁금해하며 살펴볼 수 있다. 환자들은 상담에서 결정에 대한 압박감없이 자유롭게 생각할 수 있다.

아래 예에서 시작되는 대화는 이러한 전략을 소개하는 하나의 방법이다. 뒤따르는 대화는 상담에서의 어조를 강조한다. 전체적으로 궁금해하고 가설적이며, 단지 무엇이 일어날 것인가에 대한 열린 이야기를 격려하며, 환자가 변화하도록 강요하는 대화가 아닌, 안심시키기로 끝을 맺는다.

중요도와 자신감 문제 사이에서 겹치는 부분은 이 전략의 사용에서 강조된다. 특히 중요도가 매우 높은 수준에서 사용될 때, 변화를 지지하는 쪽으로 기울일 수 있고 그것을 달성할 수 있다는 분명한 비전이 가치가 있음을 느낄 수 있게 한다. 이러한 의미에서 이 전략은 중요도가 자신감의 문제를 모두 다루기에 적절하다. 단지 편의상 여기에 두었다. 예를 들면:

실무자: 식습관을 바꾸려고 노력하는 것이 좋은 생각이라는 것을 확신하지 못하는군요.

환자: 그렇습니다.

실무자: 잠깐만 당신이 이러한 변화를 시도했다고 상상해보는 건 어때요? 기분이 어떻습니까?

환자: [웃음] 그다지 흥미롭지 않네요.

실무자: 당신은 음식을 통해 즐거움을 덜 갖게 되는 것이 두려우시군요.

환자: 맞습니다. 왜냐하면 저는 튀긴 음식을 즐기거든요.

실무자: 당신은 자제를 해야만 하는군요.

환자: 네. 때로는 그럴 수 있지만, 완전히 튀긴 음식을 끊어야 하나요?

실무자: 글쎄요. 저는 당신이 천천히 시작하고, 조금씩 줄이면서, 좋아하는 다른 음식을 찾게 된다면 꽤 많은 자유를 가질 수 있으리라고 봅니다. 당신에게 무엇이 최선이고 무엇이 당신이 원하는 결과를 가져올 지 결정하셔야 합니다.

윤리적 고려

중요도 차원을 다룰 때 종종 윤리적 어려움에 부딪힐 수 있다. 당신은 환자들이 변화하길 원하므로, 자신도 모르게 환자들에게 변화를 강요할 수 있다. 아마 심지어 더 심한 것은, 변화를 동기화시키기 위해 의식적으로 미묘한 '기술'을 사용한다는 것이다. 이렇게 하는 것은 MI의 정신을 거스르는 것이다. 당신과 환자를 보호하기 위한 제안들은 다음과 같다.

- 당신이 계획하는 것에 대해 환자에게 솔직해진다.
- 저항을 주의한다. 환자가 원하는 것보다 당신이 앞서간다면, 그들은 저항할 것이다.
- 환자의 관점을 이해한다. 공감은 당신을 보호할 수 있다. 환자들이 당신의 안내자가 되게 한다.
- '만약 의심이 된다면 내버려 둔다.' 변화하지 못하는 중요한 이유가 있을지도 모른다.

중요도 탐색하기의 사례

실무자: 술을 줄이는 것이 지금 당신에게 그다지 중요하지 않군요. 1~10점 척도에서 단지 4점을 준다고 얘기하셨어요. 분명히 술을 즐기시는군요. 당신의 일반적인 하루에 대해 얘기해주시겠어요.

환자: 글쎄요. 저는 저녁에만 술을 마십니다. 점심시간에는 술을 그다지 마시지 않아요. 대개 저는 퇴근하면서 클럽에서 약간의 맥주를 마시고 집으로 갈 때 한 잔 정도를 들고 갑니다. 종종 밤늦게 TV를 보는 동안 밤 술 한잔으로 위스키 한 잔 정도 마십니다. [이것은 4장에서 설명한 전형적 하루 전략을 요약한 것이다.]

실무자: 퇴근 후 클럽에서 한 잔 하면서 당신이 즐기는 것은 무엇입니까? [현재 행동에 대한 찬성을 이끌어낸다.]

환자: 제가 긴장을 풀도록 도와주고 함께 웃을 수 있는 사람들이 그곳에 있습니다. 시간을 보낼 수도 있어요. 저는 혼자 살고 있기 때문에, 텅 빈 집에 빨리 돌아가고 싶은 마음은 없습니다.

실무자: 알겠습니다. 밤술은 어떤가요?

환자: 습관이기도 하고 잠을 잘 자게 해줍니다.

실무자: 음주를 통해서 당신에게 많은 좋은 점들이 있다는 걸 알겠습니다. 좋지 않은 점도 있나요? [반대나 변화대화를 이끌어낸다.]

환자: 글쎄요, 제 비상금을 다 써버린다는 거요. 그렇지만 저로서는, 제가 즐기는 한 그건 큰 문제가 되지 않습니다.

실무자: [약간의 저항을 감지하고 또 다른 손실을 직접적으로 묻는 대신 물러선다.] 네. 술은 당신의 긴장을 풀어주고, 여가시간을 보내고 잠을 잘 자게 도와주는군요. 비상금을 쓰게 되지만 당신이 즐기기 때문에 그것에 대해서는 걱정하지 않으시구요. 그런 의미에서 가치가 있네요. [요약한다.] 왜 그렇다면 4점을 주셨나요? 지금은 4점이 채 되지 않을 수도 있을 거 같은데요. [왜 그렇게 높죠?]

환자: 아닙니다. 클럽의 어떤 부부가 최근에 의사의 충고를 듣고 술을 줄였어요. 저는 아주 건강하지만 그 사실을 알지 못했다면, 제게도 해가 될 수 있을 거라

> 는 의문을 갖게 되었습니다. 저는 아픈 것을 원하지 않기 때문에 만약 나였다면 어땠을지 다시 생각해보았습니다. [질문하지 않고, 변화를 심각하게 고려한다면 당신에게 무엇이 일어날 것 같나요?에 대한 반응을 제공한다.] 나 자신에게 해가 된다는 것을 어떻게 알게 되나요? 앞으로 어떻게 될 것인지 아는 방법은 없나요?

계속해서 정보를 교환하고, 음주와 관련된 건강에 대한 걱정을 살피고 변화에 대한 찬성을 고려해볼 수 있는 있는 기회가 있다.

자신감을 키우는 5가지 전략

여기에 소개된 5가지 전략은 다음과 같다. 모두 자신감을 키우는 데 도움이 되도록 고안되었다.

- 더 이상 독촉하지 않기
- 척도질문에 기반하기
- 해결책에 대해 브레인스토밍하기
- 과거의 노력들: 성공과 실패
- 자신감 재평가하기

앞서 제시한 전략들은 중요도를 탐색하기 위함이었다. 비슷한 접근이 자신감에 문제가 있는 환자들을 돕는 전략으로 사용된다. 환자들이 자신감 부족에 대해 설명하는 방식에 맞추어 전략을 선택한다. 이 전략들은 서로 완전히 구분되지는 않는다. 자신감을 키우기 위해 접근하는 방식들은 겹쳐지기도 하고 다를 수도 있다.

최근 환자들은 많은 다양한 상담에서 메아리처럼 얘기한다: 저는 살을 빼야 합니다. 저는 왜 그런지 이해합니다. 무엇을 하고 왜 해야만 하는지 알아요. 하지만, 제가 왜 동기가 낮은지에 대해 얘기해주세요. 어떤 환자들은 정말 변화를 원한다. 그렇게 하는 것이 그들에게 중요하다. 하지만 그들은 그러한 모험이 성공할 것인지에 대해서 회의적이다. 이번 장의 뒷부분은 성공을 위한 자신감을 높이는 전략들을 설명한다. 이 전략들은 의료상담과 상담회기에서 만연한 틀을 제공한다. 어려움에 대한 실제적 해결책을 가질 수 있도록 돕고, 자신감을 높여 '네. 저는 할 수 있어요.'라는 생각을 갖고 떠날 수 있게 하는 것이다. 이러한 활동은 효과성을 향상시키기 위해 가르칠 수 있는 전략이 부재하는 것과는 대조적으로 매우 빈번하다(6장 참조, 상담에서 다른 공통된 활동, 정보 교환도 비슷하다.). 우리가 그것에 대해서 알고 있기 때문에 그러한 전략들이 불필요할 수 있다는 주장도 있다. 우리들이 좋은 충고를 제공하지만 얼마나 쉽게 이러한 이야기들이 비건설적인 대화로 빠질 수 있는지 보게 된다. 개념화하기에는 분명히 단순한 작업이지만, 성공하기가 어렵다. 너무나도 자주, 환자들은 '네, 그렇지만 노력해도 잘 되지 않네요. 왜냐하면...'라고 이야기한다.

자기효능감은 특정하게 행동을 변화시킬 수 있는 능력에 대한 자신감을 의미한다. 이것은 상황에 따라 다를 수 있다. 예를 들면 흡연자들은 근무 중에 담배에 대한 유혹을 견디는 것에는 매우 자신있어 하지만, 친구들과 있을 때는 덜하다. 자기주장에 대해 어려움이 있는 사람은 가게에서 흠이 있는 물건은 반품할 때는 할 수 있을 거라고 느끼지만, 상대가 나이 든 어머니인 경우는 달라진다.

상담실에서 행동에 대해 이야기하는 것만이 아니라, 실제 행동하고 변화하는 것을 보았을 때 성공적이라고 할 수 있다. 이것은 임상적 경험과도 일치한다. 즉, 우리는 환자들에게 가장 중요한 문제인 변화자신감을 이야기한다는 것을 알고 있지만, 환자들의 능력이 검증되는 현실에서는 한 발 물러나는 좌절감을 견뎌야만 한다. 우리는 환자들이 '네. 무엇을 해야 하는지 알아요. 하지만 성공할 수 없네요. 계속 실패합니다.'라고 이야기하는 것을 알고 있다. Bandura(1977)의 연구는 의지력이라고 불리는 비밀스러운 속성을 이야기한 것이 아니라, 현실에서 실제로 변화할 수 있는 기술과 능력 수준의 중요도를 지적하였다.

> 사람들은 일단 어떤 것을 하고자 결심한다면, 원하는 변화를 할 수 있는 지식과 기술들을 종종 갖게 된다(Arkowitz et al., 2008).

Bandura와 다른 학자들의 연구에서 실무자를 위한 다음의 실제적 지침들을 얻을 수 있다(Egan, 1994).

- 자기효능감은 양자택일의 속성을 가진 것은 아니다. 상황에 따라 달라질 수 있으므로, 자기효능감이 높은 상황에서는 격려와 칭찬을 제공할 수 있고 자신감이 다

소 덜한 경우 자기효능감을 증진시키기 위한 다른 방식을 볼 수 있도록 도울 수 있다.

- 직접 경험해보는 것이 자기효능감을 높이는 가장 최고의 방법이다. 상담실과 환자의 일상 생활 간에 가능한 많은 연결을 만들도록 한다(예를 들면 다음 상담에는 배우자를 데려오게 하거나 단기 상담으로 돌아간다거나, 환자가 기록을 작성하게 하는 등).
- 성공하기 위해서는 기술이 필요하다. 때로는 중단된 상태로 있기도 하고, 때로는 개발될 필요도 있다. 완전히 존재한다거나 전혀 없는 경우는 거의 없다.
- 대상자의 부족한 부분이 아닌, 수행에서 부족한 부분에 대한 피드백이 제공되어야 한다(Egan 1994).
- 사람들은 다른 사람들을 모델링하면서 배우게 된다. 그러므로 성공한 친구나 환우와 대화를 나누고 자조그룹에 참여하는 것 등은 가치가 있다.

보다 일반적인 낮은 자아존중감과 무력감에는 구체적인 변화를 일으키기에 부족한 자기효능감이 깔려 있다. 게다가 낮은 자아존중감의 심리적 '문제'는 종종 강한 사회적인 원인을 갖고 있다. 직업을 찾을 수 있는 기회가 없었어요. 그래서 바닥에서 벗어날 수 없었어요. 돈을 가져보지도 못했고 매번 변화를 시도했을 때 실패했어요. 그런데 지금 당신은 제가 체중을 줄여야 한다고 이야기하고 있어요.

다음에서 설명할 전략들은 직접적으로 낮은 자아존중감과 무력감을 다루기 위한 상담전략은 아니다. 오히려 행동변화에 대한 자기효능감에서 보다 구체적인 변화들을 다룬다. 하지만 가끔 당신이 누군가에게 작은 변화를 볼 수 있도록 격려하고, 만약 그가 성공한다면 이러한 변화들이 점점 자아존중감을 향상시킨다는 것을 발견하게 될 것이다. 그렇지 않은 경우, 만약 당신이 조금만 더 지원할 수 있다면 환자들이 느끼는 방식을 단순히 인정하는 것도 낮은 자아존중감을 높일 수 있는 과정이 될 수 있다.

목표, 전략, 표적행동

우리는 사람들의 행동변화 노력을 설명하는 여러 가지 용어들을 사용한다. 목표(goal), 전략(strategy) 그리고 표적행동(target)은 가장 광범위하게 사용되는 것 중

하나이다. 정확한 정의보다는 이와 같은 용어들의 사용이 일반적인 것에서부터 구체적인 것까지 다양할 수 있다는 것에 주목하는 것이 도움이 된다. 그것들은 여행에서 이정표로 비유될 수 있다. 일반적인 목표나 목표로 하는 결과에 대한 이야기에서 시작할 수 있으며, 이러한 것은 다음 질문에 대한 대답을 제공해준다. '어떤 것을 변화시키고 싶으신가요? 보통 이것은 행동변화를 가리키지만, 체중감량의 목표는 재미있는 예외가 된다. 즉, 체중감량은 행동 그 자체라기보다는 행동변화의 결과이다.

이 여행은 표적행동이 보다 구체적일 때, 종종 전략에 대한 이야기와 함께 지속된다. 전략과 표적행동에 대한 이야기는 질문, 이 목적을 달성하기 위해서 '어떻게 하실 건가요?'에 대한 답을 제공한다. 따라서, 한 가지 목적을 추구하는 데 있어 다양한 전략들이 고려될 수 있고, 결국 하나의 전략을 추구하는데 있어서 다양한 표적행동이 고려되기도 한다. 행동변화가 복잡할 수 있다고 얘기하는 것은 당연하다!

표 5-3은 이상적인 체중감량 계획을 보여주기 위한 의도는 아니다. 오히려 일반적인 것에서 구체적인 것까지 상담실에서 이야기가 가능한 주제의 범위들을 보여준다. 주목해야 할 것은 목표, 전략, 표적행동이라는 용어의 정확한 정의가 아니라, 운동을 더 하는 것이 누군가에게는 목표가 될 수 있지만, 다른 이들에게는 또 다른

표 5-3 목표, 전략, 표적행동: 일반적인 것에서 구체적인 것까지

목표	→	전략	→	표적행동
체중 감량		1. 기름진 음식 줄이기		1. 튀긴 감자 금지 2. 주중에는 붉은색 육류 금지 3. 일반우유 금지
		2. 새로운 음식 먹기		1. 하루 한 번 과일 섭취
		3. 특정 음식 대체하기		1. 튀긴감자 대신 구운감자나 밥먹기 2. 주말에는 육류 대신 생선 3. 일주일에 3회는 후식 시 과일 4. 아침에 베이컨 대신 삶은 계란, 콩, 토스트
		4. 운동 더 하기		1. 가능하면 걸어서 출근하기 2. 일주일에 1회 운동이나 댄스 3. 엘리베이터 대신 계단 이용

목표를 향한 전략이 될 수 있다는 점이다. 변화를 위한 선택의 수는 보다 구체적일수록 증가한다.

표 5-3은 실무자들에게 많은 의미를 던져준다. 첫째, 만약 추구하는 목표가 분명하지 않다면 표적행동에 대한 이야기는 필요가 없다는 것이다. 이상적으로는 환자가 이 목표를 선택해야만 한다. 우리는 환자에게 다른 전략이 더 마음에 들 수 있다는 것을 확인해보지도 않고, 표적행동에 대한 이야기를 꺼내는 실수를 하게 된다. 환자는 완전히 다른 표적행동을 선택할 수도 있다. 체중감량의 예로 다시 돌아가면, 많은 대안들이 있으며, 인정하건대 어떤 것이 다른 것보다 더 건강에 좋다. 그러므로 환자가 가장 자신있게 시작할 수 있는 것이 어떤 것인지 확인하는 것은 가치가 있다. 이러한 간단한 틀에서 도출할 수 있는 지침은 다음과 같다.

- 가능한 이러한 순서를 따르는 것은 좋은 생각이다. 대상이 보다 구체적일수록, 더 좋다. 성급하게 구체적인 것으로 뛰어넘는 것은 위험할 수 있다.
- 환자는 무엇이 자신에게 가장 효과적인가에 대한 전문가이다.
- 환자가 생각하는 것보다 변화를 위한 대안들은 종종 더 많다. 대안들을 살펴보기 위해 이야기를 시작하고 가장 자신있어 하는 것을 선택하도록 격려하는 것은 유용한 활동이다(전략 3 참조).
- 환자들에게 가능한 폭넓은 대안과 다른 환자의 경험을 제공할 수 있는 많은 기회들이 있다.
- 성공을 위한 자신감의 수준은 전략과 표적행동에 있어 다양할 수 있다. 그러므로 자신감을 재평가하는 것은 대안을 선택하는 데 있어 중요한 지침으로 사용될 수 있다(전략 2, 5 참조).
- 정한 목표를 달성하는 환자들의 자기효능감의 수준은 표 5-3에서와 같이 작은 표적행동들을 성취할 수 있는 자신감에 의해 결정된다.

전략 1. 더 이상 독촉하지 않기

변화에 대한 대부분의 결정은 상담실에서 일어나는 것이 아니다. 환자는 당신과 나누는 대화 속에서 구체적인 표적행동을 설정할 필요는 없다. 단지 문제를 제기하고, 행동을 취할 수 있다는 가능성에 대한 언급과 함께 그대로 두는 것으로도 충분하다. 돌봄의 연속성이 가능하다면, 예를 들어 변화를 강요하는 것보다는 이것이 매우 좋은 출발점이 될 수 있다.

전략 2. 척도질문에 기반하기

이 전략은 4장에서 설명한 자신감에 대한 숫자적인 평가와 연결된다. 일단 당신이 이 과정에 친숙하다면, 간단히 질문을 함으로써 비숫자적인 형태로 변형하는 것은 쉬울 것이다. 이것은 전략과 표적행동에 대한 이야기를 여는 단순한 방식이다. 환자들이 대부분 생각하고 이야기하기 때문에 당신의 역할은 질문을 하고 변화에 있어 장애물을 명확하게 하도록 돕는 것이다.

환자들이 특정한 변화에 대해 얼마나 자신감이 있는지 평가할 때, 10점 중 특정한 점수를 제시할 것이다.

- 이제 당신은 환자가 어떻게 느끼고, 무엇이 성공적인 변화를 이끄는지를 이해하기 위한 기반을 갖게 되었다. 이야기의 속도를 천천히 유지하고, 궁금해하는 태도를 취한다. 당신의 희망은 대답이 환자에게 있다는 것이다.
- 다음 질문들을 사용해보고, 다른 열린 질문이나 반영적 경청을 하면서 환자를 따라간다. 이러한 질문들이 중요도를 탐색하기 위한 유사한 전략에서 나온 것임을 알게 될 것이다.

주의사항

행동변화를 도우면서 종종 환자들이 어떻게 그것을 시작하는지에 대해 많은 생각을 해보았을 것이다. 불행히도 당신은 이러한 생각들이 그들의 삶에 얼마나 적합하다고 느끼는지에 대해서는 알지 못한다.

실무자: 식습관을 변화시키는 데 대한 자신감으로 10점 중 3점을 주셨네요. 지금부터 간식으로 과자를 끊어보는 건 어떠세요? 샌드위치를 만들 때는 보다 포만감을 준다는 통밀빵을 사용한다면 점심 때까지 배가 고프지 않을 거예요.

환자: 네, 그렇지만...

제안들을 퍼붓는 것보다는 당신이 생각하는 것을 환자에게서 이끌어내는 것이 보다 효과적이다.

왜 그렇게 점수가 높은가요?

환자에게 왜 더 낮은 점수가 아니라 그 점수를 줬는지 물어본다. '[행동]변화를 위한 능력에 대해 꽤 자신이 있다고 하셨습니다. 왜 1점이 아니라 4점을 주셨나요?' 이 질문은 앞으로 무엇이 효과가 있을지에 대한 중요한 단서를 제공해준다. 예를 들면, 저는 그 상황이 옳은지, 내가 잘못된 방향으로 가게 하는 친구와 멀어진다면 성공할 수 있다는 것을 알기 때문에 1점이 아니라 4점이라고 했습니다.' 이런 경우 '그렇다면 당신이 사회생활을 조정할 수 있다면 성공할 자신감이 있다는 것이군요.'와 같이 반응할 수 있을 것이다. 당신은 다음과 같이 질문함으로써 이에 대해 좀 더 알아보거나 시작할 때 초점을 폭넓게 맞출 수 있을 것이다. '1점이 아니라 4점을 주신 이유로 또 다른 것이 있나요?'

어떻게 하면 더 높은 점수로 올릴 수 있는가?

당신은 또 다른 질문을 할 수도 있다. 예를 들면, '당신에게 4점을 주셨군요. 그렇다면 당신이 성공할 수 있다는 어느 정도의 확신이 있으시네요. 어떻게 하면 좀 더 자신감이 생겨서 5점이나 6점까지 올릴 수 있을까요?' 또는 '어떤 것이 당신이 좀 더 자신감을 갖도록 도울 수 있을까요?' 또는 '4점에서 5점으로 가지 못하게 하는 것으로는 무엇이 있나요?' 등이다. 상대방의 점수 또는 상대방에 대해서 질문할 수 있다는 것에 유념한다. 보통은 후자일 때가 더 기분이 좋다.

전략 3. 해결책에 대해 브레인스토밍하기

어떤 상황에서 일부 환자들은 분명히 무엇을 할 것인지에 대해 듣기를 원한다. 확실히 긴박하게 삶을 위협하는 상태에서는 당신의 충고를 받아들일 것이다. 하지만 대부분의 행동변화 상담에서 환자들은 의사결정의 자율성을 원한다. 만약 임상적 판단에서 환자가 정말 무엇을 해야 할지에 대해 당신이 이야기해주길 원한다면 그에 따라 반응해야 할 것이다. 하지만 대부분의 환자들은 단순히 충고하는 것에도 반발한다.

어떻게 환자들에게 무엇을 할 것인지를 이야기하지 않고 행동계획을 갖도록 도울 수 있을까? 충고하기 함정에 빠지는 것을 어떻게 피할 수 있을까? 환자들은 무엇을 해야 할지를 알고 싶어하고 당신은 건설적인 방법들을 제공한다. 그리고 난 후 환자는 왜 이것이 효과가 없는지에 대해 당신에게 이야기할 것이다. 단순한 충고하기의 문제는 그것이 환자의 자율성을 제한한다는 것이다(2장 참조). 이러한 위협에 접했을 때 그들은 당신의 충고에 반발하게 된다. 저항의 개념에 대한 보다 자세한 정보는 Miller와 Rollnick(2002)의 연구에서 찾을 수 있다. 충고하기의 또 다른 문제는 보통 하나의 단순한 충고의 형태를 취한다는 것이다. 만약 그것이 간단했었다면, 환자들은 전에 그것을 시도했을 것이다. 당신은 환자들이 하는 것뿐만 아니라 그들의 상황에 대해서 알지 못한다.

단순한 충고하기에 대한 대안은 상당히 빨리 배울 수 있는 한 가지 전략의 형태로 제시할 수 있다. 본질적으로 환자들에게 무엇을 할지 충고하기보다는 그들이 달성할 수 있는 표적행동과 전략을 선택하도록 격려하는 것이다. 당신의 전문지식은 이 과정을 압도하는 것이 아니라 풍부하게 하는 데 사용될 수 있다. 당신은 환자와 함께 대안들의 범위를 구성하고, 그 후 환자가 가장 적절한 선택을 하도록 격려한다. 환자가 가장 적절한 것을 선택하도록 돕는 한, 당신은 많은 대안들을 제안할 수 있다. 메뉴가 좋은 비유가 될 수 있다. 메뉴는 제안과 가능성을 제공하며 심지어 설명과 요리사의 추천까지 제공하여, 손님이 여전히 무엇을 먹을지 선택하게 한다.

이것은 당신이 이러한 과정을 향상시킬 수 있는 지식과 전문 기술을 사용함과 동시에 환자의 참여를 최대화할 수 있다. 이 단순한 전략은 보통 브레인스토밍이라고 부른다. 하지만 전문 기술의 문제 만큼이나 이 과정의 정신이 중요하다. 이것은 처음부터 환자에게 제공되어야 한다. 예를 들면, '행동에 있어 하나가 아니라 많은 가능한 과정이 있습니다. 저는 다른 사람들에게서 무엇이 효과가 있었는지에 대해 이야기해드릴 수 있습니다만, 당신에게 효과가 있는 것에 대한 최고의 심판관은 당신입니다. 함께 여러 가지 대안들을 살펴봅시다.'라고 말할 수 있다.

많은 대안들을 살펴본다. 환자들이 가능한 많은 것을 찾아내도록 격려한다. 이러한 대안들을 제안할 때 당신의 전문성을 이용한다. 환자들이 너무 수동적이 되는 것에 대해서는 주의한다. 대안들을 평가하는데 너무 많은 시간을 쓰는 것은 피한다. 만약 환자가 '네. 그렇지만 ~때문에 효과가 없을 것 같아요.'라고 이야기한다면 다음과 같이 얘기한다. '좋습니다. 그것에 대해서는 너무 몰두하지 맙시다. 다른 것을 생각해볼까요. 당신이 무엇을 할 수 있을까요?'

대안을 제시할 때 다른 환자들에게 효과가 있었던 것을 이야기하는 것이 유용할 수 있다. 예를 들면: '당신과 같은 상황에서 어떤 사람들은~이 도움이 되었다고 했습니다.' 또는 '다른 사람들에게 효과가 있었던 방법을 알고 있나요?' 등이 있다. 당신의 태도는 가능성에 대해서 중립적이어야 한다. 결정은 환자에게 달려있다. 이것이 다음 단계이다.

환자가 가장 적절한 선택을 하게 한다. 다음과 같은 질문, '어떤 것이 당신에게 가장 잘 맞을까요?' 또는 '무엇이 가장 당신에게 와 닿나요?'는 환자가 무엇을 할지 결정하도록 돕는다. 여기서 당신의 접근은 환자의 사고과정을 따라가는 것이다. 당신의 과업은 무엇을 할 것인지에 대해 환자가 어떻게 느끼는지를 이끌어내고 이해하는 것이다.

낙관성과 기꺼이 재검토하는 마음을 전달한다. 만약 환자가 대안을 선택했다면, 잘 되지 않을 수도 있음을 알게 하고, 다른 대안이 있다는 것을 알게 한다. 그것은 각자에게 가장 잘 맞는 것을 연습하는 문제이다.

이 전략은 목표, 전략, 표적행동을 선택하는 데 사용될 수 있다(표 5-3).

전략 4. 과거의 노력들: 성공과 실패

우리 자신에 대한 기대는 흔히 과거의 경험과 관련이 있다. 우리는 잘 하는 것과 변화하려는 이전의 시도들을 되돌아봄으로써 가장 힘들었던 것을 배우게 된다. 이것은 학습에서 좋은 방법이 될 수 있다. 좀 더 세련된 표현으로 시행착오라 한다. 하지만 가끔 사람들은 반복된 실패로 인해 자신감이 떨어지게 된다.

사람들이 과거를 소중한 정보원으로 볼 수 있게 돕고, 보다 성공적인 미래를 계획하도록 하는 것은 하나의 기술이다. 낮은 자아존중감을 가진 환자들은 특히 '재발(relapse)'에 대해 일반적으로 무가치한 것으로 취급하는 경향이 있다. 한 동료가 지적한 바로는 '과거에 대해 캐묻는 것(policing the past)'은 매우 나쁜 결과를 가져올 수 있다(N.C.H. Stott, 개인 간 편지). 질문은 변화에 대한 대화를 시작하는 단순한 장치이지만 환자들은 일상적으로 '어떻게 지내셨어요?'라고 묻는 실무자들에게 실패에 대해 설명해야 하는 죄책감을 느끼게 된다.

그들에게는 시행착오가 너무 많아서 의기소침해지고 자신감을 잃는 것이 매우 흔한 경험이다. 매우 많은 사람들이 체중 감량이나 금연을 위해 반복해서 노력한다. 한 번 이상 시도한 노력과 집념에 대해 인정해준다. 용기와 인내는 중요하다. 그들 자신의 이러한 우수함을 인정함으로써 용기를 얻게 된다. 또한 아직은 성공적인 계획을 갖지 못했지만, 스스로를 잠재적으로 변화할 수 있는 유능하고 의지있는 사람으로 여기도록 격려한다.

지금까지 가장 성공적인 시도에 대해서 물어본다. 다른 시도들과 달랐던 점은 무엇이었는지? 새로운 계획에서 의도적으로 이러한 차이점들을 만들 수 있을지? 해결중심치료는 해결대화(solution talk)를 이끌면서 장애물보다는 강점에 대해 이야기하여 사람들을 격려하는 것의 가치를 중요시한다(Iveson & Ratner 1990). 또한 예외적인 것, 변화가 가능하다는 일시적인 증거를 찾는다. 만약 담배를 피지 않고 30분이나 그 이상을 견딜 수 없다고 한다면, 이전에 성공했던 적이 없는지, 심지어 자신이 선택했던 경우가 아니라 강제적인 경우였더라도 체크해 본다. 아마 휴가를 떠나는 비행기 안에서, 또는 비흡연가인 친구들과의 자리가 있었음을 발견할 것이다. 만약 친구들이 권하는 술을 거절하는 것을 상상하기가 어렵다고 한다면, 그렇게 했던 적이 없었는지 물어본다. 예를 들면 운전 중이나 약을 먹는 경우와 같이, 친구들이 얼마나 기분이 상했었는지, 그 상황이 지금 어떤 영향을 줄 수 있는지 등이다.

만약 환자들이 '네. 하지만 너무 힘들었어요, 거의 죽을 지경이었어요.'라고 말하며 잠깐 동안 변화했었지만 그것에 대해서 무시하는 경우 그들이 이러한 경험을 성공으로 재구성하도록 도움을 받을 수 있다. 엄청난 어려움에도 불구하고 성공한 것은 인정할 가치가 있다. '지금 다시 돌아보면, 당신은 그러한 어려운 상황에 대처한 자신에게 정말 감동해야 합니다!'

과거 경험에 대한 이야기는 가능한 환자들의 통제할 수 있는 범위 내에 초점을 맞추어야 한다. 만약 이전의 시도들이 예상치 못한 상황 때문에 실패했다면,'저는 일주일에 두 번씩 운동을 하고 있었지만 남편이 실직하면서 차를 팔아야 했어요.' 또는 '그 때 당시 체중감량을 하고 있었지만 임신을 하면서 모든 것이 어려워졌고 식사계획을 따라가기가 어려웠어요.' 실제로 그러한 어려움이 있었음을 인정해 주고, 환자들이 계획을 세우고 통제할 수 있는 것들을 살펴본다.

주의사항

자신감을 높이려고 시도할 때 과거 성공에 대해 지나치게 긍정적이 되거나 실패 경험을 무시하기가 쉽다. 이것은 환자들이 자신감이 부족한 말을 하거나 이야기에서 '물러나는' 저항을 초래할 수 있다. 이것을 주의하고 환자중심 자세를 유지한다.

전략 5. 자신감 재평가하기

중요도와 자신감에 대한 사정은 행동변화대화를 시작할 때 중요하다는 것을 4장에서 정확히 보여주었다. 사실 상담에서 특히 자신감 키우기를 이야기할 때, 지속적인 기반으로 그것은 유용할 수 있다. 자신감을 키우기 위한 특정한 전략과 표적행동에 대해 이야기를 시작할 때, 자기효능감의 수준은 사람들마다 다를 것이다. 예를 들면, 술을 줄이려는 사람은 집에서는 비교적 자신할 수 있지만, 친구들과 함께 음료를 주문하는 경우에는 자신감이 덜할 수 있다.

자신감 수준 사정하기로 돌아가는 것은 매우 유용할 수 있다. 이것은 70쪽에 설명된 바와 같이 숫자양식으로 형식화하여 이루어질 수 있고, 또는 비형식적으로 다음과 같은 질문을 사용할 수 있다. '변화 X, Y에 대해서 이야기했습니다. 당신은 이 중에서 어떤 것을 성공하는 것이 더 쉽나요?' 이후 '왜 그렇게 느끼시나요?'로 물을 수 있다. 분명한 지침은 환자가 더 성공하고 싶어하는 변화를 격려하는 것이다.

행동 계획 시 기억할 것

일반적인 이야기에서 구체적인 이야기, 즉 목표, 전략, 표적행동의 순으로 진행해 간다.

- 가능한 환자들이 작지만 달성할 수 있는 표적행동을 설정하도록 돕는다.
- 현실적인 시간 계획을 세운다. 습관을 변화시키고 새로운 생활방식을 만들어가는 것은 시간이 걸리고, 점진적인 과정이다. 어떤 사람들은 드라마틱하게 완전히 변하거나 아예 변하지 않는 것을 즐기지만, 다른 이들은 한 번에 한 단계씩, 점진적 변화에 더 잘 대처한다. 변화의 속도를 선택하는 것뿐만 아니라, 변화를 시작할 날을 선택하는 것이 중요하다. 좋은 시간 계획은 행동변화를 다룰 수 있을 만큼 충분히 느리지만, 환자의 동기를 유지시키기 위해 어느 정도의 결과가 나타날 만큼 충분히 빠른 것이다. 유용한 질문들은 다음과 같다. 당신이 음주의 좋은 점이라고 말한 것 중 하나는 사교였습니다. 성탄절이 지날 때까지 술을 줄이는 것을 기다린다면 어떤 장점이 있나요? 또는 지방이 적은 음식을 요리하기 시작했을 때의 가족들의 반응에 대해 걱정하시네요. 갈등을 피하기 위해 이것을

차츰 알리는 것이 좋을 거 같습니까?

- 환자가 정말 준비가 되었는가? 가끔 환자들은 당신이 생각하는 것만큼 충분히 준비되지 않았으며, 여전히 숙고 단계에 있다. 이것은 대안을 선택할 때 나타나는 분명한 저항을 설명할 수 있다. 언제든 변화에 대한 준비도를 재평가한다. 이것에 대해 환자들에게 열어놓아라.
- 행동계획을 세우지 못했다고 해서 상담이 실패한 것을 의미하지 않는다. 환자를 강제로 밀어붙이지 않는다. 당신과 함께했던 시간들이 종종 추후에 별도의 행동으로 이끌 수 있다.
- 어떻게 과정을 모니터할 것인지에 대해 명백히 한다.
- 행동변화가 일어나지 않는다면, 환자보다는 계획이 불충분했다고 보는 것이 도움이 된다.
- 환자의 걱정거리들을 인정하고, 그것에 대해 간과하지 않는다. 가능하다면 이러한 것에 대해 물어본다. 유용한 질문으로는 '흡연을 통해 긴장을 풀 수 있다고 얘기하셨습니다. 얼마나 그것을 그리워하실 것 같나요?' 또는 '어떻게 변화할지에 대한 계획에 앞서, 특별히 변화 가능성에 대해 걱정되는 부분이 있나요?' 지난번 시도했을 때 잘못된 것은 어떤 부분이었고, 이번에는 어떻게 다를 것 같나요?' 등이 있다.

저항과 자신감 키우기

환자가 계획을 찾아내기 위한 당신의 노력에 저항한다면, 이에 대한 설명으로 다음과 같은 부분들을 고려해본다.

- 환자가 변화중요도를 확신하지 않은 상태에서, 자신감을 키우는 것에 초점을 맞춘 것은 아닌가? 중요도 탐색하기로 돌아가는 것을 고려해본다. 이와 같은 관찰을 환자와 공유하고 환자가 당신을 안내할 수 있게 한다.
- 환자의 자신감을 과대평가하고 변화에 대해 자신도 모르게 밀어붙이지 않았는지, 자신감을 다시 평가하는 것을 고려한다. 어떻게 느끼는지에 대해 물어본다. 환자들은 종종 담배, 술, 냉장고에 특별한 음식이 없다는 것에 대한 대처 방법을 상상해보지 않는다.

- 환자들이 해결책을 찾도록 하기보다 당신이 해결책을 제공하려고 하는가?
- 환자에게 더 복잡한 상황이 있음에도 불구하고, 당신은 하나의 해결책에 대해 이야기하는 함정에 빠지지 않는가?
- 변화를 이루기 위한 잘못된 표적행동이나 잘못된 전략을 찾고 있지 않는가(표 5-3)? 이것에 대해 환자와 함께 분명히 한다.

자신감 키우기의 사례

간호사: 이전에도 금연을 많이 시도하셨습니다. 다시 한번 시도하는 것에 대해 얼마나 자신이 있으신가요?

환자: 그다지…

간호사: 1~10점 중에서 얼마나 자신감을 느끼시나요? 1점은 '전혀 자신이 없는', 10점은 '매우 자신있는'이라면? [척도 질문 사용]

환자: 3~4점 정도요.

간호사: 네 그렇게 높지는 않지만 1, 2점보다는 더 높네요. 왜 그렇죠? [변화대화를 이끌어내려고 시도함]

환자: 글쎄요, 저는 점차 줄여보려고 노력했지만 잘 되지 않았어요. 특정한 날부터 완전히 끊어버리는 '금연모임'에 간 적이 있어요. 저는 니코틴 껌으로도 한 번 시도했었어요. 그 모임에서 마침내 성공한 사람은 아무도 없었지만 저는 6주 동안 금연할 수 있었어요, 금연모임을 통해서였어요.

간호사: 무엇이 그렇게 오랫동안 금연하도록 도왔나요? [과거 시도에서 긍정적인 부분을 살펴봄]

환자: 제 경우 완전히 금연하는 것이 더 좋았다고 생각해요. 모임에서 친하게 지낸 한 좋은 여성분이 있어서, 우리는 서로 금연을 격려했었답니다. 하지만 심하게 담배를 피는 한 남자를 본 어느 날 밤 담배를 한 번 피운 이후로 잘못되었어요.

간호사: 다른 사람의 지지가 당신에게 큰 차이를 만들었군요. 당신이 변화하도록 도왔네요. [긍정적 경험을 떠올림] 그리고 당신을 지지하지 않는 사람과 많은

시간을 보낼 경우 돌아가기 쉬웠네요. [이전의 실패에서 배움] 그리고 금연날짜를 분명히 정하는 것이 당신에게 도움이 되었구요.

환자: 네. 저는 스스로 어떤 것을 잘 하지 못해요. [일반적인 행동변화와 관련된 낮은 자아존중감을 표현함]

간호사: 사람들이 지지를 원하는 것이 보통이고, 그 때문에 많은 지지모임이 있답니다. 만약 금연을 결심하셨다면 이번에 당신이 지지를 얻을 수 있는 모든 다른 방법을 찾아볼까요? 그것에 대해 어떻게 느끼는지 살펴볼까요? 과거에 변화를 시도했던 경험들 때문에, 당신은 당신에게 효과적인 것에 대해 최고의 심판관이 될 것입니다. [대안을 탐색하고 이 과정에서 정보를 교환한다.]

간호사는 실패를 기억하도록 한 것이 아니라, 얼마나 자신에 대해서 배우고, 금연을 했는지 알 수 있도록 환자에게 과거 경험을 떠올리도록 격려했다. 환자의 자신감은 변화를 결심한 경우, 스스로 자신의 행동계획을 세울 수 있게 함으로써 키울 수 있다. 또한 이미 알고 있는 것들을 결합하는 것이 자신을 도울 수 있다는 것을 알게 함으로써, 그리고 대처하는 것이 얼마나 어려운지에 대해 생각해보는 것을 통해 자신감을 키울 수 있다.

환자들이 변화가 중요하다고 동의한 것이, 그것을 하겠다고 결심한 것은 아니라는 것을 기억하는 것이 중요하다. 행동 계획에 대한 이야기에 '그만두기로 결심한다면'이라는 문구를 포함시키는 것은 환자가 변화할 것이라는 은연 중의 가정에서 나올 수 있는 저항을 피하게 한다.

중요도와 자신감의 겹침

중요도와 자신감의 상호관련 가능성은 4장에서 간단히 이야기하였다. 준비도의 초기 단계에서는 이 두 가지에서 종종 분명한 구분이 있다. 보통 중요도가 낮다면, 여기에 초점을 맞출 필요가 있다. 하지만 준비성의 후반 단계에서는 변화에 대한 지각된 이득과 손실은 자신감에 달려있다. 예를 들면, 많은 과체중 환자들은 중요도에 대해서는 의심하지 않지만 낮은 자신감 때문에 변화에 대한 가치를 떨어뜨린다. 변화의 가치를 떨어뜨리는 장애물 중 하나는 여러 상황에서의 식욕 조절에 대한 실패이다.

중요도가 꽤 높은 수준에서 전략들을 적용할 때, 모든 환자들은 아니지만 일부에서는 확실히 중요도와 자신감의 구분이 불명확해질 수 있다. 걱정들을 살펴보고 다른 상황을 가정해보는 전략을 사용하는 것은 자신감의 이야기를 포함한다. 준비성의 후반 단계인 끓는 냄비 속에서 이 두 가지 차원들의 움직임을 배우는 것은 확실히 도전이다. 만약 당신이 혼란스럽다면, 환자에게 다음 이야기는 무엇인지에 대해 물어본다. 왜냐하면 당신의 임무는 문제를 해결하는 것이 아니라 환자가 이것을 스스로 하도록 격려하는 것이기 때문이다.

결론

환자들의 행동변화에 있어서 '왜, 어떻게, 무엇을, 언제'에 대해 이야기할 때 요구되는 기술은 그들에게 전략을 적용하는 것의 문제가 아니라, 환자들이 가능한 많이 이끌어가도록 격려하는 유용한 방식으로 대화를 구조화하는 것이다. 무엇보다도 그것은 건설적 경청과 결합된 의사결정에 관한 것이다. 이번 장에서의 전략은 단지 이러한 상담을 구조화하는 지침들이다.

요점정리

- 중요도를 탐색해보는 다양한 방식이 있다.
- 자신감을 높이는 다양한 방식이 있다.
- 변화의 준비도에서 환자와 함께 한다. 환자가 할 준비가 되었다는 메시지를 받았을 때 행동 계획으로 넘어간다.

참고문헌

Arkowitz, H., Westra, H.A., Miller, W.R., Rollnick, S., 2008. Motivational interviewing in the treatment of psychological problems. Guilford Press, New York.

Bandura, A., 1977. Towards a unifying theory of behavior change. *Psychological Review 84*, 191–215.

de Shazer, S., Berg, I., Lipchick, E., et al., 1986. Brief therapy: a focused solution development. *Family Process* 25, 207–222.

Egan, G., 1994. The skilled helper: a problem management approach to helping. Brooks/Cole, Pacific Grove.

Iveson, G., Ratner, H., 1990. Problem to solution. Brief Therapy Press, London.

Miller, W.R., 1983. Motivational interviewing with problem drinkers. *Behavioral Psychotherapy 1*, 147–172.

Miller, W.R., Rollnick, S., 2002. Motivational interviewing: preparing people to change, 2nd edn. Guilford Press, New York.

Orford, J., 1985. Excessive appetites: a psychological view of addictions. Wiley, New York.

Rollnick, S., Heather, N., Bell, A., 1992. Negotiating behavior change in medical settings: the development of brief motivational interviewing. *Journal of Mental Health 1*, 25–37.

Rollnick, S., Butler, C.C., Stott, N., 1997. Helping smokers make decisions: the enhancement of brief intervention for general medical practice. *Patient Education and Counseling 31*, 191–203.

정보 교환하기
Exchanging information

CHAPTER 6

이 장에서는

- 개요
- 정보 교환을 위한 2가지 전략
- 정보 교환하기 사례
- 정보를 중요도와 자신감에 어떻게 관련시킬 것인가?
- 정보 교환이 충고하기와 어떻게 다른가?

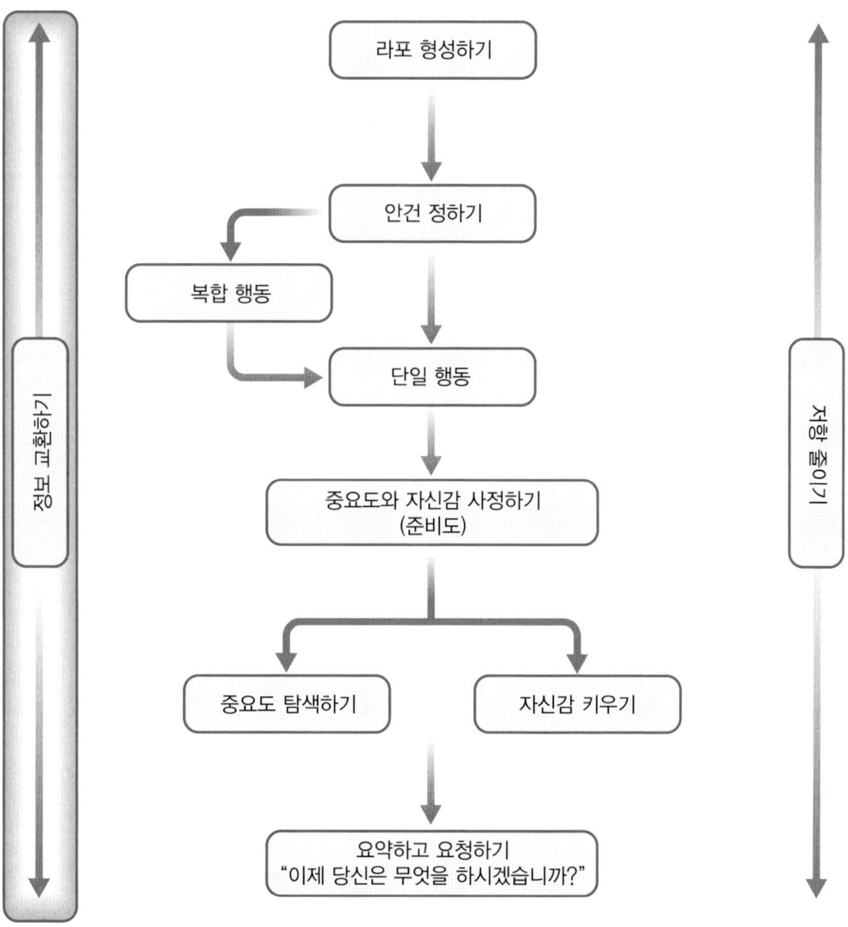

그림 6-1 • 정보 교환하기

박스 6-1 유용한 질문들

정보 교환하기

1. ~에 대해 알고 싶으신가요?
2. ~에 대해 얼마나 알고 계신가요?
3. 결과는 X였습니다. 이에 대해 당신은 무엇을 하실 수 있나요?
4. 어떤 사람들은 ~할 때 ~합니다. 당신은 어떠신가요?
5. X와 Y의 관계는 어떻다고 보시나요?
6. 이제 당신에게 이 정보를 드리겠습니다. 당신에게 어떻게 적용이 되나요?
7. 일반적인 하루 동안 당신의 행동이 어떤지에 대해 이야기해 주십시오. 네. 월요일 일어났을 때 기분이 어떠셨나요? 그리고 난 후 무엇을 하셨나요? 저보다 조금 앞서가시는군요! 월요일 아침 집을 떠날 당시로 다시 돌아간다면, 그 때 무슨 일이 있었고, 당신의 느낌은 어땠나요?

개요

실무자들이 상담의 여러 단계에서 수행해야 하는 2가지 과업이 있다. 대상자와 함께 정보를 교환하는 것과 저항에 건설적으로 반응하기이다. 이 장에서는 첫 번째에 대해 설명한다.

과체중의 젊은 여성이 '식습관과 체력에 대한 조언'을 받기 위해 의뢰를 하였다. 그녀는 약간 걱정하면서도 한편으로는 기대하며 앉아 있다. 모두 알다시피 전체적인 과업은 그녀가 성공적인 체중감량의 길을 가도록 하는 것이다. 어떤 것이 효과적일지에 대해 생각하기 전에 그녀에 대해 몇 가지 중요한 점들을 알아야 한다. 그녀는 당신이 자신에게 식이요법과 운동에 대한 정보를 제공해 줄 것이라고 기대하고 있다. 당신은 그녀가 예전에 식이조절을 시도했으며 어떻게 하는지에 대한 어느 정도의 지식과 생각을 갖고 있으리라고 기대한다. 당신은 그녀가 이미 얼마나 알고 있으며 얼마나 정확한 정보인지를 파악할 필요가 있다. 당신은 상담을 마칠 때 그녀가 체중감량을 성공으로 이끌 정확한 정보를 갖길 원한다.

한 중년 남성이 간질환을 진단받았다. 당신은 그와 함께 금주의 중요도에 대해 이야기해야 한다. 하지만 당신은 그가 자신의 음주에 대해 생각해볼 필요가 있음을 이미 인식하고 있는지 알지 못한다. 당신은 그의 삶에서 술이 어떤 역할을 했으며, 그가 술을 끊어야 하는지에 대해 얼마나 생각하는지 알지 못한다. 당신은 술을 끊기 위한 많은 전략과 그가 지원을 받을 수 있는 곳을 알고 있으며, 가능한 한 많은 정보를 그에게 주길 원한다.

실무자의 역할 중 많은 부분은 대상자에게 정보를 제공하는 것이며, 대상자의 역할 중 많은 부분은 실무자에게 정보를 제공하는 것이다.

잘못될 경우, 이 과업은 대상자들을 각자의 상황, 걱정거리와는 관련없는 전문지식을 수동적으로 받는 사람으로 만들 수 있다. 잘될 경우, 진정한 이해를 위한 수단이 될 수 있고 좋은 결과가 나타날 수 있다. 실무자에게 정보 교환하기는 구체적인 의학적 또는 행동적 문제와 연결된다. 대상자에게 정보 교환하기는 보다 폭넓은 개인의 걱정거리들을 종종 포함한다. 개인의 걱정거리를 무시한 채 의학적, 행동적 문제를 다루는 것은 큰 실수가 될 수 있다. 정보 교환과정의 다양한 측면들을 향상시키는 것은 대상자와 실무자 사이의 조화를 높이고, 대상자들이 변화에 대해 긍정적으로 생각하도록 격려할 수 있다. 이것은 단순한 '기술적 문제' 또는 사실을 교환하는 훈련이 아니며, 숙련된 경청, 주의 깊은 질문, 적절한 시간에 따른 중재의 사용을 포함하는 것이다. 정보를 이끌어내고 제공하는 것을 포함하지 않는 상담은 거의 없다.

의사소통 연구들은 실무자들의 정보 교환 방식이 놀랍게도 한쪽에 치우치거나 때로는 무감각할 수 있음을 보여준다. 예를 들어 실무자들은 문제에 대한 초기 설명 과정에서 평균 18초 동안 대상자의 이야기를 방해하였고, 또 다른 연구에서는 대상자와 실무자 간 외래 상담의 50%에서 주요 문제에 대해 불일치를 보였다(Starfield et al., 1981).

분명히 중요한 부분임에도 불구하고, 정보 교환을 특정한 주제로 그 자체에 대해 좀처럼 배운 적이 없다는 것은 놀랍다. 실무자들이 이 과업을 수행하도록 돕는 명확하면서도 교육적인 전략을 찾는 것은 어렵다. 오히려 이 부분들은 혼자서 하도록 남겨졌다. 이번 장의 목적은 정보 교환을 위해 가장 효과적이고 만족스러운 방식, 배울 수 있고 실제 활용할 수 있는 형태로 우리가 이해하고 있는 것을 통합하는 것이다. 이것은 행동변화 상담에만 관련된 것이 아니며, 나쁜 소식을 전하거나 진단에 대해 이야기하는 등 여러 상담 장면에서도 적용될 수 있다.

정보 교환 방법을 발전시키는 과정이 부족한 것은 단지 실제적 문제라기보다는 개념적인 문제이기도 하다. 정보 교환은 너무 쉽게 한쪽 측면의 과정으로 간주된다. 즉, 연구와 실무 모두에서 사정(대상자로부터 정보를 얻는 것) 또는 피드백(대상자에게 정보를 주는 것)을 강조하였다. 이 두 가지는 모두 주로 실무자의 안건에서 나온 활동들이다. 의학과 다른 학생들의 교육도 보통 이러한 한쪽 측면의 접근을 따르게 된다. 다음에서 설명할 전략은 구체적으로 두 가지 측면, 실무자들이 교환 과정의 특정 시점에서 대상자들에게 이야기하도록 격려하는 개념적 틀을 제시한다. 그 결과 대상자들은 평가와 피드백을 받는 것뿐만 아니라, 정보요구를 표현하고 정보에 대해 개인적으로 해석하도록 격려를 받는다.

상상하건데 정보 교환은 실무를 향상시킬 수 있는 최선의 과정에 대한 주의 깊은 관심과 발전적 작업으로부터 이익을 얻을 수 있는 숙련된 기술이다. 실제적인 전략은 첫째 의사소통과 대상자중심 방법에 대한 연구, 둘째 동기강화상담(MI) 이 두 가지 원천에서 나온 것이다.

대상자중심 방법

의사소통에 관한 연구들은 실무자들이 정보를 교환하는 방식이 상당히 다르며, 분명하고 간단한 정보와 함께 협동적 방식으로 치료 목표에 대해 협상하고 동의한다면 결과는 향상될 수 있음을 보여준다(Becker 1985). 비록 이러한 발견들은 유용하지만, 이행(compliance)에 관한 연구의 대부분은 행동변화가 명확한 정보를 전달하는 전문가로부터 가장 잘 '유도된다'는 개념에 기반한다. 하지만 이것은 우리가 명백히 거부하는 관점이다(Butler et al., 1996).

많은 북미의 연구팀들은 보다 직접적인 관련이 있는 대상자 임파워먼트와 대상자중심 방법들을 다루었다. 이 연구들이 모두 정보 교환에 초점을 맞춘 것을 아니지만, Stewart(1995)가 고찰한 많은 연구들에서 과거력을 조사하는 과정에 분명히 나타났다. 외래상황에서 이루어진 4편의 상관관계 연구들에서 과거력을 조사하는 과정에서 문제에 대한 전체적 논의, 대상자에게 질문하기, 정보 제공하기, 정서적 지지제공과 같은 행위는 모두 두통과 다른 많은 신체적 증상의 해소와 같은 더 좋은 결과들과 관련이 있었다. 2편의 무작위대조군 연구에서는 과거력 조사에 대한 실무자의 훈련이 대상자의 심리적 고통의 수준을 개선시켰고, 또 다른 2편의 연구 역시 20분 정도 대상자에게 질문하는 방식에 대한 단기 대상자교육을 실시한 결과 대상자의 참여를 높일 뿐만 아니라 혈압과 혈당조절과 같은 신체적 건강을 향상시키는 것으로 나타났다.

물론 정보 교환이 과거력을 조사할 때만 일어나는 것은 아니다. 대상자 임파워먼트에 관한 많은 연구들은 대상자들이 상담단계에서 좀더 자기주장을 하는 훈련을 포함한다. Innui 등(1976)은 대화 과정에서 대상자에게 좀더 많은 통제권을 주고 개인적으로 관련된 질문을 할 수 있도록 격려하는 것이 혈압조절과 같은 결과들을 향상시킨다는 것을 발견하였다. Greenfield 등(1988)은 상담과정에 보다 적극적으로 참여하도록 훈련받은 당뇨대상자들이 훈련받지 않은 대상자들에 비해 더 건강결과가 좋다는 것을 입증하였다. 비슷한 식으로 건강 교육자를 만나고 질문하는 것에 대해 조언을 받은 경우 다음 달 약속을 더 잘 이용하였다(Roter 1977). 이 접근은 결코 개념적으로 새로운 것은 아니다. 연구 결과들을 실무에 좀더 가까이 옮겨오는 것이 도전인 셈이다.

끝으로, 지나치게 개인적이 되고 저항을 이끌어내게 되는 충고하기를 피하는 Silverman(1997)의 논평은 주목할 만한 가치가 있다. 만약 충고가 정보의 측면에서 이야기되었다면, 즉 보다 넓은 의미로 중립적인 맥락이라면 대상자들은 보다 호의적으로 반응할 것이다.

요컨대, 대상자들이 정보 교환과정에서 보다 자기주장적이라면 결과가 향상될 것이라는 분명한 근거가 있다. 그러나 실무자들이 자신들의 기술을 향상시키기 위해 훈련될 수 있다는 근거는 매우 적다. 양질의 정보 교환과 대상자결과 사이에는 분명한 관련성이 있다.

동기강화상담(MI)

두 번째 창조성의 원천은 중독분야의 동기강화상담에 관한 William R. Miller의 연구로부터 나온다. 그는 내담자들을 대상으로 그들에게 제공되는 정보의 의미에 관해 호기심과 질문하기, 개인적 성찰을 격려하도록 상담가들을 훈련하는 방식을 찾아냈다. 이 과정은 의사결정에 막대한 영향을 미치는 것으로 밝혀졌다. 이것은 적절한 정보를 제공하는 문제가 아니라, '사실'과 그것에 대한 해석을 구별하는 것의 문제였다. 음주자들의 정기검진 연구(Miller & Sovereign 1989)에서 상담가들은 무비판적, 중립적 방식으로 사실을 전달하고, 간단한 열린 질문을 사용하여 개인적 해석에 도달하도록 대상자들을 격려하였다. 이 과정에 대한 보다 자세한 설명은 Miller 등(1988)에서 찾아볼 수 있다. 이상적인 결과는 대상자들이 '그렇군요, 저는 이전에 이처럼 생각해보지 않았어요, 이것이 의미하는 것이 궁금해요...'와 같이 이야기하거나 생각하는 것이다. 전략 1은 이러한 MI의 측면을 기반으로 한다. 단기 MI의 발전은 더욱 정교화되었고(Rollnick et al., 1992), 보다 명확하게 정의되고 기술된 정보 교환 전략은 일반 병원에서 건강돌봄제공자들이 과도한 음주자의 건강증진을 교육하는 데 사용되었다(Heather et al., 1996). Rollnick 등(2008)은 보건의료 현장에서 MI의 정보제공 기술에 대해 한 장을 할애하였고, '불과 몇 분 정도 지속되지만 관계가 정보제공의 중심에 있다(p. 88).'고 기록하였다.

이러한 발전에서 나타난 것은 정보 교환을 섬세하게 균형잡힌 대화의 부분으로 보는 시각이다. 그것은 전문가가 주도한 완벽한 활동일 필요는 없다. 개념적으로 우리는 정보 교환을 실무자가 대상자로부터 사실을 이끌어 내거나(사정) 또는 정보를 제공하는(피드백) 과정으로만 고수하지는 않는다. 그러한 모든 활동에서 대상자들은 이야기의 대부분을 하게 될 실무자의 대안에 이끌리게 될 것이다. 대신 우리는 이 과정을 다음과 같은 순환적인 이끌어내기–제공하기–이끌어내기(elicit–provide–elicit) 과정으로 본다(전략 1).

만약 실무자들이 면담초기에 대상자로부터 특정한 정보를 수집하려는 진정한 바람을 갖는다면 어떻게 해야 하는가? 어떻게 대상자에게 20개의 닫힌 질문을 하는 것을 피할 수 있는가? 우리는 이러한 종류의 사정이 면담에서 있어서는 안 된다고 말하는 것이 아니다. 그것은 때로 라포가 잘 형성되고, 명확하고 논리적인 방식일 경우 유용하다. 하지만 우리는 실무자들이 좀 더 대화를 기반으로 하여, 보다 대상자 중심적인 방식으로 정보를 수집하도록 돕는 데 관심이 있다. 3장에서 언급한 전형적인 하루 전략과 2번째 전략에서는 대상자들에게 단순히 일상적인 하루를 이야기하도록 격려하는 것이 부각되었다. 우리는 이러한 방식을 통해서 다양한 이야기들이 나오는 것에 대해 매우 기뻐하였다. 이 전략을 사용할 경우 6~10분 정도 소요되기 때문에 많은 상담 장면에서는 불가능하다. 하지만 시간이 허락된다면 이 전략을 사용하는 것은 대상자에게 면담 초기에 직접적인 많은 질문을 할 수 있는 대안으로서 추천될 수 있다. 중요한 것은 서로 간의 신뢰 관계를 튼튼히 하는 데 도움이 된다는 것이다.

요약하면 정보 교환은 기술이나 과정이기보다는 예술이다. 사실을 교환하는 것뿐만 아니라 라포를 형성하고 대화를 갖는 것이다. 다음의 두 전략들은 실무자들이 이러한 목적을 달성하는 데 도움을 주기 위해 만들어졌다.

두려운 정보: 누가 그것을 원하는가?

보건의료상담에서 두려운 정보들은 절대로 부족하지 않다. 대상자들이 그것에 대해 듣는 것이 효과가 있다고 결정하는 것은 보통 실무자들이다. 불행하게도 위험과 부정적 결과에 대해 걱정하는 것이 반드시 변화를 촉진하는 것은 아니다. 우리는 무서운 정보나 경험에 직면하더라도 위험한 행동을 증가시키는 대상자들을 접한다. 건강심리학 연구들은 이것이 사실임을 보여준다(Schwarzer & Fuchs 1996). 변화에 대한 다른 긍정적 동기들이 많이 있으며, 종종 그러한 것들은 건강과 거의 관련이 없다. 만약 대상자가 건강 위험과 부정적 결과에 대해 묻는다면, 물론 이것을 제공하는 것이 적절하다. 대상자가 이에 대해 알고 있지 않다면 정보를 제공하는 것 또한 적절하다. 예를 들면 '우리는 과체중이 당신의 의학적 상태에 어떤 영향을 줄 수 있는지에 대해 이전보다 더 많이 알게 되었습니다. 그것에 대해 이야기하는 것에 관심이 있으신가요?'이다. 하지만 우리는 무서운 이야기나 사실들을 제공하는 습관을 주의해야만 한다. 만약 습관을 개선시키고자 한다면, 가장 최선은 대상자들이 알고 싶어하는 것을 그들에게 묻는 것이다.

정보 교환을 위한 2가지 전략

전략 1. 이끌어내기-제공하기-이끌어내기(일반적 정보 교환)

이 전략은 대상자에게 정보를 제공하는 일반적인 상황들에 해당된다. 첫째, 대상자들이 그들의 행동을 설명하고, 질문하고, 가장 알고 싶어하는 것을 이야기하거나, 또는 특정한 주제에 대해 그들이 했던 것과 알지 못하는 것에 대해 털어놓도록 격려한다(이끌어내기). 전통적인 방식과 달리 실무자들은 이 단계에서 궁금해하고 이끌어내는 면담방식을 선택하며, 대상자들이 대부분의 이야기를 하게 된다. 이것이 보통 사정(assessment)이라고 부르는 것이다. 둘째는 실무자들은 분명하고 무비판적인 정보를 전달하는 데 있어 적극적이다(제공하기). 가장 중요한 세 번째 단계는 정보를 받아들이고 다시 생각해보는 기회를 갖는다(이끌어내기). 우리는 가르칠 수 있는 전략을 개발하기 위해 세 단계로 구분하였다. 물론 현실에서는 모두 연결되어 있으며, 분명하고 논리적인 연속을 따르지 않는다. 이것은 문제가 되지 않는다. 가장 중요한 것은 정보 교환의 자세이다. 다음 순서들을 고려한다.

1. 준비성과 관심을 이끌어낸다.

대상자에게 정보를 원하는지 그리고 무엇에 대한 것인지 물어보라. 예를 들어 '...에 대해 더 알고 싶은 것이 있나요?' 또는 '얼마나 ...에 대해 알고 있나요?' [그리고 나서] '어떻게 그것에 대해 알고 싶나요?'를 묻는다. 이 과정을 서두르지 말고 대상자가 요구하는 정보를 이해할 수 있도록 시간을 갖는다. 만약 대상자가 정말 어떤 정보도 원하지 않는 것 같다면 그만 둔다. 사실 전체 과정에 대해 너무 열성적이거나 열렬히 전파하려는 모습을 보이지는 않도록 한다. 만약 그들이 정보를 원하지 않을 때에도 계속 얘기한다면, 그들은 당신이 전달한 것들을 받아들이지 않을 것이다.

2. 중립적으로 정보를 제공한다.

객관적인 사실을 제공하고 당신이라는 용어 사용을 피한다. 이것을 달성하는 방법은 다른 사람과 그들에게 일어난 것을 예로 드는 것이다. 이것은 덜 위협적이고 보다 정확하게 들릴 수 있다. 다른 사람의 경험에 대한 이러한 지식은 실무자가 가진 전문 지식의 원천이다. 예를 들면 '어떤 사람들에게 일어난 것은 ...입니다. 다른 사람들은 ...을 알게 되었습니다.'이다.

3. 대상자의 해석을 이끌어내고 그것을 따라간다.

이제 당신이라는 단어를 사용할 차례이다. 목적은 대상자가 정보의 의미를 이해하도록 격려하는 것이다. 예를 들면, '당신은 이것을 어떻게 이해했나요? 저는 당신이 그것으로 인해 어떤 영향을 받았는지 궁금합니다.'이다. 어떻게 이것이 당신이 본 것과 어울렸는지요? 가능한 한 대상자의 반응을 따라간다. 정보를 통합하는 이 과정은 변화에 대한 동기를 키우는 데 도움이 될 것이다. 이것은 이 과정에서 가장 중요한 부분이면서 종종 잊혀지는 부분이다. 우리는 때때로 정보를 주는 것이 우리의 직업이라고 생각한다. 우리의 일은 대상자들이 정보를 듣고 사용하도록 돕는 것이라고 말하는 것이 보다 정확하다.

다음 원칙들이 이 과정에서 중요하다.

- 대상자가 원하거나 필요한 정보인가? 무엇에 대한? 얼마나 이미 알고 있는가? 관련없는 정보를 제공하거나 대상자가 받길 원하지 않는 것은 중요하지 않다. 정보를 제공하기 가장 좋은 시기는 대상자가 그것을 요청할 때이다.

- 가능하면 실제적 정보와 그것에 대한 개인의 해석을 구분한다. 당신은 정보를 제공하고 대상자가 그것의 의미를 해석하도록 격려한다.
- 대상자가 이해할 수 있는 언어를 사용한다.
- 정보를 제공할 때는 중립적인 목소리 톤으로 제공하고, 당신이라는 단어를 많이 사용하지 않도록 한다.
- 대상자가 정보를 받아들이는 속도와 동일하게 한다. 정기적으로 중간에 쉬면서 대상자가 받아들이고 이해하는지를 관찰한다.
- 먼저 전체적인 그림을 그리고, 대상자가 당신을 안내하는데 따라 구체적인 부분으로 이동한다. 너무 자세히 다루는 것은 대상자를 혼란하게 할 수 있다.

주의사항

너무나 쉽게, 사람들은 정보를 받는 것을 무엇을 해야 하는지에 대해 듣는 것으로 해석한다. 그렇게 되면 그들의 반응이 호기심과 관심보다는 저항의 하나가 되는 것이 당연하다. 우리의 목적은 사실에 대한 지식을 공유하고 그 결과로 그들이 해야할 것에 대한 결정을 분명히 내릴 수 있게 하는 것이다.

정보를 집으로 가져가기

위에서 설명한 원칙들은 집에 갖고 가기 위해 제공되는 정보에도 적용된다. 정보를 대상자에게 나누어주는 것을 피한다. 먼저 정보를 받기 위한 준비도를 평가하고, 책이나 다른 대중 매체에서 가장 관련있는 정보를 찾을 수 있는지를 설명한다. 그들을 다음 논의에 다시 초대하고, 다시 만났을 때는 그 정보들이 어떠했고 이야기하고 싶었던 것에 대해 질문한다.

전략 2. 전형적인 하루(정보 모으기)

이 전략은 당신의 초점이 대상자에게 정보를 제공하는 것보다는 대상자로부터 정보를 모으는 상황에서 주로 적용된다. 그것은 단기 MI에서 발전되었는데(Rollnick et al., 1992), 그 때 우리는 대상자들이 주도하는 대화 형태에서 사정하는 방식을 찾고 있었다. 그 전략은 이 접근과 잘 맞았고 쉽게 배울 수 있었다. 그것은 실무자들에게 보통 형식적 평가의 목적인 많은 확실한 정보들을 제공하였고, 또한 건강행동과 관련된 개인적 상황에 대한 분명한 견해를 제공하였다. 그것의 유용함은 정보 교환을 넘어서는 것이었다. 이것은 라포를 형성하는 데 이상적이었다. 만약 특정한 행동과 개인의 삶에 초점이 맞춰진다면, 변화를 위해 준비하도록 도울 수도 있었다.

이 전략은 대상자에게 전형적인 하루에 대해 물어보는 것을 포함한다. 비록 필수적인 것은 아니지만 여기서는 특정한 행동이나 문제와 관련하여 설명된다. 특정한 행동 또는 문제에 대해 이야기하는 것(예, 당뇨)에 동의한다면, 당신은 이 전략을 바로 시작할 수 있다. 이상적인 시간은 6~8분이지만 짧으면 3~5분 정도 걸릴 수 있다. 너무 길면 모두에게 피곤할 수 있다. 물론 이 전략은 일상적인 하루에만 초점을 맞출 필요는 없다. 평소 음주나 식사, 일상적인 오후 등에 대해 물어볼 수 있다.

예를 들어 일상적인 하루를 점검해보는 것은 정말 힘든 하루나 특별히 좋은 날과 대조했을 때 다소 인위적일 수 있다. 어떤 이는 후자의 접근을 사용할 수 있다. 하지만 일반적인 상황을 이해하고 라포를 형성하기 위한 장치로 우리는 비정상이 아닌 정상에 초점을 맞추는 것을 선호한다. 매우 종종 사람들은 이러한 과정의 일부분으로 비정상에 대해 이야기한다. 이것은 조사가 아니라 대화이다.

이 전략의 정신이 가장 중요하다. 그것은 마치 대상자에게 그림을 그리도록 요청하는 것이다. 당신의 역할은 단지 무엇이 그려지는지를 이해하는 것이다. 당신은 여기 또는 저기 좀 더 자세히 물어보겠지만, 당신의 역할은 단지 이해하는 것이다. 면담방식은 물어보는 것보다는 궁금해하는 것이다. 이 전략은 대상자와 함께 연습하기 쉬웠으며, 돌아봤을 때 불편함을 일으킨 적은 없었다. 대체적인 윤곽은 다음의 형태를 취한다.

1. 과업에 대해 조심스럽게 소개하기

편안히 앉아서 긴장을 풀고 대상자에게 다음과 같이 질문한다. '평소 하루생활로 돌아가서 무슨 일이 일어나는지 좀 더 자세히 이야기해주시겠어요? [그리고 특정한 행동에 대해 이야기하고자 한다면] 그리고 나서 당신의 [식습관/흡연/음주 등]이 어떤지 얘기해주세요. 최근의 일상적인 하루를 생각해보시고 아침부터 저녁까지 어땠는지 얘기해보세요. 아침에 일어나서...'

2. 이야기를 따라가기

- 대상자가 가능한 방해받지 않고 그림을 그릴 수 있게 한다. 주의 깊게 듣는다. 보통 간단한 열린 질문들이 당신이 필요한 것이다. 예를 들면: 그때 무슨 일이 있었나요? 기분이 어땠나요? 그렇게 느낀 것은 무엇 때문인가요?
- 듣고 있던 이야기에 가설이나 생각, 흥미로운 질문들을 내세우는 것을 피한다. 다음 기회를 위해 그것들을 참는다. 이것이 처음 이 전략을 사용할 때 하는 가장 큰 실수이다. 문제를 조사하려고 하지 않도록 한다.
- 속도를 지켜본다. 조금 느리다면 속도를 높인다. '조금 빨리 나아가서 이야기해주시겠어요? 그 때 무슨 일이 있었나요?' 만약 너무 빠르다면 속도를 늦춘다. '잠깐 기다려주시겠어요. 너무 빨리 얘기하십니다. 조금 뒤로 돌아가서 무슨 일이 있었나요?'
- 만약 세부사항에 대해 잘 모르겠다면, 조사하는 것보다 호기심을 가질 수 있어 행복할 것이며, 대상자에게 그것에 대해 이야기해달라고 요청한다.
- 당신이 이야기의 10~15%를 할 때가 적절하며, 이때 대상자들이 그 과정에 참여하는 듯이 보이고 대상자에 대한 재미있는 정보들이 나타날 것이다.

3. 재검토하고 요약하기

때로 이 과정은 불필요하며 다른 주제로 넘어갈 수도 있다. 만약 검토하기 위해 잠시 멈춘다면, '이 그림에 대해 제게 이야기하고 싶은 다른 것들이 있으신가요?'가 유용한 질문이 될 수 있다. 이것은 당신의 반응에 대해 대상자가 솔직해질 수 있는 좋은 기회이며, 인정을 제공할 수 있다. 대상자의 이야기를 주의 깊게 들었을 때, 당신은 쉽게 주제를 바꿀 수 있다. 종종 이것은 위에서 설명한 일반적인 정보 교환으로 이끌게 된다. 예를 들어 '당신이 알고 싶은 ~에 대한 것이 있나요?'와 같다.

정보 교환하기 사례

대상자: 제가 좀 더 활동량을 늘려야 한다고 생각합니다. 하지만 어디서부터 시작해야 할지 모르겠어요.

실무자: 건강을 유지하려면 얼마나 많은 운동이 필요한지에 대해 얼마나 알고 계시나요?

대상자: 그다지 많지 않아요. 예전에는 매일 걸어야 한다고 들었는데, 요즘은 헬스장 같은 곳을 가죠.

실무자: 잠시 의료진이 추천하는 것을 이야기해드리는 데에 관심이 있으신가요?

대상자: 네. 좋습니다.

실무자: 일반적인 지침은 일주일에 5일, 적어도 30분 이상, 약간 숨이 찰 정도로 열기를 느끼도록 활동을 하는 것입니다. 어떤 사람들은 형식적인 '운동'을 하기도 하고 다른 사람들은 출근 시 걷기나 자전거타기, 정원가꾸기 등을 통해 생활 속에서 활동을 합니다.

대상자: 그렇다면 제가 체육관에 가거나 에어로빅 DVD를 살 필요는 없나요? 제가 매일 그런 것들을 할 수 있을까요?

실무자: 일상생활 속에서 격렬한 활동을 30분 정도 하는 방법들에 대해 생각하고 계시군요.

대상자: 글쎄요, 저는 출근할 때 걸어가는 것을 생각하고 있습니다. 25분 쯤 걸리는데 교통체증 시간에 주차하려면 운전하는 시간만큼 걸린다는 걸 생각해야 됩니다. 비가 오는 날은 그러고 싶지 않습니다. 다른 방법은 없나요? 한번에 30분을 해야 하나요?

실무자: 아니요, 예전에는 그렇게 생각했었지만 요즘 계단 오르기와 같은 단시간 운동들을 합쳐도 효과가 같다는 것이 밝혀졌습니다. 다른 아이디어가 있으신가요?

대상자: 시작할 수 있는 가능성이 더 있는 거 같습니다.

실무자: 평소 일반적인 하루와 얼마나 신체적 활동을 하시는지에 대해 이야기해주시겠어요? 자가로 운전해서 출근하신다고 하셨구요. 직장에서는 얼마나 활동을 하시나요?

정보를 중요도와 자신감에 어떻게 관련시킬 것인가?

우리가 정보를 제공해야 한다고 느낄 때는, 일반적으로 대상자들의 변화중요도를 더 높이거나 대상자들이 우리의 말을 듣고 목표를 달성할 수 있다는 자신감을 더욱 가지리라고 기대할 때이다.

예를 들면 금연상담가는 흡연하는 임부에게 조산사가 제공하는 가정에서의 금연상담에 대해 권유할 것이다. 금연상담가는 그 여성이 아이를 어린이집에 맡기고 시내에서 하는 집단상담에 참여하기 위해 애쓰기보다는 금연상담전문가가 자신에게 찾아온다는 것을 안다면 금연에 대해 더욱 자신감을 느낄 것이라고 기대한다.

또 다른 예는 고혈압을 가진 심각한 음주자를 치료하는 의사를 들 수 있다. 의사는 알코올이 혈압에 미치는 영향에 대해 이야기하길 원한다. 그렇게 하는 것이 술을 줄이는데 도움이 된다고 생각하기 때문이다. 의사는 대상자를 곤란하게 하는 특정한 상황과 연결시켜서 음주습관을 바꾸는 것이 더 중요하다고 본다.

이렇게 중요도를 탐색하고 자신감을 키우는 동안 당신은 정보를 교환하게 된다. 그리고 당신이 사용하고 있는 전략으로 다시 돌아가서, 그 정보가 찬성과 반대를 바꾸는지 또는 척도에서 어느 측면을 바꾸게 하는지 볼 수 있다.

정보 교환이 충고하기와 어떻게 다른가?

정보는 충고를 위한 바탕이 된다. 우리는 흡연이 건강에 나쁘기 때문에 흡연자에게 금연하도록 충고하게 된다. 이러한 접근에서 우리는 충고가 아니라 정보를 주는 것을 옹호한다. 만약 우리가 충고를 한다면, 우리는 다른 사람이 해야만 하는 것을 이야기하게 되고 이것은 이러한 작업의 정신과 맞지 않다. 반면 정보는 다음과 같은 것을 포함한다.

- 많은 사람들이 변화를 선택하는 이유들
- 다른 사람들이 변화하는데 도움이 되었던 방법들
- 변화를 원하는 사람들이 이용가능한 서비스와 지원

하지만 대상자를 위한 최선의 결정은 대상자에게 주어져야 한다. 우리 경험상 이러한 미묘한 차이는 대상자의 저항 수준과 상담에 대한 느낌에서 실제로 큰 차이를 낳는다. 만약 대상자가 '제가 무엇을 하라고 충고하고 싶으세요?'라고 묻는다면 충고하기 대신 정보를 주는 방식으로 이야기한다. 저는 다양한 방식으로 이것을 다루는 사람들을 보았습니다. 어떤 사람들에게는 X가 또 다른 사람들에서는 Y가 효과가 있었습니다. 그리고 나서 '이러한 방법들 중에서 당신에게 효과가 있는 것을 선택할 수 있다고 생각하시나요?'라고 묻는다. 만약 '제가 무엇을 해야 한다고 생각하십니까?'라고 물으며 정말 충고를 원한다면, 그것에 대해 선택할 수 있을 것이다. 그것은 강제가 아니라 대상자에 의해 이끌어진 것이기 때문에 대상자는 그것을 받아들일 것이다!

요점정리

- 중립적으로 정보를 주는 것은 충고하기와 다르다.
- 당신과 대상자는 한 팀이다. 당신은 과학적 사실을 알고 있으며 다른 대상자들을 도왔던 경험이 있다. 대상자는 자신의 삶과 신체에 대해 알고 있다. 만약 두 사람이 협동한다면, 완전한 그림을 갖게 될 것이다.

참고문헌

Becker, M.H., 1985. Patient adherence to prescribed therapies. Medical Care 23, 539–555.

Butler, C.C., Rollnick, S., Stott, N.C.H., 1996. The practitioner, the patient and resistance to change: recent ideas on compliance. *Canadian Medical Association Journal 154*, 1357–1362.

Greenfield, S., Kaplan, S.H., Ware, J.E., Yano, E.M., Frank, H.J., 1988. Patients' participation in medical care: effects on blood sugar control and quality of life in diabetes. *Journal of General Internal Medicine 3*, 448–457.

Heather, N., Rollnick, S., Bell, A., Richmond, R., 1996. Effects of brief counselling among male heavy drinkers identified on general hospital wards. *Drug and Alcohol Review 15*, 29–38.

Innui, T.S., Yourtree, E.L., Williamson, J., 1976. Improved outcomes in hypertension after physician tutorials. *Internal Medicine 84*, 646–651.

Miller, W., Sovereign, R.G., Krege, B., 1988. Motivational interviewing with problem drinkers: II. The drinker's check–up as a preventative intervention. *Behavioral Psychotherapy 16*, 251–268.

Miller, W.R., Sovereign, R.G., 1989. The check–up: a model for early intervention in addictive behaviors. In: Loberg, T., Miller, W.R., Nathan, P.E., Marlatt, G.A. (Eds.) Addictive behaviors: prevention and early intervention. Swets & Zeitlinger, Amsterdam.

Rollnick, S., Heather, N., Bell, A., 1992. Negotiating behavior change in medical settings: the development of brief motivational interviewing. *Journal of Mental Health 1*, 25–37.

Rollnick, S., Miller, W.R., Butler, C., 2008. Motivational interviewing in health care: helping patients change behavior. Guilford Press, New York.

Roter, D.L., 1977. Patient participation in the patient provider interaction: the effects of question asking on the quality of interaction, satisfaction, compliance. *Health Education Monograph 5*, 281–315.

Schwarzer, R., Fuchs, R., 1996. Self–efficacy and health behaviors. In: Conner, M., Norman, P. (Eds.) Predicting health behavior: research and practice with social cognition models. Open University Press, Buckingham.

Silverman, D., 1997. Discourses in counselling: HIV counselling as social interaction. Sage, London.

Starfield, B., Wray, C., Hess, K., Gross, R., Birk, P.S., D'Lugoff, B.C., 1981. The influence of patient–practitioner agreement on outcome of care. *American Journal of Public Health 71*, 127–131.

Stewart, M., 1995. Effective physician–patient communication and health outcomes: a review. *Canadian Medical Association Journal 152*, 1423–1433.

CHAPTER 7

저항 줄이기

Reducing resistance

이 장에서는

- 개요
- 피해야 할 3가지 함정
- 저항을 줄이는 3가지 전략
- 저항 줄이기의 사례
- 결론

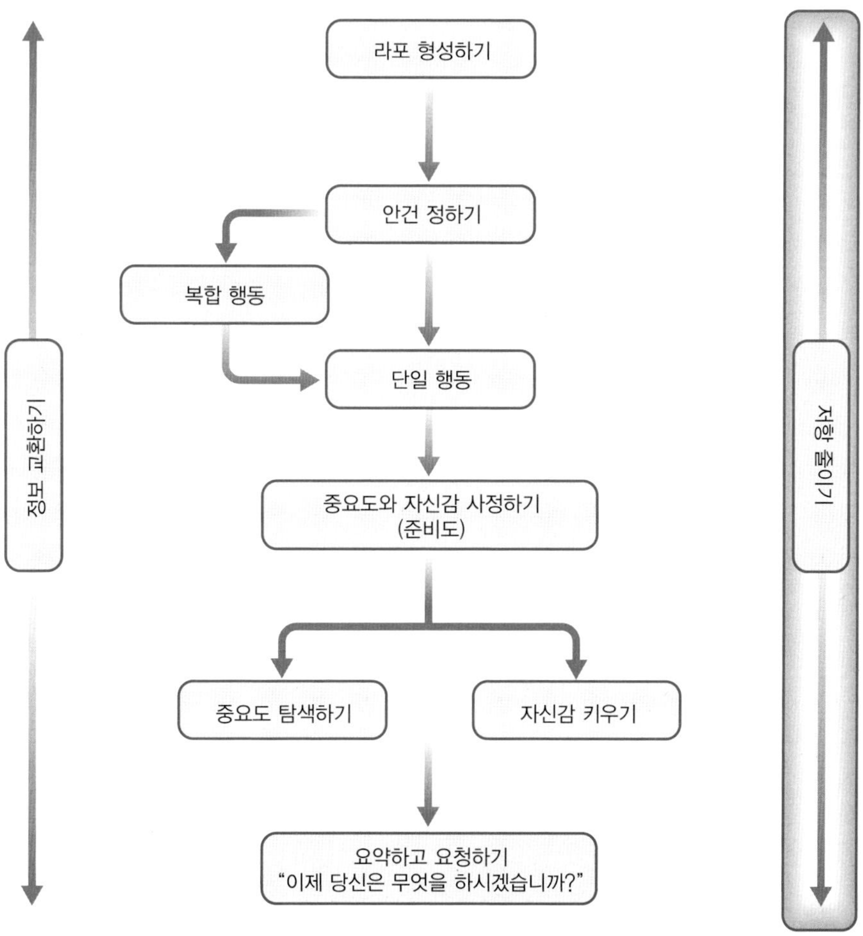

그림 7-1 • 저항 줄이기

글상자 7-1 유용한 질문

환자에게 질문하는 것이 저항을 줄이는 최선의 방법은 아니다. 하지만 대신 이러한 질문들을 당신 자신에게 하는 것은 도움이 될 것이다. 기억하라! 저항은 관찰할 수 있는 행동이다(예: 부정, 마음 내키지 않음). 당신이 추구하는 목표나 환자에게 말하는 방식의 영향을 받을 수 있다.

1. 환자의 개인적인 자유를 약화시킨 적이 있었나요? 이러한 통제력을 다시 돌려줄 수 있나요?
2. 환자의 준비도나 중요도, 자신감에 대한 느낌을 잘못 판단한 적이 있나요? 이러한 차원들에 있어 너무 앞서간 적이 있었나요? 초점을 잘못 맞춘 경우가 있었나요? 환자들이 변화에 대해 실제로 어떻게 느끼는지 고려한다.
3. 힘으로 강요한 적이 있었나요? 또한 직면했던 적이 있었나요? 환자와 함께 나아가거나 방향을 바꿀 수 있는 것이 있나요?

개요

그린 부인의 체중은 심각한 문제이다. 그녀는 날씬해지고 싶어한다. 하지만 건강한 식습관, 신체활동에 대한 당신의 어떤 제안에도 무반응이다. 그녀는 체중이 이러한 행동과 관련이 있음을 받아들이지 않고, 거의 먹지 않고 항상 바삐 움직이면서 열량을 소비한다고 한다. 어떤 면에서 문제가 '선천적인' 또는 '유전적인' 것이라고 확신한다. 당신은 그녀가 당신의 제안을 받아들이도록 어떻게 도와야 할지 모른다.

반면, 그녀의 남편은 보다 활동적인 것이 그에게 도움이 된다는 데 동의하였다. 그러나 그는 당신이 갖고 있는 모든 방법들에 대해 그가 할 수 없는 이유를 갖고 있다. 그는 구기종목을 싫어하고, 헬스장에 갈 형편은 되지 않고, 야간교대 근무 시 늦은 밤에 걸어가는 것이 위험하며, 수영장은 그가 가능한 시간에는 열려있지 않다고 이야기한다.

때로 환자들은 그들을 도우려는 당신의 노력에 저항하는 것처럼 보인다. 진전이 있는 것처럼 생각되지만 다시 모든 것이 어렵게 되기도 한다.

다음 논의들은 짧은 상담에 적용할 수 있는 가장 유용한 방법들을 찾고자 염치없이 MI에 의존한다. 세 가지 실용적인 전략은 실무자들이 저항에 반응할 수 있는 방법들의 간단한 예이다. 앞으로 발전과 연구를 위한 풍부한 가능성이 있는 분야이다. 이 장은 일반적으로 적용할 수 있는 전략에 초점을 둔다. 9장에서 우리는 좀 더 발전된 작업을 통해 도움을 얻을 수 있는 문제 상담의 범주들을 살펴볼 것이다. 예를 들면 저항 수준이 매우 높을 수 있는 만성통증이나 만성피로 증후군 환자에 대한 이야기이다. '효과적인 조력자는 저항에 흔들리거나 놀라지 않는다'(p. 151)라고 하며 이번 장에서 이야기되는 많은 것들을 담아낸 Egan(1994)의 연구에서도 유용한 방법들을 찾을 수 있다.

저항이란 무엇인가?

저항이 일어나지 않는 행동변화 상담을 상상하기는 어렵다. 저항은 행동변화에 대한 긴장 또는 불일치가 있을 때 나타난다. 상담의 어느 시점에서도 나타날 수 있기 때문에 지속적인 관찰이 필요하다. 춤을 출 때 두 사람이 서로의 발을 밟지 않기 위해 주의하는 것과 같다. 손길을 가볍게 유지하는 것도 필수적이다.

저항의 형태는 상담과 맥락에 따라 다를 것이다. 때로 그것은 조용한 반항의 형태를 취하고, 때로는 완전한 부정의 형태를 취한다. 만성피로 증후군에 대한 상담들을 검토했을 때는 중독영역에서 전형적으로 일어나는 전반적인 갈등과 유사함을 보여주었지만, 저항은 많은 보건의료현장에서 조용한 반항이나 열정이 없는 이행으로 나타난다. 일부 치료 센터에는 중독과 수년 동안 싸우고 있는 고집불통 환자를 위해 관례가 있다. 그들은 '문제'를 갖고 귀에 거슬리는 지시적인 상담가들과 대치하게 되고, 예상할 수 있는 방어기전(저항)으로 반응하게 된다. 이 과정에 대해 대상자에게 '정서적인 헤어컷'을 하는 것이라고 해석하기도 하였다(Yablonsky 1989). 비록 건강돌봄실무자들이 환자들과 이런 방식으로 상담하지는 않지만 어려운 환자들과 좌절감을 주는 많은 상황들을 접하면서 지칠 수 있다. '이러한 환자들은 항상 같다. 그들 자신을 돌보는 것을 원하지 않는다.'라는 태도가 굳어질 수 있다. 여기에는 터무니없는 편견으로 굳어질 수 있는 환자 사정을 할 위험이 있다.

흔히 연속되는 사건은 실무자들이 환자에게 많은 도움이 되는 제안들을 할 때이다. '~하는 게 어때요?'라고 하면 환자들의 반응은 '네, 그렇지만…'이다. 실무자들은 왜 각각의 생각들이 효과가 없는지에 대한 설명만 듣게될 뿐, 도움이 되는 방법이나 보다 많은 제안들을 생각해내지 못한다.

대부분의 보건의료상담에서는 다른 상담에서보다 덜 직접적인 갈등이 나타난다. 아마도 시간이 짧고 환자들이 그들을 돌보는 사람들과 갈등을 겪어본 적이 없기 때문일 것이다. 환자들은 또한 특히 의사들을 존경하고, 직접적으로 논쟁을 할 때 충분히 자기주장적이지 못하다. 그래서 저항은 열성적이지 않은 이행의 뒤편으로 감춰진다. 실무자들은 가끔 갈등을 피하기 위해 노련한 길을 밟는다(Butler et al., 1998). 확실히 실무자들은 저항을 피하는 방법이 행동변화의 주제를 먼저 꺼내지 않는 것임을 알고 있다. 저항을 다루는 이러한 섬세한 방법은 직접적인 반항보다 Silverman(1997)이 조용한 반항(예: 음…)이라고 묘사한 이야기에 잘 나타나 있다. 양쪽 모두에서 '체면을 잃지 않으려는' 욕구는 이에 대한 설명이 된다(Silverman 1997). 우리는 최근 기침, 감기, 인후통에 대한 상담을 들을 기회가 있었다. 거기에는 항생제 처방에 대한 의사들의 불편감이 잘 묘사되어 있었다(Bradley 1992). 우리는 거의 저항이 없음을 발견했고, 환자와 의사, 양쪽 모두 항생제라는 주제를 둘러싸고 섬세한 밀고 당기기를 한다는 결론을 내렸다. 환자들은 그들이 약을 원하는지에 대해 질문을 받지 않으며, 의사들도 종종 그 말을 언급하는 것을 피한다. 하지만 양쪽 모두 그것이 중요한 문제라는 것을 알고 있다. 다시 말해서, 저항의 문제는 건강돌봄실무자와 환자에게 새로운 것이 아니다. 이들은 모두 변화에 대한 이야기에서 긴장을 능숙하게 다루는 사람들이다.

저항의 다양한 형태는 Chamberlain 등(1984)에서 찾을 수 있다. 논쟁은 도전하기, 깎아내리기, 솔직한 공격성의 형태를 취할 수 있다. 부정하기는 비난하기, 반대하기, 변명하기, 무죄를 주장하기, 최소화하기, 비관주의, 반항의 형태로 나타난다. 그리고 이 외에 다른 두 가지 범주는 방해하기와 무시하기로, 무관심, 대답하지 않기, 옆길로 새기 등의 행동을 포함한다(Miller & Rollnick 2002).

무엇이 저항을 일으키는가?

저항은 환자가 상담실로 갈등을 갖고 올 때, 실무자가 그것을 이끌어 낼 때, 또는 이 둘이 합쳐진 결과로 발생할 수 있다.

환자들의 마음 속에는 다른 결과들을 지지하는 목소리가 있으며 변화에 대해 내적 갈등 상태에 있게 된다(예: '난 정말 원하지만, 그것은 너무 어렵다…', '…그냥 계속하는 것이 더 낫다', '내가 한 번 더 시도할 수 있다면…'). 한 편에서는 변화를 원하지만, 다른 한 편에서는 그렇게 하는 것에서 물러나길 원한다. 논쟁에서 저항은 '그것은 너무 어렵다', '전체를 통제할 수 없다',' 지금 방식에서 내가 좋아하는 것이 훨씬 많다', '나에게 무엇을 하라고 이야기하는 사람을 좋아하지 않아요.'와 같이 나타날 수 있다.

환자들이 개인적으로 이것에 대해 생각할 때, 논쟁의 양쪽 측면이 모두 고려된다. 그들은 '…하는 것은 좋을텐데'와 '정말 원하는 것은 아니야.' 사이를 왔다갔다 한다. 다른 사람과 이야기를 나눌 때, 예를 들어 상대방(예: 실무자)이 논쟁의 한 측면, '만약 변화한다면 당신에게 정말 도움이 될 거예요.'라고 한다면, 환자는 자연적으로 반대쪽 견해인, '그렇지만 그렇게 쉽지는 않아요.'로 반응할 것이다. 환자 내부에서 일어나는 똑같은 논쟁은 실무자와 환자 사이에 드러나게 되며, 그럴 경우 실무자들은 종종 저항하는 사람을 돕기 위해 애쓰는 것이 뻔한 싸움을 하는 듯한 느낌을 갖게 된다.

만약 그 사람이 다른 사람과 갈등을 겪고 있다면, 훨씬 더 분명해질 수 있다. 그녀는 제 식습관에 대해 항상 잔소리를 하지만, 우선적으로 그녀가 제게 음식을 만들어주는 사람이예요. 그녀는 무엇을 기대할까요? 때로 그 사람은 갈등 상태에 있지 않고, 생활방식에 대한 학습된 무기력 상태 중 하나일 수 있다. 예를 들면 당뇨와 같은 만성상태의 환자들은 생활습관을 변화시키는 데 있어 습관적인 반항의 느낌을 발전시키며, 정기적 검진은 환자에게 내키지 않는 것, 그리고 의사에게는 좌절로 특징지어 질 수 있다. 의무적으로 가야한다고 느낄수록, 상담을 괴롭히게 될 저항이 더 나타날 것이다.

환자에게 저항의 개인적 원인이 무엇이든, 그들은 듣는 방식에 특히 예민할 수 있다. 보통 상담에서의 문제들은, 고의든 아니든, 변화를 격려하기를 원하는 실무자가 환자로부터 변화하지 않겠다는 목소리를 듣게 될 때 발생한다. '식이요법을 조절하는 것에 대해 생각해본 적이 있나요?' 장애물이 세워지고 저항 단계가 나타난다. '네. 그렇지만…'

환자는 전혀 갈등이 없는 상태에서, 변화에 대해 걱정하는 사람이 오직 실무자인 경우에도 저항이 나타날 수 있다. 예를 들어 의학적 문제가 없는, 알코올 사용이 전혀 문제가 아니라고 생각하는 심한 음주자가 앞으로의 합병증을 최소화하고자 건강증진상담을 받고 있는 경우이다. 만약 실무자가 알코올 사용이 문제라는 생각을 은연 중에 나타낸다면 저항은 예측할 수 있는 결과이다. 보통 저항의 원인은 이러한 예만큼 극단적이지 않다. 거기에는 환자와 동기, 실무자의 상담행동으로 경험할 수 있고 갈등 간 상호작용이 있다. 그러므로 그것의 원인이 무엇이든, 저항은 이러한 대인관계의 맥락 밖에서 정의되어질 수 없다. 실무자는 저항 수준을 높이거나 낮출 가능성을 갖고 있다.

저항 다루기

저항을 상담에서 실패의 조짐으로 보거나 비정상적인 것, 기어코 논의에서 사라져야 하는 것으로 보는 것은 비현실적이다. 어떤 치료자들은 좋은 라포를 유지한다면, 저항은 변화를 일으킬 에너지를 제공한다고 말한다. 하지만 대부분 제한된 시간에서 이루어지는 보건의료상담에서 저항은 골칫거리이다. 지속적인 기반 위에서 실무자들이 저항을 주의해야 하고 그것을 줄이는 방향으로 나아가야 한다는 것이 우리의 입장이다. 이것은 단지 말하는 것이나, 사용하는 전략의 문제가 아니라, 그것을 어떻게 이야기하고 저항과 함께 구르며(Miller & Rollnick 2002), 논쟁을 피하고 유연한 마음 상태에 있느냐의 문제이다.

피해야 할 3가지 함정

특별히 주의해야 할 3가지 함정과 각각에서 그것을 피하는 전략에 대해 설명하였다. 이러한 함정에 빠지면 저항이 나타날 것이다.

통제력 빼앗기

우리는 어떤 환자들은 매우 잘 이행하고 해야할 것들을 잘 듣는다는 것을 알고 있다. 그러나 대부분은 이것에 잘 반응하지 않는다. 아래 전략 1(개인의 선택과 통제를 강조하기)은 상담에서 어떻게 이러한 함정을 피할 수 있는지에 대해 설명한다.

중요도, 자신감, 준비도에 대해 잘못 이해하기

이것은 매우 빠지기 쉬운 흔한 함정이다. 예를 들면 환자가 준비가 되지 않은 상태에서 변화에 성급하게 초점을 맞추거나, 실제로는 자신감에 대해 더 걱정할 때 중요성도 초점을 맞추는 경우이다. 전략 2(준비도, 중요도, 자신감 재평가하기)는 환자의 요구에 맞출 수 있도록 이러한 문제에 대한 환자의 느낌을 재검토한다.

힘으로 맞서기

대화의 주제가 무엇이든, 환자가 누구이든, 힘으로 저항에 대항하는 것은 문제를 더 심각하게 만들 것이다. 좋은 상담은 레슬링과는 다르다. 하지만 아래 전략 3(물러서서 환자와 함께 가기)은 실행하는 데 있어 가장 숙련을 요하는 전략임에도 불구하고, 직면을 피하는 것이 저항으로부터 자유롭게 한다는 것을 보여줄 것이다.

주의사항

만약 상담에서 싸움과 같은 느낌이 들기 시작하면, 당신은 마치 이기기 위해 나가는 느낌이 들 것이고, 이것은 문제가 된다. 사람들은 공격을 당한다고 느낄 때 자신을 보다 더 방어하게 될 것이다. 그들은 자신의 자리에 더 깊이 뿌리박으려고 할 것이다. 만약 당신이 이긴다면, 환자들은 자신들이 졌다고 느낄 것인가? 이러한 결과가 당신이 정말 원하는 것인가?

저항을 줄이는 3가지 전략

3가지 전략을 다음에 기술하였다.

- 개인적 선택과 통제를 강조하기
- 준비도, 중요도, 자신감 재평가하기
- 물러서서 환자와 함께 가기

전략 1. 개인적 선택과 통제를 강조하기

만약 어떤 사람이 자신의 삶을 통제하려고 노력하고 있다면, 안정성에 위협을 받고 있다는 것이다. 그 사람이 필요로 하는 것은 실무자와의 직면이며, 변화에 대한 저항이 나타날 것이다. 환자의 자율성을 손상시키는 함정에 빠져서는 안 된다. '당신은 ...해야 합니다.' 또는 '당신이 가진 가장 큰 문제는...'과 같은 진술이 이러한 결과를 초래할 것이다. 왜냐하면 환자의 자율성을 제한하고 자율성을 재주장하는 형태로 저항을 이끌어내기 때문이다(Miller & Rollnick 2002). 모든 부모들은 이 문제를 알고 있다. 만약 어린 아이에게 '더러워졌으니 가서 지금 씻어야 돼.'라고 얘기한다면, 거의 본능적인 반응은 저항의 형태가 될 것이다. 그것은 당신이 얘기한 내용보다는 손상을 입은 개인의 자율성과 더 관련이 있다. '하지만, 전 더럽지 않아요.'와 같은 아이의 반응은 자율성이 발휘되는 싸움의 단계임을 보여준다.

실무자들은 충고할 때조차도 이러한 미묘함을 잘 인식하고 그에 따라 메시지를 조정하는 것처럼 보인다. Silverman(1997)은 지나치게 개인적인 것을 피하기 위해 충고를 모호하게 한다는 것을 발견했다. 그들은 그것이 마치 정보인 것처럼 중립적으로 충고를 한다. 자율성을 위협하는 것을 피하기 위해 가능한 또 다른 선택은 이것을 구체화하는 것이다. '제 생각에 당신은 지금 흡연을 중단하셔야 할 것 같습니다. 하지만 그것은 당신에게 달려있습니다.'와 같이 조언에 간단한 구절을 덧붙이는 것만으로 차이를 만들 수 있다. 이것은 저항을 이끌어내는 것을 잘 피할 수 있다. 뒷부분의 절반(하지만 그것은 당신에게 달려있습니다)을 생략한다면 당신은 곤란해질 수 있다.

무엇을 이야기하는가? 뿐만 아니라 어떻게 이야기되어야 하는가?가 문제이다. 실무자의 태도와 상담의 분위기는 환자의 반응에 영향을 줄 것이다. 똑같은 단어라도 두 가지 다른 분위기에서 쓰일 경우 상당히 다른 결과를 가져올 수 있다.

이러한 함정의 미묘함을 포착하는 유용한 방법은 직면적인 면담 방식이 자율성을 훼손하고 저항을 이끌어낸다는 것에 주의하는 것이다. MI의 출발점을 제공한 이러한 관찰은(Miller, 1983) 상담실에서 일어나는 것이 환자의 결과에 영향을 미친다는 많은 연구 결과들에 의해 지지되었다(Chamberlain et al., 1984, Miller & Sovereign 1989). 예를 들어 한 연구에서 도움을 요청하는 문제 음주자들에게 상담자가 한 직면적인 진술의 개수가 다음 방문까지 환자가 마신 술의 양과 상관관계가 있는 것을 발견하였다(Miller et al., 1983). 직면적인 면담을 피하려는 요구는 이러한 접근이 필수적인 경청기술을 기반으로 한다는 근거를 제공하였다. 이것은 직면적 면담과는 대조적인 것이며, 정신이 사용되는 전략보다 더 중요하다는 것을 주장한다(p. 11). 다음 예는 통제권을 환자에게 돌려주는 과정을 설명한다.

많은 상황들이 자율성을 훼손하며 종종 변화에 대한 저항과 관련된다. 이것을 환자에게 돌려주는 것은 많은 방식으로 이루어질 수 있다. 실제로 준비도, 중요도, 자신감의 사정(2장)은 환자에게 정확히 그가 변화에 대해 어떻게 느끼는지 이야기하도록 격려하는 하나의 방법이다. 안건 정하기 훈련(3장) 또한 이 목표를 구체적인 목적으로 갖는다.

만약 환자가 적극적인 의사결정자라면 그가 선택한 것에 대한 통제감을 느껴야 한다. 이러한 선택들은 상담에서 이야기되는 모든 것에 대한 것이며, 환자들이 상담실 밖에서 해야하는 것이다.

사례 1

한 환자가 정기검진을 위해 당뇨클리닉을 방문하였다.

실무자: [의학적 문제들을 살펴보고 혈액검사 결과에 대한 피드백을 준 후] 식사는 어떻게 하고 계시나요?

환자: 괜찮습니다.

실무자: 식사에 대해 어떻게 느끼세요? [다시 시도해본다.]

환자: 글쎄요, 노력은 하는데 알다시피 규칙을 깨게 되네요.

실무자: 그러시군요.

환자: 너무 바빠서 그것에 대해 생각하기가 어렵습니다.

실무자: 그러실 것 같습니다. [초점을 옮기기로 하고 안건 정하기에 대해 다시 이야기한다.] 잠시 물러나서 오늘 상담에 대해 어떻게 느끼시나요? 오늘 무엇에 대해 이야기하고 싶으신가요? 우리는 식사, 운동, 약물 또는 일상적인 것들에 대해 이야기할 수 있습니다. 하지만 당신은 어떻게 느끼시나요? 우리가 오늘 이야기하는 것보다 요즘 당신에게 더 긴급한 것이 있나요?(이 전략의 개요는 3장에서 살펴보기)

환자: 글쎄요, 한 가지가 있는데…

사례 2

환자가 체중관리표를 구하러 왔다.

실무자: 다이어트에 관한 조언을 원한다고 말씀하셨습니다. 제가 이 기록지를 보여드린 적이 있나요? 다음 한 주 동안 매일 기록을 하는 것입니다.

환자: 아뇨, 하지만 전에 그런 종류를 시도한 적이 있습니다. 별 소용이 없었어요. [저항]

실무자: 이해합니다. 무엇이 가장 당신에게 도움이 될 것이라고 생각하시는지 궁금합니다.

환자: 글쎄요. 제가 필요한 것은 …할 수 있는 것입니다.

사례 3

다음 사례에는 심장발작에 대한 환자의 통제력이 섬세하게 균형을 이룬 상태에서 부지불식간에 실무자의 행동 대화에 의해 약화되는 것을 보여준다. 다시 한 번, 실무자는 상담 동안 이야기된 것에 대한 통제력을 환자에게 주기 위해 노력한다.

실무자: [행동변화에 대한 자신감을 높이기 위한 목적으로] 이 운동은 당신과 같이 심장발작을 경험한 사람들이 천천히 다시 회복할 수 있도록 돕기 위해 만들어졌습니다.

환자: 네. 고맙습니다. [약한 확신]

실무자: 아침에 일어나서 하루에 한 번 하는 것부터 시작할 수 있습니다.

환자: 음… [저항이 생길 수 있음]

실무자: [위에서 말한 동의가 실제로 저항인지에 대해 궁금해하며] 그렇게 하는 것에 대해 걱정되는 것이 있나요?

환자: 글쎄요, 제가 다시 심장발작을 겪지 않을 거라는 걸 어떻게 알 수 있죠?

실무자: 당신은 많은 운동이 더 나쁘게 할 수도 있다고 생각하시는군요.

환자: 네. 맞아요. 그렇지 않나요?

실무자: [환자에게 더 걱정되는 것이 있음을 인식하고] 잠시 그러한 위험에 대해 이야기해볼까요? [정보교환으로 초점을 옮김]

환자: 글쎄요, 언제 그런 일이 다시 일어날지 궁금하답니다.

실무자: 당신의 심장에 어떤 일이 일어날 거라고 생각하십니까? [정보교환 첫 단계, 환자의 이해를 이끌어내기]

이 예에서 실무자는 자신감을 키우는 데 초점을 맞추려 하고 있으나, 환자는 다른 것을 더 걱정하고 있다. 무엇을 이야기할 것인지에 대한 통제권은 시작부터 환자에게 주어지지 않았다. 상담과정에서 저항이 관찰되면서 실무자는 자신감을 키우는 전략에서 정보 교환 전략으로 초점을 옮기기로 결정하였다. 이 경우에는 변화에 대한 준비가 덜 된 것이다. 실무자는 이러한 저항의 원인을 이해하기 위해 '그렇게 하는 것에 대해 걱정되는 것이 있나요?'라고 얘기하여 환자의 요구와 일치하는 과업(정보 교환)을 찾을 수 있었고, 그리고 환자에게 이야기와 행동변화에 대한 의사결정에서 더 통제권을 주었다.

전략 2. 준비도, 중요도, 자신감 재평가하기

저항의 흔한 원인은 실무자가 준비도, 중요도, 자신감에 대해 과대평가하거나 오해하는 함정에 빠질 때이다. 가장 흔히 이것은 성급한 행동대화를 초래한다. 만약 연속선 위에서 준비도를 보았을 때 환자가 아직 준비되지 않은 쪽에 있다면, 실무자들이 반대쪽 또는 준비되어야 한다고 가정하고 이야기하는 것은 저항을 일으킬 수 있다. 이러한 측면에서 저항은 실무자가 환자를 앞서서 뛰어넘는 정도를 나타낸다. 분명한 임상적 의미는 환자의 준비상태와 일치하도록 실무자의 전략에서 변화가 필요하다는 것이다. 과대평가하는 실수는 대화가 변화중요도나 그것을 달성하는 자신감에 대한 것일 때 발생한다. 예를 들어 실무자들은 흡연자가 금연을 원한다고 가정하지만(즉, 중요도가 높다.), 흡연자는 이것을 달성할 수 있을지에(즉, 자신감이 낮다.) 대해 걱정한다. 실무자들은 자신감이 높아야만 하고, 실제보다 더 높아질 수 있으며, 어떻게 하는지에 대해서는 적은 충고만으로도 충분하다고 가정하는 실수를 한다. 몇몇 제안들이 제공되지만 결과는 저항으로 나타난다.

또한 이러한 논의는 환자가 행동변화에 대해 이야기하고 싶어한다고 가정한다. 하지만 보다 극적이면서 매우 흔한 과대평가의 예는 환자가 다른 것을 걱정할 때 행동변화에 초점을 맞추는 것이다. 심장재활 중인 환자가 또 다시 심근경색을 겪을지 모른다는 두려움과 우울감을 느끼고 있을 때 운동전문가가 운동에 대해 이야기하는 경우나 당뇨클리닉에 다니는 환자가 쇼핑을 서두르기 위해 식습관에 대해 이야기하는 것을 원하지 않는 경우이다.

실무자들은 중요도 대신 자신감, 또는 그 반대에 초점을 맞춤으로써 환자의 느낌을 오해할 수 있다. 이것은 매우 흔한 실수이다. 이번 장의 시작 부분에 소개한 남편처럼 실제로 변화중요도에 대해 확신하지 못하는데 논의가 자신감에 맞춰지는 경우 이러한 문제가 생길 수 있다. 사람들은 종종 행동지향적인 클리닉에 가서 변화자신감을 향상시키기 위한 실제적인 방법들에 대해 이야기한다. 보건의료 실무자들은 사람들에게 이렇게 하는 것과 문제를 해결하는 것에 대해 훈련받는다. 특정한 행동변화 주제에 대한 세미나에 참가할 때, 그들은 환자들이 변화하도록 도울 수 있는 방법들을 얻고 싶어한다.

만약 당신이 이러한 속성들 중 하나를 과대평가하거나, 잘못된 하나에만 초점을 맞추는 실수를 했을 때, 저항에 대한 가장 분명한 반응은 가고 있는 방향을 재평가하는 것이다. 환자에게 자신이 어떻게 느끼는지, 특히 중요도와 자신감의 차이를 이야기하도록 요청함으로써 구체적으로 이루어질 수 있다. 이것은 몇 분 내로 가능하다.

이러한 재평가는 반드시 구체적인 방식으로 이루어질 필요는 없으며, 단지 환자들의 걱정이 정확히 무엇인지에 대한 혼란을 환자들과 공유함으로써 달성될 수 있다. 여기에 처음에 소개했던 남편의 이야기를 예로 들었다.

실무자: 좀 더 활동을 늘리는 것에 대해 어떻게 느끼세요?

환자: 저도 그렇고 싶습니다.

실무자: 어떤 종류의 활동이 적절하다고 생각하시나요?

환자: 제게 쉽지는 않습니다. 저는 운동이나 경기를 싫어합니다. 그런 종류를 해본 적도 없구요.

실무자: 걷기는 어떻습니까? [실무자는 자신감을 높이는 데 초점을 맞춘다.]

환자: 제가 살고 있는 곳은 안전하지 못합니다. 밤늦게 교대근무를 가는데 그 때 바깥은 무섭습니다. 마치 누구도 상관하지 않는 것처럼 아이들은 난폭합니다.

실무자: 체육관은 어떤가요? [실무자는 여전히 중요도 대신 자신감에 초점을 두고 있는가?]

환자: 그럴 형편이 안 됩니다.

실무자: [그는 운동이 정말 중요한 것이 아니라고 느끼는가? 자신감에 대한 이야기가 실수인지를 확인하기로 결심한다. 이것은 환자에게 1~10점 척도에서 중요도와 자신감에 대해 평가해보도록 요청하여 구체적으로 이루어질 수 있다. 하

지만 이 경우 저항에 직면했으므로 방향을 바꾸는 것은 더 예민하게 이루어졌다.] 무슨 생각을 하시는지 잘 모르겠습니다. 아마 여기서는 쉬운 해결책이 없다고 느끼시고, 지금 당장 운동을 하는 것보다 더 중요한 것이 있으신 것 같습니다.

환자: 글쎄요, 제가 의미하는 것은 때때로 삶이 우리에게 던지는 것들을 참고 살아야만 한다는 것입니다. 지금은 해야 할 것이 많지만 어쩌면 운동을 많이 하게 될 수 있을지도 모르죠.

실무자: 모든 것을 어떻게 맞추어 갈지에 대해 아는 것이 어려우시군요.

환자: 맞습니다. 저는 완벽한 기계가 아니라, 마치 믿을 수 있는 중고차와 같습니다.

실무자: 아마 지금은 조정하기에 적절한 시기가 아닌 거 같군요.

환자: 어쩌면 제가 정말 무엇을 할지 모르는 것 같습니다.

실무자: 어떤 면에서는 더 활동적이길 원하지만, 동시에 당신의 삶에 많은 장애물이 있어서 그것의 중요도에 대해 확신할 수 없군요.

환자: 글쎄요, 저와 아내가 모두 지난 수년 동안 게을렀다는 걸 알고 있어서, 만약 …한다면 우리 모두에게 효과가 있을 것입니다.

전략 3. 물러서서 환자와 함께 가기

이 전략은 힘으로 맞서는 함정에 대항하기 위해 만들어졌다. 이것은 MI의 핵심을 차지한다. 즉, '미끼에 걸려들거나' 또는 힘으로 맞서지 않고 환자와 함께 가는 마음을 간직하는 것이 저항에 반응하는 것이다. 반영적 경청 진술을 사용하는 것은 이것을 달성하는 직접적인 방법이다.

이 전략의 수행에 있어 정신이 중요하다. 논쟁을 피하는 것은 방어적 자세로 물러나서 불길이 사라질 때까지 반영적 경청을 사용하는 수동적 과정이 아니며, 실무자가 환자와 함께 하며 그가 느끼는 감정을 진정으로 이해하려고 노력하는 것이다. 만약 성공적이면 저항은 보통 가라앉을 것이고 논의는 다른 방향으로 나아갈 수 있다.

반영적 경청 기술은 다른 이가 말한 것의 의미를 당신이 이해했다는 것을 보여주기 위한 진술을 포함한다(Miller & Rollnick 2002). 질문과 달리 그러한 진술을 사용하면 환자들에게 자신의 생각과 느낌을 이야기하고 표현하도록 격려하는 효과가 있다. 그림 2-4는 이 과정을 이해하기 위한 유용한 보조물이다. 반영적 진술은 다양한 형태를 취할 수 있다. 그 사람이 말한 것을 정확하게 반복하기, 다른 말로 바꾸어 말하기, 또는 환자가 표현한 것에 새로운 의미를 추가하기. 이러한 진술은 종종 그래서 그래서 당신은…, 당신은 …라고 느끼시는군요, 마치 …처럼, 그리고 당신은 …과 같은 단어로 시작된다.

이번에 소개하는 예는 완전히 반영적 경청을 사용한 것이 특징이다. 우리는 질문이 유용하지 않다는 것을 의미하는 것은 아니며, 단지 얼마나 반영적 경청을 할 수 있는지를 보여주길 원했다. 실제로는 질문과 요약하는 진술을 적정 비율로 사용하게 된다. 환자와 함께 간다는 목표가 중요하다.

실무자: 먹는 것을 살펴보거나 운동을 더 하는 것에 대해 생각해보는 것 중 무엇이 가장 당신에게 맞을까요? [질문으로 시작]

환자: 저는 제가 원하는 만큼 운동을 했고, 매번 식사조절을 위해 노력했어요. 저는 아이들이 갖고 온 튀긴 음식들을 먹는 걸로 끝이 난답니다. [저항]

실무자: 당신은 효과가 없는 것을 시도하고 싶지 않으시군요. [환자에 맞춰 조정한 반영적 경청은 저항을 증가시키지 않음]

환자: 맞아요, 만약 식이요법에 대해 어떤 것을 할 수 있다면, 저는 그럴 거예요.

실무자: 당신은 지금 해야 할 식이요법 방법을 알지 못하는군요. [또 다른 반영]

환자: 그렇지만 저같은 상황이라면 무엇을 할까요?

저항 줄이기의 사례

때로 사람들은 매우 방어적이고 화가 난 상태에서 상담실에 온다. 심각한 염증의 가능성이 분명히 있다. 다음의 예는 환자와 어떻게 계속해 나가고 반영적 경청을 사용하여 라포를 형성하고 심각한 갈등을 피할 수 있는지에 대해 설명한다. 실무자의 역할은 매슨, 그리고 임신한 여성인 사라 역할은 전문배우가 맡았던 가상 상황의 대화를 그대로 옮긴 것이다(Gilligan & Mason 2008). 양쪽 모두 어떻게 면담이 진행

될지에 대해 미리 준비하지 않았다. 실무자는 일상적인 '예비' 면담을 수행하며 흡연에 대한 문제를 제기하였다.

실무자: 우리는 금연을 원하는 임산부를 대상으로 서비스를 제공하고 있어요. 지금 흡연을 하고 계시죠? [문제를 제기함]

사라: [팔짱을 끼며] 글쎄요, 네.

실무자: 그것에 대해서 어떻게 느끼시는지 제게 조금 이야기해주시겠어요? [열린 질문]

사라: 솔직히 저는 우리가 이 문제에 언제쯤 넘어갈지 궁금했어요. 글쎄요, 저는 흡연자이고 3명의 아이를 임신하는 동안에도 쭉 담배를 피웠어요. 이야기했듯이 제 아이들은 매우 건강하고 행복하답니다. 그런 의미에서 저는 제가 걱정할 것이 없다고 봅니다.

실무자: 다른 사람들이 금연에 대해 이야기하는 것이 약간 호들갑을 떠는 것처럼 보이시군요. [저항에 대해 반영]

사라: 네, 사람들은 저를 보고 비난할 것을 찾길 원해요. 솔직히, 제 가족들은 매우 행복하고 건강하고 저도 그렇구요. 건강검진에서 보시듯이 저와 남편 조이는 모두 건강합니다. 저는 개인의 선택 문제가 되어야 한다고 생각해요.

실무자: 왜 우리가 계속 그것에 대해 묻고 이야기하길 원하는지 궁금하신 거 같군요. [저항을 더 반영함]

사라: 글쎄요, 물론 저도 잡지에서 읽듯이 어떤 위험들이 있다는 걸 알아요. 왜 당신이 그렇게 하는지, 당신의 일들을 이해합니다. 하지만 당신이 모든 장단점에 대해 가늠해볼 때, 그것이 그다지 큰 문제는 아니라고 생각해요.

실무자: [고개를 끄덕이며] 개인적인 선택이라고 이야기하실 때, 당신에게 흡연이 가치가 있는 중요한 것이라는 말씀이군요. [저항을 반영하고 중요도에 대해 이야기함]

사라: 글쎄요, 저는 흡연이 가치가 있다고 말씀드린 건 아니에요. 왜냐하면 제가 흡연자인 걸 자랑스러워하거나 흡연이 3명의 아이를 갖게 도와줬다고 생각하지 않아요. 하지만 만약 하루에 단 몇 분이라도 담배를 피지 않았다면 정말 스

트레스를 받았을 것이고, 결국 지금처럼 좋은 엄마가 될 수 없었을 거예요.

실무자: 아. 네… 당신이 더 스트레스를 받게 될 거라고 생각하시는군요. [변화의 단점에 대해 반영]

사라: 확실해요, 다른 사람들, 제 친구들, 어머니가 금연을 위해 노력할 때 악몽과 같았다는 것을 지켜봐서 알아요. 과장하는 것은 아니지만 제 가족들이 그렇게 되는 것을 원하지 않아요.

실무자: 그래서 금연을 하게 된다면 가장 힘든 것 중 하나가 스트레스를 받게 되는 것이라고 생각하는군요. 만약 스트레스를 해소할 방법이 없다면요. [저항을 반영함]

사라: 네. 맞아요, 어떻게 해낼 수 있을지 모르겠어요.

실무자: 또 다른 어려운 점이 있나요?

사라: 글쎄요, 남편이 흡연을 하기 때문에 정말 힘들어요. 만약 제가 금연을 하고 그가 그렇지 못할 경우 정말 힘들 거 같아요. 아이들이 자러 간 후 함께 TV를 보며 앉아있을 때 그는 담배를 피운답니다. 저는 어떻게 해야할 지 모르겠어요.

실무자: 네, 정말 힘들 거 같네요. [공감적 진술]

사라: 네, 그렇답니다.

실무자: 그리고 다른 건 없나요?

사라: 한편으로 계획하지 않았던 넷째를 갖게 된 지금 금전적으로 빠듯한 형편에서 우리 둘 다 금연하게 되면 좀 더 금전적 여유를 갖게 될 거라고 생각해요. 하지만 우리 모두 너무 불행해서 어떤 도움도 되지 않을 거라는 걱정도 든답니다.

실무자: 비록 돈이 많이 들겠지만, 흡연이 중요하다고 생각하는군요, 무엇 때문에 그런 돈을 쓰는 것이 중요하다고 생각하세요? [흡연의 장점에 대해 질문]

사라: 저는 흡연가이고 담배는 저의 일부예요, 저와 남편은 어렸을 때 만났고 제가 그를 만났을 때 그가 담배를 피고 있었어요. 그리고 나서 저도 15살부터 흡연을 시작했죠, 이것이 우리랍니다.

실무자: 네, 당신 스스로의 정체성, 그리고 부부로서 정체성의 일부이군요. [반영]

사라: 네, 상상할 수 없답니다. 술을 마시고 담배를 피우는 건 긴장을 푸는 것의 일

부예요.

실무자: 하지만 금연에 대해 조금 생각해 보신 것처럼 들립니다. 얼마나 어려울지에 대해 생각하셨다면 가끔 그것들에 대해 궁금해하셨다는 걸 의미하네요. [반영]

사라: 네, 아이를 가진 주부로서 항상 그 문제는 생긴다는 뜻이예요. 오늘 당신에게 오면서 그것에 대해 잔소리를 듣게 되는 것이 불안했어요. 둘째를 임신했을 때 금연을 시도해본 적이 있어요, 하루 정도였는데 다음날 다시 원래대로 돌아갔어요, 뭐가 문제였을까요? 만약 그때 하지 못했다면 지금도 할 수 없을 거 같아요.

실무자: 기회가 없다고 생각하는 건 아니군요. [반영]

사라: 네, 아니에요.

실무자: 만약 금연을 원했다면(금연을 원하고 있는지 모르겠다고 말한 것을 듣고) 1~10점 중 어느 정도였고, 얼마나 자신감이 있었나요? 지금은 매우 낮은 것처럼 들립니다. [자신감에 대해 탐색을 시작함]

사라: 솔직히, 2점 정도예요.

실무자: 1점은 아니군요! 0점이나 1점을 주실 거라고 예상했습니다. 금연을 할 수 있다는 약간의 자신감이 있나요? [왜 그렇게 높은가? 질문의 변형]

사라: 글쎄요. 저는 당신도 알다시피 강한 사람이예요.

이 인터뷰에서 실무자는 문제를 제기하고, 저항을 감지했으며, 저항과 함께 구르기 위해 반영적 기법을 사용하였다. 자신감이 문제로 나타났고 보건실무자는 사라가 변화할 수 있는 사람이라고 스스로에게 긍정적으로 말하도록 격려하는 척도질문을 사용하였다.

결론

우리는 저항에 대한 이번 논의에서 3가지 함정을 다루었다. 물론 실무자들이 빠지기 쉬운, 저항을 초래하는 다른 것들도 있다. 이것들은 단지 우리가 접하는 가장 흔히 일어나는 것들이다. 예를 들어 환자가 실무자가 제공하는 것보다 더 많은 지시를 원한다면 어떻겠는가? 이것은 행동변화 상담에서 가장 난감하고 도전적인 것 중 하나이다. 이에 대해서는 11장에서 더 자세히 다룬다. 이러한 부조화는 저항을 이끌 것이다. 확실히 이 문제에 대해 더 많은 작업들이 이루어져야 한다.

저항을 다루기 위한 전략을 인식하는 것은 가장 중요한 지침, '관찰하기, 보기, 듣기'를 무색하게 해서는 안 된다. 만약 저항에 부딪힌다면 변화는 고정될 것이다. 더 악화시키지 않고, 단순히 인식하는 것은 다음에서 소개한 전략을 직접적으로 사용하도록 하며 때로는 무의식적으로 일어난다. 이것을 사용하는 것은 기술적 문제가 아니며 조심스럽고 유연한 마음 상태이다. 그리고 반대 의견을 제시한다는 데 대한 책임감을 느낄 필요가 없음을 기억하는 것이다. 종종 저항은 환자와 함께 지내며 그들의 감정과 태도에 더 공감하는 이야기를 함으로써 변화의 방향을 바꾸거나 손상된 라포를 복구시켜야 한다는 신호이다. 당신의 이야기에 말로는 동의하지만, 신체언어에서 저항을 보이는 환자를 주의한다.

첫째로 실무자들에게 도전이 되는 것은 저항에 대해 인식하는 것을 발전시키는 것과 그것에 대한 유연한 반응을 연습하는 것이다. 즉, 반대 의견에 힘으로 맞서는 것을 피하도록 가벼운 손길을 유지한다. 만약 저항을 기회로 인정한다면, 성공적인 치료에 있어 핵심이 된다. 저항을 표현할 때 환자는 이전에도 수차례 들었던 이야기들을 듣게 될 것이다. 과거 다른 사람들이 연기했었던 당신에게 기대되는 역할이 있다. 당신이 하는 말은 예측이 가능하다. 만약 다른 사람들이 했듯이 똑같은 이야기를 한다면 그 전과 똑같은 결과를 가져올 것이다. 하지만 당신의 역할을 다시 쓸 수 있다. 변화를 지지하며 함께 하기보다는 환자의 내적 갈등을 지켜볼 수 있다. "저항은 내면 연기의 핵심이다. 그것은 동기와 다른 연기자들과의 싸움에서 발생한다. 그것은 연극이 이끄는 특정한 결말의 전조가 된다. 치료의 진정한 예술은 저항을 알아차리고 다루는 데서 검증된다. 변화의 드라마가 펼쳐지는 것은 이 무대이다"(Miller & Rollnick, 2002 p. 110).

요점정리

- 저항은 압력을 받고 있을 때 느끼는 정상적인 반응이다.
- 공감은 직면보다 저항을 줄이는 더 효과적인 방법이다.
- 논쟁과 직면은 저항을 증가시킬 수 있다.

참고문헌

Bradley, C.P., 1992. Uncomfortable prescribing decisions: a critical incident study. *British Medical Journal 304*, 294–296.

Butler, C.C., Rollnick, S., Pill, R., Maggs–Rapport, F., Stott, N., 1998. Understanding the culture of prescribing: a qualitative study of general practitioners' and patients' perceptions of antibiotics for sore throats. *British Medical Journal 317*, 637–642.

Chamberlain, O., Patterson, G., Reid, J., Kavanagh, K., Forgatch, M., 1984. Observation of client resistance. *Behavior Therapy 15*, 144–155.

Egan, G., 1994. The skilled helper: a problem management approach to helping. Brooks/Cole, Pacific Grove.

Gilligan, T., Mason, P., 2008. Engaging motivation 2 (DVD). Pip Mason Consultancy Ltd, Birmingham.

Miller, W.R., 1983. Motivational interviewing with problem drinkers. *Behavioral Psychotherapy 1*, 147–172.

Miller, W.R., Sovereign, R., 1989. The check–up: a model for early intervention in addictive behaviors. In: Loberg, T., Miller, W.R., Nathan, P.E., Marlatt, G.A. (Eds.) Addictive behaviors: prevention and early intervention. Swets & Zeitlinger, Amsterdam.

Miller, W., Benefield, R., Tonigan, S., 1993. Enhancing motivation for change in problem drinking: a controlled comparison of two therapist styles. *Journal of Consulting and Clinical Psychology 61*, 455–461.

Miller, W.R., Rollnick, S., 2002. Motivational interviewing: preparing people for change. 2nd edn., Guilford Press, New York.

Silverman, D., 1997. Discourses in counselling: HIV counselling as social interaction. Sage, London.

Yablonsky, L., 1989. The therapeutic community: a successful approach for treating substance abusers. Gardner Press, New York.

상담 마치기

Ending the consultation

CHAPTER 8

이 장에서는

- 개요
- 변화할 준비가 되지 않은 환자
- 여전히 변화에 대해 확신할 수 없는 환자
- 변화할 준비가 된 환자
- 제대로 상담했는지 어떻게 알 수 있나?
- 변화가 지속되지 않는다면?

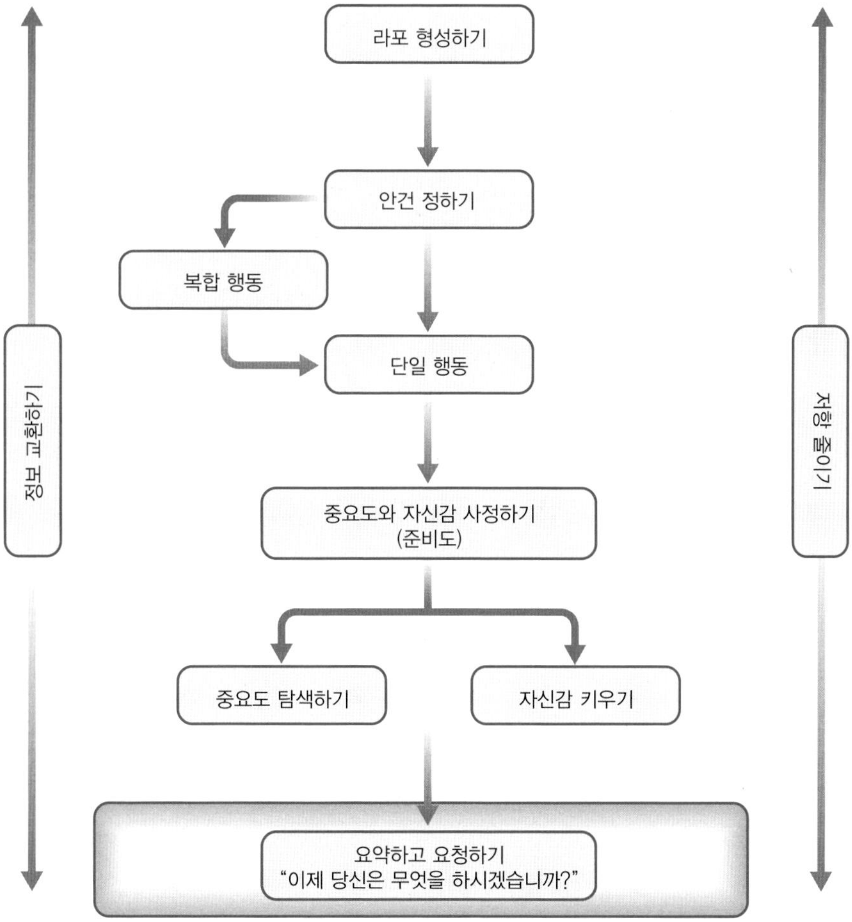

그림 8-1 • 요약하고 요청하기 '이제 당신은 무엇을 하시겠습니까?'

글상자 8-1 유용한 질문

1. 자, 이제 어떻게 하시겠습니까?
2. 지금부터 우리가 다시 만날 때까지 무엇을 하는 것이 도움이 될까요?
3. 당신의 다음 단계는 무엇인가요?
4. 당신의 결심을 도울 수 있도록 제가 드릴 수 있는 정보가 무엇일까요?
5. 변화를 위한 이전의 시도들에서 무엇을 배웠나요? 당신이 경험한 가장 최선의 방법은 무엇인가요?

개요

> 이전까지 그것에 대해 정말 생각해보지 않았어요. 무엇을 할지 결정하기 전에 그것에 대해 좀 더 생각해보고 거리를 두는 것이 필요해요.
>
> 저는 당신이 말하는 것을 이해하고 아마도 당신이 옳다는 것도 알지만, 단지 지금은 그것에 대한 저의 방식을 알 수가 없습니다.

상담의 종결이 항상 환자들에게 분명한 행동변화를 가져오는 것은 아니다. 우리는 종결의 시간이 다가오면 행동을 밀어붙여 깔끔하게 끝내고 싶은 유혹을 받는다. 그러나 이러한 행동은 환자들에게 압박감을 느끼게 하여 저항을 일으킬 위험이 있다. 자켓을 사기 위해 방문한 상점에서 지나치게 구입을 권유하는 점원 때문에 사지 않고 나와 버린 적이 있는가? 아니면 중요한 물건을 사기 전에 집에 가서 하룻밤 신중하게 생각해본 적이 있는가? 성급한 결정들이 항상 최선은 아니다.

우리의 상담은 매우 짧지만 변화를 향한 여행은 길지도 모른다. 예전에는 어린이들이 길에서 굴렁쇠를 굴리며 놀곤 했었다. 굴렁쇠는 그 자체의 추진력을 갖고 있었다. 본래 경향이 굴러가는 것이었다. 때때로 경로를 유지하거나 떨어지는 것을 막기 위해서 자극(쿡 찌르기)이 필요하였다. 우리의 상담은 어린이의 자극과도 같다. 가끔 도움이 되지만 변화를 위한 실제 가속도는 환자에 의해 조절된다. 결국 모든 상담은 구분된 사건이기보다는 전체 과정에서 볼 때 하나의 조각처럼 보인다. 그러므로 우리에게 필요한 것은 변화과정을 종료하지 않고 상담을 끝내는 방식이다. 우리 스스로 좋은 상담이 긍정적인 행동계획을 가지고 올 것이라고 가정하는 것에서 자유로울 필요가 있다. 우리는 마케팅에서 말하는 '매진(close the sale)'을 할 필요는 없다.

상담을 종료하는 좋은 방식은 지금까지의 논의를 요약하고 환자에게 열린 질문으로 '자, 이제 어떻게 하시겠습니까?'라고 묻는 것이다. 환자의 대답은 당신에게 다음 단계가 어디로 가야할지 알려줄 것이다.

그것이 중요하다는 걸 알지만 지금 우선적으로 필요한 다른 것이 있습니다. [변화할 준비가 되어 있지 않음]

이것에 대해 좀 더 생각해보고 가족들과 얘기해봐야 할 것 같습니다. [여전히 확신하지 못함]

그렇게 하는 것을 이해할 수 있습니다. 시작하는 가장 좋은 방법은 무엇인가요?

이제 어떻게 해야 하나요? [변화할 준비가 됨]

주의사항

우리는 앞으로 이 문제에 대해 대화를 지속하길 원한다. 세 가지 나쁜 결과들은 다음과 같다. 첫째, 만약 환자가 성급히 생각한 비현실적 행동계획을 갖고 돌아간다면 그것을 유지하는 데 실패하고 되돌아와서 그것을 인정하는 것이 당황스러울 것이다. 둘째, 만약 환자가 잔소리를 듣거나 판단을 당하는 느낌을 받는다면 이것은 도움이 되지 않는다. 다음에 그들이 우리의 도움이 필요할 때 다가오는 것을 꺼리게 된다. 왜냐하면 우리는 계속 그들을 변화시키려고 노력하기 때문이다. 셋째, 변화를 꺼리는 환자들을 '숙고 전 단계'로 진단하고, 다시 그 주제에 대해 이야기하는 것을 신경 쓰지 않은 채 그들을 실패자로 여긴다면 우리는 최선을 다한 것이 아니다.

변화할 준비가 되지 않은 환자

상담이 끝날 때까지 변화를 결심하지 못한다면 긍정적으로 느끼는 것은 어렵다. 심지어 아마 그들이 변화하지 않겠다고 분명히 결심했을 때보다 더 어렵다. 우리는 그들의 결정을 존중해야만 한다는 것을 안다. 하지만 그것이 진정 의미하는 것은 무엇인가?

우리가 그것을 좋아해야 한다는 것을 의미하는 것은 아니다. 때로 우리는 그들에게 정말 도움이 되는 것을 할 준비가 되지 않았음을 느낄 때 진정한 슬픔을 느낄지도 모른다. 그들이 지속적으로 나쁜 건강 또는 위험을 각오하는 것이 가족들이나 우리에게 더 큰 일을 만들 것을 알기 때문에 화가 날지도 모른다. 이것은 그것이 정말 그들의 삶이고 어떤 위험을 감수하고 어떻게 살아갈 것인가를 선택할 권리가 절대적으로 그들에게 있음을 받아들이는 것을 의미한다. 어떤 사람은 기름진 음식을 좋아하기 때문에 비만이라는 건강의 위험을 감수한다. 또 다른 이는 위험 그 자체가 흥분을 주기 때문에 휴가에 언덕을 내려가는 스키를 타면서도 손상의 위험을 감수한다. 가능한 한 우리의 역할은 이러한 결정들을 잘 아는 상태에서 내리고 사려 깊게 하도록 보장하는 것이다.

어떤 경우에는 건강하지 못한 선택을 하는 환자와 함께 위험을 줄이는 역할을 하게 된다. 우리는 흡연자의 폐 감염을 다루고 아이들을 위해 집에서 금연하는 것에 대해 이야기한다. 그리고 생활습관의 변화를 원치 않는 고혈압 환자에게 고혈압 약물을 투여할 것이다.

'변화를 고려할 때 무엇이 필요한가요?'라고 묻는 것은 흥미로울 수 있다. 그러한 질문은 안건에 대한 주제에 집중할 수 있다. 대답을 숙고하는 것은 환자가 그들이 말하는 것에 주의를 기울이고, 그 결정을 편안한 것으로 느끼는지 점검하도록 돕는다.

실무자: 자, 한편으로 당신의 건강과 아이들을 보호하기 위해 금연해야 한다고 느낍니다. 하지만 아직 준비가 되어 있지 않군요. 그래서 당분간 계속 흡연을 할 것입니다. 이런 결정을 다시 고려해보려면 어떤 일이 일어나야 하나요? 1~2년 내에 당신의 마음을 바꿀만한 것이 있을까요?

환자: 글쎄요... 저의 흡연 때문에 자식 중 한 명이 아프게 된다면 그럴 수 있을 거 같습니다.

실무자: [반영하며] 아직 금연할 준비가 되지 않았지만, 흡연 때문에 아이 중 한 명이 아프게 된다면 금연을 다시 생각해보시겠다는 거군요.

환자: 제가 말하려고 한 것입니다. 음….

만약 환자들이 자신의 결정과 권리가 존중받고 있음을 느낀다면, 미래에 다시 고려할게 될 때 도움받기 위해 오는 것을 편안하게 느끼게 될 것이다. 당신은 그들이 기대하는 것을 제공한다. 즉, 그들은 판단이나 괴롭힘을 당하지 않을 것이며, 그 결과 그들의 길을 찾도록 도움을 받을 것이라는 걸 알게 된다. 문은 열린 채로 있다.

여전히 변화에 대해 확신할 수 없는 환자

가끔, 환자는 변화에 반대되는 결정을 하기보다 변화과정에 걸리는 시간이 많을지에 대해 생각해보게 된다. 어떤 면에서 그들의 변화가 중요하지만, 그 변화가 그들이 잃어버리게 될 것을 희생할 만큼 충분히 중요한가? 그들은 행동 능력에 대한 약간의 믿음이 있지만, 자신감에서는 부족하다. 그들은 좀 더 거리를 두고 생각할 필요가 있으며, 우리는 그들이 이것을 할 수 있도록 도와야하는 것이다.

결정 대차대조표(표 5-2 참조)는 환자들이 초점을 맞추도록 도울 수 있다. 당신은 이미 그들과 함께 이것을 사용했을 것이다. 하지만 집에 가져 가서 생각해보게 하는 것이 좀 더 명확성을 가져올 수 있다. 공유하기에 적절한 주제라면 가족구성원들이 그것에 추가할 수도 있다. 만약 환자와 지속적인 관계를 갖는다면, 다시 그들을 만났을 때 물어볼 수 있다. '우리가 마지막으로 얘기한 후로 X에 대해 더 생각해 보신 것이 있나요?' 6장에서의 이끌어내기-제공하기-이끌어내기를 기억하고, 가져가기 적당한 정보가 주어진다면 도움이 될 것이다.

변화할 준비가 된 환자

많은 상담에서 환자들은 변화를 결심하는 순간에 도달하게 될 것이다. 일단 결심을 하게 되면, 다음 단계는 행동계획이다. 이것은 약물을 변경하는 것과 같이 간단할 수도 있다. 반면 체중감량을 위해 식습관을 계획하는 것처럼 복잡할 수도 있다. 이후의 약속까지 미루어야 하거나, 또는 그 분야의 다른 전문가와 함께 하도록 의뢰된다. 환자를 북돋우는 원칙은 남아 있다.

- 가능한 한 환자들이 생각하게 한다. 도움을 필요로 한다면 다른 사람들에게 효과가 있었던 방법들의 메뉴를 제공하고, 자신에게 효과가 있을 것 같은 방법을 선택하도록 격려한다.
- 이러한 특정한 변화 과정에 대한 정보를 교환한다(예를 들면 금연 시 갈망, 금단 증상과 같은 공통된 경험에 대한 정보와 건강식습관 프로그램에서 합리적인 체중감량의 기대 정도).

- 저항에 주의한다. 행동으로 앞서가려는 열정에 너무 빨리 나아가려는 유혹을 받을 수 있다. 환자의 반응은 당신에게 이것에 대한 피드백을 제공할 것이다. 만약 그들보다 당신이 앞서간다면, 속도를 늦추어라. '아마 지금 결정을 했기 때문에, 어떻게 그것을 달성할지에 대해 조금 더 생각해보는 것이 더 좋습니다.'

그들이 가기 전에 먼저 물어본다. '다음 단계는 무엇입니까?' MI에서 환자로부터 변화대화를 이끌어내는 것은 중요해 보인다. 변화대화의 가장 강한 형태는 약속(commitment)이다. 만약 환자가 스스로에게 '집에 도착에서 가장 먼저 할 일은…' 또는 '나는 이제 시작해야 해. 가장 첫 단계는 …'라고 말하는 것을 듣는다면, 그리고 올바른 방향으로 발을 내딛는다면, 당신을 떠난 후, 곧 계획이 일어나도록 할 가능성이 높다.

제대로 상담했는지 어떻게 알 수 있나?

가끔 당신은 우수한 실무와 환자와의 탁월한 관계를 구축하기 위한 모든 지침을 따르면서 훌륭히 일을 해내지만, 환자가 변화를 결심하는 것은 그(그녀)를 위한 결과가 아닐 수도 있다. 또 다른 경우, 상담 동안은 어설프게 뒤죽박죽이었지만, 환자가 열정적으로 행동계획을 갖고 떠나게 된다. 첫 번째는 실망스런 결과의 훌륭한 작업이 될 것이고, 두 번째는 가장 가능할 수 있는 결과를 갖고 온 형편없는 실무일 것이다. 임상실무에서 우리는 대중적 용어로 '성공률'에 관심을 갖지만, 전적으로 일의 결과를 환자가 한 결심과 동일하게 다루는 것은 불가능하다.

하지만, 반성적 실무자로서, 이따금 우리의 일들을 검토하고 평가하기를 원해서, 스스로에게 물어볼 질문들을 갖는 것은 도움이 된다.

만남에서 누가 대부분을 이야기하였는가?

이 접근을 사용할 때, 환자가 대부분의 이야기를 한다. 심지어 실무자가 이야기할 때도, 그들이 말하는 것의 대부분은 반영과 환자가 말한 것의 요약이다. 상담을 돌이켜 보았을 때, 당신은 그들에게 '잘 이야기하는' 또는 '잘 듣는' 것 중 어떤 식으로 느껴지는가?

이제 당신은 변화와 관련된 그들의 주요 걱정과 열망을 요약할 수 있는가?

여기는 당신이 정말로 잘 들었는지에 대한 테스트이다. 그들의 삶을 설명할 수 있는가? 그들이 당신에게 이야기하려고 노력한 것을 이해했는가? 그들에게 중요한 것을 들었는가? 또는 당신의 우선순위 이상으로 초점을 두었는가?

결정에 영향을 주는 정보를 얻을 수 있는 기회를 제공하였는가?

그들의 결정이 무엇이든, 그것은 잘 알고 내린 것(informed)이었나? 또는 적어도 당신이 정보를 제공하였는가? 비록 이 접근에서 경청이 말하는 것보다 더 강조되지만, 환자를 돌보는 우리의 임무는 그들의 의사결정을 도울 때 기반이 되는 정보를 점검하고 새롭게 하는 책임이 있다는 것을 의미한다.

변화에 대한 책임이 환자에게 있다는 것이 당신과 환자 모두에게 명백한 것인가?

상담을 되돌아봤을 때, 당신의 언어는 책임감에 대한 어떤 메시지를 전달하였는가? 당신은 '우리가 선택할 수 있는 것들은… 또는 당신이 선택할 수 있는 것들은…' 이라고 말했는가? 만약 환자가 꺼리거나 저항을 한다면, 다음과 같이 당신은 그들의 개인적 통제력을 강조하였는가? 그것은 당신의 선택입니다, 이것에 대한 당신의 요구이며…, 또는 당신의 선택 방안들을 그들과 이야기하고자 노력했는가? 아마 가장 중요한 것은 그 때와 지금, 당신의 마음 속에 책임감이 시작되고 끝나는 지점이 명확한가일 것이다.

변화가 지속되지 않는다면?

비록 당신이 열심히 하더라도, 환자들은 변화를 위한 단호하고 강력한 결정을 한 후 잠시 동안 잘 유지하다가 다시 과거의 습관으로 돌아가곤 한다. 이것은 그들에게 실제로 더 중요한 것이 있음을 말해준다. 그들은 정상적이다! 오래 지속되는 생활습관을 변화시키는 여정은 일시적인 시도들의 연속을 통과하면서 이루어지며, 어떤 이들이 다른 이들보다 더 성공하기도 한다. 각각의 시도들은 특정한 환자들에게 여정을 돕거나 방해하는 것들에 대해 더 배울 수 있는 기회가 된다. Prochaska 등(1994)은 2년 동안 변화과정을 추적한 결과 적어도 한 번의 실수도 없이 성공한 사람은 겨우 5%에 불과하였다고 보고하였다. 그들은 이를 변화의 나선(spiral of change)이라고 지칭하였으며, 재발(relapse)보다는 재순환(recycling)에 대해 이야기하였다. 원점으로 돌아가는 것 대신, 사람들은 최근의 경험과 실수에서 배운 교훈들을 포함하여 빨리 다음 시도를 위해 준비한다. Saunders와 Allsop(1991)은 재발한 알코올중독자를 어떻게 도울 것인지를 설명할 때 유사한 모델을 사용하였다.

원칙적으로 철학적인 것은 매우 좋다. 하지만 실무에서는 우리가 실패라는 단어를 피하려고 노력함에도 불구하고 정말 실패한 것처럼 느끼게 된다. 감량했던 체중이 다시 늘었다거나, 또는 잠시 금연했다가 다시 흡연을 하는 것은 실망스럽다. 가족 구성원들은 낙담한다. 만약 상담이 결과목표를 설정해놓는 프로그램의 일부라면 우리는 실망하고 좌절할 것이다. 흩어진 조각들을 모으고 다시 시작하는 것보다 긍정적인 접근으로 나아가기 전에 이러한 감정들을 인정하는 것이 더 도움이 된다. 자전거타기를 배우는 아이들이 떨어지는 것이 비슷한 비유가 될 수 있다. 다시 용감하게 시도하기까지 몇 번이나 울기도 하고 포옹도 필요하다.

실무자: 올 초에 감량했던 체중이 다시 늘어나서 매우 실망하셨군요.

환자: 네, 이번에는 미친 듯이 했다고 생각했고, 훨씬 더 보기 좋고 느낌도 좋았어요.

실무자: 상황이 다를 수 있다는 걸 느끼셨군요.

환자: 네. 다시 시작해야만 하는 것이 너무 힘듭니다. 하지만 이번에 다시 한다면, 할 수 있을 거 같습니다.

실무자: 만약 여전히 그것이 중요하다면 또 다른 시도를 하려고 결심할 겁니다. 우리가 잘한 것과 지난 번 잘하지 못했던 것 모두에서 배울 수 있는 많은 것들이 있습니다.

어떤 재발들은 매우 명쾌하다. 예를 들면 금연기간을 끝낸 흡연자가 담배 한 보루와 라이터를 사서 다시 흡연을 하기로 결정하는 것이다. 다시 담배를 피는 결정은 의도적이고 의식적인 행동이다. 다른 재발들은 서서히 퍼진다. 예를 들면 일주일에 4회 체육관에 가던 사람이 직장 때문에 주말에만 가게 되고, 다른 약속들 때문에 주말에도 여러 번 빠지게 되면서 체육관에 가는 사람이라는 스스로의 이미지는 갖고 있지만, 마침내 활동을 거의 하지 않게 되는 경우이다. 그러한 과정을 되돌아보면서 한 방향이나 또 다른 방향으로 몰아서 변화를 따라가는 것과 환자의 비의도적인 불이행을 주의하는 것은 도움이 될 수 있다.

다른 시도로 성급하게 밀어붙이지 않는 것이 중요하다. 흔히 금연서비스에서는 재발했던 흡연자들이 또 다른 금연을 시도하기 전에 몇 주나 몇 달을 기다리도록 권유한다. 정말로 준비가 되기 전에 다시 시도하는 것은 더욱 재발을 일으키게 하며, 학습의 경험이 될 수는 있지만 너무 많은 실패들에 압도되면 의기소침하게 만들 수 있다. 재발 후 다시 변화과정으로 돌아오도록 돕기 위한 주요 업무는 보통 자신감을 높이는 것이다. 하지만, 많은 재발들은 삶 속에서 다른 사건들 때문에 일어나며, 행동변화는 덜 중요한 것이 되고, 지금 그것이 우선순위인지에 대한 재평가가 요구된다.

요점정리

- 상황은 단 한 번의 회기로는 해결되지 않지만 괜찮다. 만약 환자가 생각할 것을 갖고 떠난다면, 한 번의 짧은 중재에서 좋은, 현실적인 결과가 도출될 수 있다.
- 행동으로 옮길 때, 환자의 선택과 임파워먼트의 정신을 유지하는 것이 중요하다. 처방은 저항의 위험이 있다.
- 변화는 보통 하나의 사건이 아니라 여정이다.
- 재발은 정상적인 것이며, 여정의 끝이며, 새로운 여정의 시작이기도 하다.

참고문헌

Prochaska, J.O., Norcross, J.C., Diclemente, C.C., 1994. Changing for good. William Morrow, New York.

Saunders, B., Allsop, S., 1991. Helping those who relapse. In: Davidson, R., Rollnick, S., MacEwan, I. (Eds.) Counselling problem drinkers. Routledge, London.

CHAPTER 9

보편적 임상 상황

Common clinical encounters

이 장에서는

- 흡연에 대하여
- 심장재활: 다양한 논의
- 안전한 성행위를 격려하기
- 체중 관리
- 문제가 행위가 아니라 감정일 때
- 스스로 돕지 못하는 사람들
- 더 많은 약물을 원하는 환자
- 가능성이 거의 없는 설명이나 힌트를 찾는 환자

이전 장에서는 상담에서 주의해야 할 환자행동을 포함하여 다양한 작업적 접근에 대해서 서술하였다. 이 장의 목적은 임상 상황의 예를 통해서 이러한 접근의 실례를 보이는 것이다. 행동변화에 대한 일관성을 위하여 이러한 전략을 광범위하게 적용해야 한다. 같은 주제의 대화가 반복하여 등장한다. 그러나 각각의 장면마다 실무자가 반드시 상황에 적합한 전략을 적용해야 하는 독특한 대화가 이루어진다는 점에서 뚜렷한 차이가 있다. 아래의 임상적 시나리오는 좋은 실무 모델을 의도하기보다는 실무자가 상황 속에서 도구를 어떻게 사용할 수 있는가에 대한 실례이다.

흡연에 대하여

사례

당신은 일차진료를 하는 개원의이다. 환자는 기관지염이고 항생제를 원한다. 당신도 알다시피 환자는 심한 흡연자이다.

당신은 만성질환관리 클리닉에서 일하는 간호사이다. 고혈압이나 당뇨환자가 진료를 받기 위해 온다. 환자는 상태가 잘 조절되지 않았으며, 계속해서 담배를 피운다.

목표

- 건강문제에 직면하였을 때나 이미 형성된 건강문제가 불건강행위와 직접적으로 연결되었을 때, 가장 '가르치기 쉬운 순간'을 만드는 것
- 환자가 스스로 목표를 확인하는 구조를 제공하는 것
- 목표는 현실적이고, 환자의 변화를 위한 자원 위에 세워진다는 것을 확실하게 하는 것
- 내적인 동기를 극대화하고, 환자 자신의 생각과 변화를 위한 자원을 이용하는 것
- 흡연은 개인적이고 사회적인 요인들의 복합적인 연결망에 의하여 영향을 받는 주요한 중독이며, 한 번의 간단한 상담으로는 거의 극복하기 어려운 것이라는 점을 깨닫고, 이러한 상담에서 행동변화에 대한 목표는 개별 환자들이 놓여있는 변화의 시점과 그것을 통찰하는 자신의 능력에 대한 자신감에 따라 다양하게 설정된다. 단순히 변화를 위한 단초를 제공하는 것도 가치있는 성취이다.
- 환자들이 과거에도 반복적으로 들은 적이 있는, 환영받지도 못하는 강의를 되풀이하는 것을 피하는 것
- 불가능한 목표를 설정하여 다음 상담시에 환자들이 실패감과 좌절을 느끼는 것을 피하는 것
- 환자를 감시하려 하고, 변화시키는 데 실패하여 좌절 상태가 되는 것을 피하기
- 환자에게 자신들을 위한 삶을 살도록 하기보다는 효과적인 결정을 할 수 있는 구조를 제공하는 것

원칙과 전략

- 환자 관점의 이해라는 목적을 (재)확인함으로써 위협적이지 않은 방법으로 문제를 제기하고 비록 그들의 결정이 최고(최선)의 의학적 지식에 반하더라도 그것을

존중할 것

- 환자에게 금연이 얼마나 중요한지를 탐색하게 하고, 금연에 성공할 수 있는 자신감을 갖도록 하는 것
- 중요도가 낮다고 하더라도 중요도에 대한 유용한 척도질문을 통해서 집중하도록 할 것
- 흡연의 장점과 단점에 대한 질문을 통해서 중요도를 깊게 탐색할 것
- 금연이 중요하게 여겨지지 않은 환자에게 비판단적 방법으로 정보를 공유할 수 있게 하는 것, 문을 열어두는 것
- 환자에게 금연이 중요하지만, 자신감이 낮은 경우에는 지각된 방해요인에 대해 연마하도록 할 것, 자신감의 상승에 대해서 유용한 척도질문을 시도할 것
- 라포를 증가시키기 위하여, 환자의 전형적인 일상생활을 묻고, 환자가 자신의 흡연에 대한 관점을 갖도록 할 것
- 환자 스스로 밝힌 방해요인을 성공적으로 없애기 위한 방법을 브레인스토밍할 것
- 수용가능한 목표를 협상할 것
- 추후관리에 동의할 것

실례

실무자: 예, 당신은 다시 기관지염에 걸린 것 같군요. 우리가 만일 흡연에 대해서 잠시 이야기할 수 있다면, 가슴사진이 좀 더 깨끗해지고 건강이 좀 더 나아지도록 도울 수 있을 것 같아요. 나는 당신께 또 다른 강의를 하려는 것은 아니예요. 당신은 분명히 한 번 혹은 그 이상 강의를 들었을 테니까요. 오늘의 목적은 흡연에 대한 당신의 관점을 이해하는 것입니다. 아시겠죠? 당신은 어떤 종류의 흡연가인 것 같으세요? [환자가 반응하는데, 보통은 짧게 이루어진다.]

실무자: 제가 분명히 이해하기 위하여 두 가지 질문을 하겠습니다. 점수로 응답하시기 바랍니다. 첫째, 당신은 지금 금연하는 것이 얼마나 중요한 일입니까?

1은 '전혀 중요하지 않다.'이고, 10은 '매우 중요하다.'입니다. 몇 점입니까? [환자는 잠깐 생각하고 답을 한다.]

실무자: 네, 잘 하셨어요. 자, 흡연을 끊고 금연자로 남을 수 있는 자신감에 대해서 묻겠습니다. 만일 당신이 금연을 시도하고 금연자로 남는 것에 대해서 1은 '전혀 자신이 없다.'에서 10은 '매우 자신이 있다.'입니다. 지금 몇 점입니까?

만일 중요도가 낮다면, '당신은 금연의 중요도에 대해서 3점을 주었습니다. 왜 1점이 아니지요?' 환자의 변화에 대한 동기가 무엇이든지 간에, '나는 흡연이 나쁘다는 것을 알지만, 담배를 피우고 싶은 것을 참을 수 없어요.' 등과 같이 그 자리에서 드러날 것이다. 이런 것을 변화대화라고 한다(Miller & Rollnick, 2002).

자신감이 주요 문제라면, 다음과 같은 질문들이 자신감을 묻는 질문이다. 내가 무엇을 해드릴 수 있을까요? 혹은 이 클리닉에서 자신감을 3에서 6 혹은 7로 올릴 수 있도록 도울 수 있을까요?

낮은 자신감이 주요 문제일 때, 환자는 보통 양가감정을 느낀다. 흡연에 대해서 이리저리 묻게 되면 환자의 딜레마를 보다 예리하게 초점화할 수 있게 된다. 양가감정을 명백하게 하기 위하여 긴장을 고조시키면 변화에 대해서 즉각적으로 신중하게 성찰하게 된다.

환자의 행동이 자신에게 어떤 영향을 미치는지와 어떻게 반응해야 하는지에 대해서 환자 스스로 평가하게 하는 것이 더 낫다는 개념을 세우고, 실무자는 질문 속에서 환자가 스스로 무엇을 좋아하는지와 싫어하는지를 말하게 한다. 환자가 긍정적인 측면들을 목록화한 후에, 실무자는 방해하거나 해석하지 않고, 환자에게 부정적인 측면들도 목록화하도록 한다. 실무자는 환자가 사용한 단어와 가능한 한 유사한 단어를 사용하여 딜레마의 긍정적인 면과 부정적인 면을 요약한 다음, 환자에게 이러한 요약이 자신의 느낌과 생각으로 어떻게 남는지를 말하도록 한다. 이때 실무자는 환자에게 자신이 생각하는 건강에 대한 안건을 주입하고자 하는 강한 열망을 참아야 한다.

실무자: 흡연하면 어떤 점이 좋은지 말해보세요.

환자: 당신이 정말로 내가 흡연의 어떤 점을 좋아하는지 알고 싶어요? 내가 전에 만난 사람들은 욕만 했어요. 글쎄… 흡연은 확실히 이완을 하게 해줘요. 모든

것이 불확실함 속에 있는 내 일의 특성상 확실히 흡연이 필요해요. 당신도 알다시피 나는 매우 스트레스가 많은 삶을 살고 있어요. 뜻밖이겠지만, 담배를 피우는 것은 나 자신에게 무엇인가를 주는 느낌이에요. 마치 나를 위한 시간과 같은 느낌이죠. 또 내 친구들과 술을 마실 때 흡연을 즐겨요.

실무자: 좋아요. 그럼 흡연을 하면 싫은 점에 대해서 말해주세요.

환자: 글쎄… 아내가 잔소리를 하고, 아이들도 냄새가 난다고 싫어하고, 또 때때로 폐가 나빠질까봐 걱정을 하기도 하지요.

실무자: 좋아요. 당신은 스트레스가 많은 일을 하고 있는데, 흡연은 자신만의 시간을 주고, 이완을 하게 하고, 사회 생활을 돕는군요. 하지만 한편으로는 흡연 때문에 가족이 싫어하고, 때때로 건강에 무슨 영향을 미치지나 않을지 걱정이 되기도 하는군요. 바르게 요약을 했나요? 좋아요. 흡연에 대한 당신의 지금 느낌은 어떠신가요?

환자: 글쎄, 확실히 문제이기는 하네요. 앉아서 좀 생각을 해야겠어요.

또 다른 유용한 전략은 전형적인 하루(Typical Day) 전략인데, 실무자는 환자에게 전형적인 일과를 생각하도록 하고, 그 날에서 흡연이 일어난 곳을 말하게 하고, 그것에 대해서 어떻게 느끼는지를 말하게 한다. 다시 실무자가 끼어들어 교훈을 이끌어내고자 하는 유혹을 피해야 한다. 자기-조작화의 과정이 때로는 외적인 개종보다 훨씬 더 강력한 스승이다. 이는 또한 라포를 형성하는 것을 돕고, 인간으로서 환자를 이해하게 한다. 이러한 대인관계적 이해와 상호존중의 일관성은 매우 강력한 치료적 도구일 수 있다.

흡연을 포기하려는 환자에게는 지금이 중요한 것이 아니라, 허무주의를 피하는 것이다. 때때로 변화에 저항하는 환자들의 양가감정을 탐색하여 놀라울만한 성공을 이룰 수 있다. 이들은 기회주의적 건강증진을 받아들이지 않는 신중한 집단이다 (Sesney et al 1997).

비판단적 방법으로 정보 공유를 제안하는 것:

확실히 당신은 지금 당장 금연을 할 준비가 되어있지는 않군요. 좋습니다. 결국은 당신의 결정이고 누구도 당신을 대신해서 결정해줄 수는 없어요. 그러나 흡연의 영향에 대한 최신의 의학적 정보와 약간의 새로운 치료법이 당신의 의사결정을 도울 수 있지 않을까 싶습니다.

일반적 개념으로 정보를 주려고 노력하는 것과 대상자에게 스스로의 특정한 환경에 대한 해석을 제공하는 질문을 하는 것:

> 연구에서는 명백히 흡연은 당뇨가 없는 사람들보다 당뇨가 있는 사람들에게 더 해를 미치는 것으로 나타났습니다. 평균 50세의 흡연을 하는 당뇨환자가 담배를 끊으면 3년을 더 살 수 있다고 합니다. 나는 당신이 어떻게 하실지 궁금합니다.

많은 환자들이 이미 흡연의 나쁜 영향에 대해서 본인들이 알기를 원하는 만큼 다 알고 있다고 말한다. 일반적으로 흡연자들은 흡연의 부정적인 결과에 대해서 잘 알고 있고, 우리가 수행한 질적인 면담연구에서도 기흡연자들은 반-흡연 정보에 이미 포화되어 있음을 느낀다는 것을 보여준다.

> 좋아요. 당신은 알기 원한다고 느끼는 것만큼 흡연에 대한 좋은 점과 나쁜 점에 대해서 많이 알지요. 그러나 이 점에 대한 정보를 받아들이는 것에 동의할 수 있나요? 때때로 쟁점들은 변화하니까 만일 언제라도 이 문제를 토의하고 싶다면, 부담없이 언제라도 문의하세요. 그런데, 프랑스에 사는 한 여성이 112세에 갑자기 금연을 하겠다고 결심한 것에 대해서 알고 계세요?

환자 중에서 금연이 중요하다고 느끼지만 자신감이 낮은 경우에는 브레인스토밍을 통해서 환자의 독특한 상황에 대한 의미있는 실무 방법을 찾을 수도 있다. 환자가 흡연을 포기하는 것에 대한 주요한 방해요인이 살이 찌는 것에 대한 두려움일 수 있다. 실무자는 대상자에게 특정한 장애물에 태클을 걸 수 있는 광범위한 접근을 한다. 예를 들면 실무자는 '당신은 사람들이 살을 빼기 위해서 하는 방법들에 대해서 알고 있나요?'와 같은 질문을 하거나 환자가 자신만의 제안을 제시하기 전에 스스로의 해결책과 해석을 제공하도록 격려한다. 일반적으로 다양한 주제영역이 있는데, 운동, 식이, 약물, 덜 먹는 것, 다르게 먹는 것, 체중감량 프로그램 등이다. 실무자의 질문으로는 '이러한 방법들 중에서 당신께 지금 적합한 것은 어느 것이죠?' 다시 환자는 자신에게 가장 적합한 방법을 선택하도록 격려를 받는다. 환자들은 다음과 같이 말할 것이다. '예, 음… 나는 다르게 먹는 것을 해 볼 수 있을 것 같아요.' 실무자는 다시 다음과 같은 제안으로 건너뛰는 것은 피해야 하는데, 예를 들면 '패스트푸드를 먹는 것을 중단하고 튀긴 음식을 먹지 마세요.' 등이다. 대신에 환자가 가능성을 밝힐 수 있도록 한다. 창의적이고 놀라운 제안은 종종 실무자들이 수천 년 동안 생각해보지 않았으나, 대상자들에게는 즉각적으로 도달할 수 있는 것에서 나올 수 있다.

환자에게 불가능한 목표를 설정하는 것은 실무자와 환자 모두에게 피할 수 없는 실패를 준다는 가르침을 준다. '내가 전에 말했듯이, 그리고 내가 다시 말하려고 하는 것은 다음 상담전까지, 반드시 금연을 하고, 오직 샐러드만 먹고, 과음을 하지 않고, 운동과 이완 프로그램을 시작해야 합니다.' 이것은 말도 안 되는 일이다. 환자가 선택한 작업의 목표는 단기간이고 도달가능한 것이어야 한다. 불건강한 행동을 보이는 대부분의 환자들은 현재의 문제점을 갖기까지 여러 해가 걸렸고, 수없이 반복해서 변화해야 한다는 말을 들었다. 또한 내재된 실패감과 때때로 분노를 느끼는 실무자들에게 다시 돌아가는 것에 익숙해져 있다. 환자들은 자신만의 문제거리를 말하기 전에 실무자들의 책망을 참고 견뎌야 한다는 생각을 가지고 의례적으로 실무자를 찾는다. 환자들에게 자신을 실패를 기억하게 하는 것은 조급함과 스트레스에 휘둘리는 것과 상반되는 것으로, 일을 해낼 수 있다는 자신감을 해치게 된다. 그러나 종종 실패가 다른 실패를 야기하는 것처럼, 성공은 또 다른 성공을 낳는다. 성공은 환자들이 다음 방문에는 좋은 소식을 갖고 올 수 있을 것이라는 점을 확신하게 하는 것이고, 환자 자신과 실무자 간에 새로운 방식으로 관계를 맺는 첫 번째 단계가 된다. 피우는 담배의 개수를 늘리지 않는 것, 또는 일주일에 두 번씩 개와 함께 한 블록을 걷는 것 등에 동의하는 것이 건강한 생활을 위한 긴 여정의 시작일 수 있다.

저항은 가끔 건강한 생활에 대한 시작 단계에서 나타날 수 있다.

> 예, 나는 금연을 하고 싶어요. 나도 정말 그러고 싶은데, 내가 시도를 할 때마다 미칠 것 같아서 곧 아이의 머리를 물어 뜯을려고 해요. 심지어 남편은 '그러려면 제발 나가서 담배를 피워라.'라고 말해요.

이때 실무자의 생각없는 반응은 다음과 같이 말하는 것이다.

> 나는 그것에 동의할 수 없어요. 물론 포기는 어렵지요. 그러나 한 주일이나 두 주일 동안 그런 시련을 견디어낸다면, 극복할 수 있을 겁니다. 삶에서는 때로는 핑계거리를 내려놓고 결단을 내릴 수 있어야 합니다.

그런 접근은 실무자-환자의 관계에 손상을 입히고 심지어는 환자가 실무자를 변경하거나 실무자에게 오는 것이 적절한 상황임에도 불구하고 실무자를 찾지 않게 한다. 다른 대안적 접근은 대상자의 관점에 대해 정확하게 동의하고 초점을 이동하는 것이다.

> 내가 알기로 일부의 사람들에서는 금연을 하면 신경에 큰 혼란을 초래할 수 있습니다. 정말로 힘든 일이지요. 나는 사람들이 벽에 올라타는 것을 본 적도 있습니다. 당신의 니코틴 금단증상이 그렇게 나타났다니, 유감입니다. 그러나 요즘은 그런 증상을 위한 치료법이 있습니다. 니코틴 금단증상을 완전히 없애는 것은 아니지만, 가볍게 하는 데 도움이 됩니다. 니코틴 대처요법에 대해서 알고 있는 것이 무엇인가요? 예를 들면 껌이나 패치를 알고 계세요? 또 다른 물질들도 있습니다.

또한 때로는 더 심각한 저항에 맞닥뜨리기도 한다.

> 예: 나도 패치를 해보기도 했는데, 나한테는 도움이 되지 않았어요.
>
> 또 너무 비싸요.
>
> 내 친구는 껌을 씹었더니 심각한 구강궤양이 생겼어요. 나는 끌리지 않아요.

때때로 실무자가 무엇을 말했던지 간에 *"네, 그러나"*라는 한 형태 혹은 다른 형태를 만나게 된다. 실무자와 환자의 대화의 과정에서 *"네, 그러나"*는 서로 치열한 상호작용 속으로 들어가는 것을 피하는 신호이다. 오히려 관계를 끝내는 과정이므로, 끝낼 때는 좋은 방식으로 개인의 선택이나 통제를 요약하고 강조한다.

> 맞아요. 당신은 심각한 금단증상이 있었고 니코틴 대처요법에 문제가 있군요. 동시에 금연은 지금 환자가 건강증진을 위해서와 더 오래살기 위해서 할 수 있는 중요한 일이죠. 당신이 전에 말했듯이 금연은 당신과 가족에게 중요한 일입니다. 금연을 하는데 쉬운 방법이 없다는 데 100% 동의합니다. 이제 끝마치려고 합니다만, 지금은 당신을 위해서 어려운 결정을 해야 합니다. 니코틴 대처요법은 그중 하나의 제안입니다. 아마 당신은 자신의 필요에 따라 더 적합한 방법으로 극복할 수 있을 겁니다. 결국 당신이 살아가면서 금연을 하는 것과 하지 않는 것이 필요한 상황에 대해서 전문가입니다. 당신이 직면하게 되는 생각에 대해서 말하고 싶으면 언제라도 제가 같이 하겠습니다.

요점정리

흡연자들은 이미 판단당하고 있다고 느끼고, 실무자가 제기하는 문제들에 대해서 방어적이다. 실무자는 공감을 보여야 하는 매우 어려운 일을 해야 한다. 환자들이 흡연에서 무엇을 좋아하고, 금연을 하는 데 무엇을 주저하는지에 대한 실무자의 진실한 호기심이 라포를 만드는 데 도움을 줄 것이다.

심장재활: 다양한 논의

사례

당신은 심장재활전문간호사이다. 환자는 안정형 협심증(stable angina)로 진단을 받았다. 환자는 일주일에 술을 35단위(125mL 짜리 와인 17.5잔, 맥주 15잔, 혹은 위스키 1.25병)를 마시고, 과체중이며, 거의 운동을 하지 않고, 정기적으로 패스트푸드 혹은 튀긴 음식을 먹는다.

목표

- 환자와 라포를 형성하고 유지하는 것. 환자와 실무자가 신뢰, 지지, 이해하며 이로움을 취하는 관계의 변화와 유지는 일생동안 이루어져야 한다.
- 실무자의 가치있는 시작은 환자의 태도에서 작은 변화나 오래된 문제에 대한 새로운 관점을 취하는 것을 받아들이는 것이다.
- 적절한 수준으로 위험에 대한 관심을 증가시키는 것(환자는 이상적으로는 심드렁하지도 않고 불안에 의해서 정상적인 생활이 어려울 정도로 지나치게 걱정하지도 않아야 한다.)
- 자신감과 책임감을 증가시키는 것
- 서로 작용을 미치는 각각의 관점안에서 총체적으로 생활양식을 바라볼 것. 하나의 불건강한 행위를 변화시키면 다른 것도 변화가 일어난다. 그러나 성격과 행위에서 상전벽해와 같은 극적인 변화를 위한 전반적인 권고를 만드는 것보다는 실현 가능성에 초점을 둔다.

- 증가되는 저항을 피할 것

원칙과 전략

- 모든 사람들에게 같은 대화(talk)를 하지 않을 것. 실무자의 정보는 환자의 요구를 목표로 할 것. 각각의 사람은 독특한 도전, 공포, 희망을 가진 유일한 인격체이므로 최대한 실무자의 관심과 이해를 받아야 마땅하다. 환자의 상태에 대한 원인과 과정에 대해서 환자 스스로 이미 알고 있는 것에 기초한다.
- 환자에게 적합한 언어로 비판단적이고 비위협적인 방법으로 정보를 공유할 것
- 생활양식의 변화에 대한 문제를 끄집어 낼 수 있는 민감성을 가질 것
- 언급되는 환자의 행동에 대한 현재의 주요한 관심을 밝히고, 준비성을 위하여 안건 정하기 목록을 사용할 것
- 하나의 행위에 초점을 둘 때, 변화를 위한 중요도와 자신감을 사정할 것
- 전형적인 하루(Typical Day) 전략
- 이득과 손실을 확인할 것
- 브레인스토밍 해법을 가질 것
- 획득가능한 목표에 대하여 협상을 할 것

실례

실무자: 당신의 기분이 좀 나아지고, 약물 복용이 괜찮아진다니 기쁩니다. 그러나 우리가 더 진행하기 전에 내가 정말로 말하고 싶은 것은, 당신의 회복에 가장 주요한 요소는 약을 더 먹더라도 당신이 자신의 생활양식을 잘 보살피는 것입니다. 이는 당신이 자신의 상태에 대해 알고 있는 것에 달려있습니다. 그래서 나는 필요한 정보와 현재 상태에 대한 당신의 이해를 먼저 확인하겠습니다.

환자: 예, 내가 알기로는 협심증입니다. 안정형 협심증, 전혀 심각한 것은 아니지요. 그래서 내가 전에 들은 적이 있는데…. 내가 약을 지속적으로 먹는 한 괜찮다는 것입니다.

실무자: 협심증의 원인에 대해서 알고 있습니까? 몸 안에서 무슨 일이 일어난다고 생각합니까?

환자: 심장으로 가는 피가 부족한 것이지요. 심장의 산소가 부족한 상태입니다. 심장근육에 피를 운반하는 동맥이 콜레스테롤 때문에 좁아지는 것입니다. 그러나 약이 콜레스테롤을 낮춰주니까 그렇게까지 나쁘진 않지요.

이미 등장하고 있는 저항을 알아채고(환자가 축소시키려고 하는), 표면적으로는 환자 본인의 상태에 대해 부적절하게 낮은 상태를 보이는 불안 수준을 알아챈다. 단순한 성찰적 경청을 한다(질문이 아닌). 환자가 지금 말한 것의 의미를 반영하는 진술들이 있다. 실무자의 어조는 문장의 끝에서는 낮아지게 한다. 그런 진술들이 환자로부터 설명적 반응을 이끌어낸다.

실무자: 당신의 협심증, 그러니까 심각하지 않은 거군요.

환자: 예,… 많은 사람들이 협심증이고, 일부는 심장발작을 일으킨다고 생각해요. 그러나 내 상태는 가벼워서 약이 원인을 제거하겠죠.

또 다른 성찰적 경청 진술을 이 시점에서 사용할 수 있다. *당신은 심장발작을 일으키거나 그렇지 않을 수 있다.* 혹은 실무자는 직접적인 질문으로 이동할 수 있다.

실무자: 문제의 원인을 무엇이라고 생각하고 있습니까? 약을 먹고 있다고 하더라도 무엇이 가벼운 협심증에서 심각한 협심증으로 바뀔 수 있게 할까요?

환자: 글쎄요, 병원에서 의사나 간호사들은 흡연에 대한 모든 것이 나쁘다고 하고, 흡연과 콜레스테롤이 협심증을 일으킨다고 하면서, 그것들이 심장을 나빠지게 할 것이라고 했어요. 그러나 나는 대부분의 내 친구들보다 더 피우는 것은 아니예요.

주의할 점은 탐색이 위험스러운 미끼가 아니라, 이러한 기대를 부추기는 도전적인 방법으로 반응함으로서 저항을 증가시키는 논쟁으로 진행되는 것을 피하도록 하는 것이다. 저항과 함께 구르기, 환자의 불안을 적절한 수준으로 증가시키는 데 초점을 둔 이동과 동의를 시도한다.

실무자: 당신의 말씀이 100% 옳습니다. 협심증은 좁아진 혈관에 의해서 심장근육에 산소부족이 온 것이고, 흡연과 콜레스테롤에 의해 악화됩니다. 흡연은 지

금 환자분께 가장 나쁜 영향을 미치는 중요한 요인입니다. 그러나 과체중, 과음, 스트레스, 비활동성 등도 상태를 악화시킬 수 있습니다. 또 환자분의 협심증이 지금은 경한 상태라는 것은 맞습니다만, 그럼에도 불구하고 혈관 손상이 있어서 아주 빨리 심각해질 수 있습니다. 생활양식 속에서 혈관을 좁게 할 수 있는 몇 가지의 나쁜 점을 변화시킨다면, 고통 없이 오래 살고 활동적인 삶을 살 수 있을 겁니다.

환자: 아 네, 그러나 지금은 경미한 상태이고 조절되고 있어요.

이 환자는 지속적으로 문제의 심각성을 부정한다. 여기서 시도할 수 있는 전략은 확대 반영이다. 목표는 환자에게 확대되거나 과장된 형태로 과거를 반영하게 하는 것이다. 이것은 매우 조심스럽게 수행되어야 하며, 야유나 적대감으로 나타나서는 안 된다.

실무자: 그래요, 당신은 생활양식을 변화시키지 않고도 잘 지내실 수 있어야겠지요.

환자: 아니요, 꼭 그렇지는 않아요. 나는 정말로 건강하게 지내고 싶어요. 나는 직장과 가족에 대해서 생각해요(마침내 잠깐의 변화대화가 등장한다.).

실무자: (개인의 조절을 강조하면서) 그래요, 환자분이 바로 여기 그 운전석에 앉아 있는 사람이예요. 당신의 삶이죠. 내 직업은 당신이 자신에게 가장 좋은 것이 무엇인가를 결정하는 데 도움이 되는 정보를 주고, 지지를 제공하고, 변화를 결정할 때 도움을 주는 것이예요. 나는 내 환자 중의 한 사람으로 매우 심각하게 진행될 수 있는 상태를 보이는 사람에 대해 관심을 갖고 있어요.

환자: 네. 나도 당신이 오직 나를 도우려고 한다는 것을 알지요. 그러나 나는 누구라도 나에게 잔소리하는 사람은 원하지 않아요. 병원에 입원했을 때 내 주치의는 나를 마치 말썽쟁이 소녀처럼 취급했어요.

실무자: 결단코, 잔소리가 아니에요. 내가 당신을 위해서 결정을 내려주는 것은 소용이 없다는 것을 알고 있고, 우리는 누구도 다행스럽게도 더 이상 여학생이 아니지요! 그래서 나는 지금 다른 어떤 것을 해보려고 해요. 여기에 차트가 있어요(실무자는 안건 정하기 차트를 내어 놓으며). 이것은 심장에 나쁜 영향을 미치는 생활양식의 몇 가지 부분들과 만일 당신이 그것들을 변화시킨

다면 당신의 모습이 좋아지는 것에 대해서 당신이 생각할 수 있도록 도울겁니다. 그러나 이 부분과 이 부분에는 환자가 스스로의 관심을 채워넣어야 하는 빈 공간들이 있다는 것을 주목하세요. 당신이 건강에 영향을 미칠 것이라고 느끼거나 이야기하고 싶은 부분들에 주목하세요. 이러한 것들 중에서 오늘 조금 더 알고 싶다고 여겨지는 부분이 있습니까?

환자: 글쎄, 나는 먹는 방법에 대한 것들을 알고 싶어요. 솔직히 말하면 바로 그 점이 내가 가장 걱정하는 부분이에요. 내가 뭐라고 말해도, 나는 뚱뚱한 것이 싫어요(또 다른 변화대화).

실무자: 좋아요. 음식 문제에 대해서 당신께 구체적인 질문을 하겠는데, 1~10점까지 점수를 매겨보세요. 자신의 건강에 먹는 것이 얼마나 중요하다고 느끼십니까? 1은 '전혀 중요하지 않다.'이고 10은 '매우 중요하다.'입니다. 당신은 지금 몇 점 정도입니까?

환자: 9 혹은 10입니다. 심장뿐만 아니라, 내 모습도 매우 중요합니다. 때때로 내가 멍청이 같다고 느낍니다. 나는 대중을 상대로 일을 합니다. 멍청이처럼 보이는 것은 대중에게 나를 전문적으로 여겨지게 한다고 생각하지 않습니다.

실무자: 자신감에 대한 것입니다. 다시 한 번 1~10점의 척도로 먹는 방법의 변화를 지속하는 것에 대한 당신의 자신감은 어느 정도입니까? 1은 '전혀 자신이 없다.'이고 10은 '매우 자신이 있다.'입니다. 환자분은 지금 몇 점 정도입니까?

환자: 글쎄요, 배우자가 쇼핑과 음식만들기를 모두 합니다. 내 배우자는 무엇을 먹던지 간에 키다리처럼 마르고, 튀긴 음식을 좋아합니다. 당신은 그런 타입을 싫어하지 않나요?

실무자: 좋아요. 그러면 환자분이 이 문제에 태클을 걸 수 있는 방법을 생각해봅시다. 어떤 아이디어가 있을까요?

환자: 글쎄요, 내가 그 사람을 쫓아낼 수는 없어요. 아니 신중하게, 아마 당신이 그 사람과 이야기를 할 수 있겠죠.

실무자: 그래요. 우리 세 사람이 함께 만나는 것은 좋은 방법 중의 하나입니다. 또 환자분이 생각할 수 있는 특정한 변화가 있습니까?

환자: 글쎄요. 나는 만일 그가 학교에서 애들을 데리고 올 수 있다면, 내가 쇼핑과 음식만들기를 할 수 있다고 생각해요. 나는 먹는 것에 대해서 보다 조절을 해야 해요. 그러나 그가 그 점에 대해서 동의해야 할텐데요.

실무자: 그리고 당신이 쇼핑과 음식만들기에 대해서 보다 더 통제력을 갖게 된다면, 어떻게 다르게 먹고 싶나요?

환자: 나는 굽기를 더 할 수 있어요. 구운 감자와 함께 생선을 더 먹는 것 등. 내 친구는 채식주의자이고 고기를 전혀 사용하지 않고도 맛있는 요리를 만들어요. 그녀가 요리를 할 때 나도 그녀와 함께 요리하는 게 즐거워요.

실무자: 정말 좋아요. 당신이 정말 훌륭한 아이디어가 있는 것을 알겠습니다. 지금 당장 실천하지 못할 이유가 없네요. 돌아가서 당신이 파트너에게 환자분의 먹는 것에 대해 질문하고 건강에 얼마나 심각한 영향을 미치는지를 말하세요. 만일 그가 도움이 될 것이라고 느끼면, 내가 두분 모두 만나게 되면 좋겠습니다. 심각한 변화는 분명히 그의 도움이 개입되어야만 한다는 점에 동의합니다. 그리고 당신이 쇼핑과 음식만들기를 할 때 그가 교대해서 애들을 데리고 오는 것에 대해서 이야기하세요. 어떠세요?

저항과 준비성을 감시하는 지속적인 과정은 이러한 상담에서 매우 중요하다. 환자들은 자신의 건강의 일부를 상실하는 것에 대한 생각을 나타내고, 적응은 복잡하고 역동적인 과정이다. 다른 사람들은 그것을 다루는 데, 다양한 전략들을 사용하고 동일한 사람은 자신들이 나쁜 소식에 적응하는 방법에 따라 매우 빠르게 변화한다. 앞으로의 시나리오에서 환자의 방어는 문제를 최소화하는 것이다. 그러나 일부 환자들은 자신들이 사망선고를 받은 것과 같은 느낌을 받고, 특정한 변화를 착수할만큼 놀란다(예: 심장발작 후에 운동을 하거나 성관계를 갖는 것). 다른 사람들은 자신들의 상태가 경감되게 되면 변화의 포인트가 없다고 주장하게 된다. 그러므로 위의 시나리오에서 목표가 불안의 수준을 증가시키는 것이라 할지라도, 너무 불안해서 변화를 위한 실천적인 단계를 취하지 못하는 다른 환자들에게는 정보를 공유하는 것이 불안을 감소시키는 데 중요하다.

요점정리

가장 현명한 전략은 환자들에게 진단의 시점에서 가능한 빨리 위험과 위해를 최소화시키기 위하여 일부의 생활양식을 변화시키도록 허용하는 것이다. 저항에 민감해지고, 변화대화를 이끌어내는 과정을 빠르게 진행하는 방법을 모색하는 것이다.

안전한 성행위를 격려하기

사례

당신은 가족 계획 클리닉에서 일하는 간호사이다. 환자가 말하기를, '나는 고정적인 파트너가 있고 약에 의존하고 싶어요.'

당신은 비뇨기과 클리닉의 의사이다. 환자가 성기의 반점에 대해서 묻는다. 환자가 자신이 동성애자라고 말한다.

목표

- 민감한 문제에 대한 솔직한 논의가 편안해지는 신뢰 관계를 개발한다.
- 합리적인 경계를 유지하고 과도한 친밀감을 피한다.
- 안전한 섹스에 대한 지식을 증진시키고 위험이 적은 성행위를 향상시킨다.
- 환자의 통제감을 증진시키고, 불편한 상황에서 "아니요"라고 말할 수 있는 능력을 증진시킨다.

원칙과 전략

- 민감한 건강증진 문제를 제기할 수 있을만큼 충분히 좋은 라포를 수립하는 것
- 환자의 정보에 대한 요구를 수립하는 것
- 급하고 불편한 강의를 하는 것을 피할 것
- 안전한 섹스의 실천에 대한 중요도를 사정하고 자신감을 증진시키는 것
- 척도질문을 사용하는 것

- 안전한 섹스의 실천에 대한 이득과 손실의 측면을 이끌어내도록 시도하는 것

실례

실무자: 맞아요. 당신을 위해서 내가 최선의 피임약을 찾는 것을 도울 수 있고, 보다 일반적으로는 내가 당신의 성건강에 대한 자원이 된 것이 기쁩니다. 나는 당신이 이렇게 책임있는 단계에 도달한 사실과 이렇게 모두 이야기할 수 있게 된 것에 감사합니다. 나는 당신의 의료적 선택에 대한 모든 측면들에 대해서 같이 진행하고 있는데, 괜찮다면, 성적으로 왕성하게 지낸다는 것의 폭넓은 적용에 대해서 먼저 토의해볼까 합니다. 당신에게 성적으로 왕성하다고 하는 것이 무슨 의미인지를 말해주시겠습니까?

환자: 내가 어떻게 느끼는지에 대해서 당신에게 말하는 것이 약간은 어색합니다. 그러나 내가 생각하기에 내가 지금 준비되어 있다고 느끼고, 그것이 바로 내가 할 수 있기를 바라는 것입니다. 그러나 약간은 두렵습니다. 마크는 내가 계속 피임약을 먹기를 원하고… 그는 매번 콘돔을 사용하는 것은 좋아하지 않습니다. 그래서 때로 우리는 콘돔을 사용하지 않습니다. 나는 걱정이 되고… 그리고 말다툼을 하게 되요.

실무자: 콘돔에 대해서 조금 더 이야기할까요? 콘돔을 사용하는 것이, 특히 만일 당신들이 오랫동안 관계를 가진 것이 아니라면, 안전한 섹스를 위해 중요합니다. 당신은 지금 콘돔을 사용하는 것이 얼마나 중요합니까? 나는 구체적으로 중요도에 대해서 1~10점 척도로 묻겠습니다. 1은 '전혀 중요하지 않다.'이고, 10은 '매우 중요하다.'입니다. 지금 당신은 어느 정도입니까?

환자: 글쎄요, 나는 나쁜 일을 겪고 싶지 않습니다. 나는 젊고 건강하게 지내고 싶습니다. 그래서 나는 9점입니다.

실무자: 좋습니다. 그럼 섹스를 할 때마다 안전한 섹스를 실천할 수 있는 자신감은 어느 정도입니까? 다시 말하면 1은 '전혀 자신이 없다.'이고, 10은 '매우 자신있다.'입니다. 지금 당신은 어느 정도입니까?

환자: 아마 5 혹은 6입니다. 마크는 그것들을 사용하는 것을 좋아하지 않습니다. 그리고 저도 콘돔사용에 대해 열의가 있지는 않습니다. 마크는 내가 콘돔을

사용하라고 하면, 때때로 내가 자신을 믿지 못한다고 생각하는 것 같습니다. 아직까지는 나쁜 일은 일어나지 않았습니다.

실무자: 그래서 당신은 항상 콘돔을 사용하고 싶지만, 그렇게 하는 것이 쉽지는 않군요. 어떻게 하면 5에서 10으로 자신감을 증가시키고, 섹스를 할 때마다 안전한 섹스를 실천할 수 있을까요?

환자: 마크예요. 나는 때때로 고집을 부리기가 어려울 때가 있어요. 그가 지금보다 지지적이 되는 것이 필요해요.

역으로, 실무자는 전화번호를 남길 수 있고 자신만의 스타일에 대한 중요도와 자신감에 대해서 질문할 수 있다.

콘돔을 사용하는 것이 지금 당신의 삶에서 당신을 위해서 얼마나 중요하다고 느낍니까?

현재의 상태에서 당신이 항상 콘돔을 사용할 수 있다는 점에 대해 얼마나 자신이 있습니까?

자신과 파트너의 관점을 확신하는 환자의 문제로 돌아가서:

실무자: 당신은 그와 섹스를 하지 않을 때, 그 점에 대해서 이야기를 할 수 있을 것 같아요?

환자: 글쎄… 어려워요. 그러나 텔레비전에서 섹스에 대한 것이 나온다면, 아마 그때 우리는 그것에 대해서 말할 수 있을 거예요.

실무자: 당신은 나하고 일종의 리허설과 같이 당신이 말하고자 하는 일에 대해서 말해보기를 원해요? 그러면 그것에 대해 말할 수 있을 때, 당신 마음속에서 말하고 싶은 것들을 말할 수 있을 거예요.

환자: 글쎄… 나는 내가 그를 신뢰하지 않기 때문이 아니라, 모든 사람들이 해야 하는 것이기에 콘돔을 사용하기를 원해요. 나는 그것에 대한 이야기를 들은 적이 있어요. AIDS를 예방하고, 계획된 임신을 하기 위해서 지켜야 한다고.

실무자: 좋아요! 당신이 말했듯이 당신의 상황에서는 모든 사람들이 그렇게 해야 합니다. 지금 피임약에 대해서 말해봅시다. 만일 피임약을 복용한다면, 콘돔과 피임약을 성관계 초기에 사용하는 것에 대해서 어떻게 생각합니까?

이 환자는 중요도에 대해서 높은 점수를 주었고, 자신감에 낮은 점수를 주었다. 안

전한 섹스를 실천하는 사람과 함께 할 때는 장·단점을 이야기하는 것은 중요하지 않았다. 예를 들면:

실무자: 당신은 콘돔 사용의 중요도에 대해서 2 혹은 3점을 주었습니다. 아마 콘돔 사용을 싫어하는 것에 대해서 말할 수 있고, 섹스를 할 때마다 콘돔을 사용하는 것의 좋은 점에 대해서 말할 수 있습니다.

환자: 나는 섹스가 자연스럽게 여겨지지 않기 때문에 콘돔 사용을 싫어합니다. 당신도 알다시피 남자에게는 감각이 좋지 않아서, 나는 그를 화나게 하길 원하지 않고 그를 위해서 망치고 싶지 않습니다. 파트너에게 콘돔을 사용하라고 하는 것이 그 순간을 망칠 수 있고 마치 찬물로 샤워를 하라고 하는 것과 같아서요.

실무자: 좋습니다. 콘돔 사용의 좋은 점에 대해서 말해봅시다.

환자: 글쎄, 내가 AIDS나 다른 감염에 걸릴 위험을 감소시켜 줄 수 있죠. 그러나 그것이 전부예요.

실무자: 한편으로 보면 콘돔이 없는 것이 보다 자연스럽죠. 콘돔을 끼우는 것이 섹스의 마술을 망칠 수 있고, 파트너가 콘돔 사용을 싫어할 수 있고, 파트너에게 콘돔을 사용하라고 말하는 것도 쉽지는 않죠. 다른 한편으로는 콘돔을 사용하면 HIV에 감염되는 것을 막을 수 있고 임질과 같은 감염을 차단할 수 있기도 하지요. 그러면, 콘돔 사용에 대한 당신의 지금 생각은 어떻습니까?

저항은 여러 가지 형태를 취한다. 대부분의 사람들은 타인의 감염 위험에 대한 이해보다 자신들의 감염에 대한 위험을 낮게 평가한다.

실무자: 내가 당신에게 되짚어 한 가지를 확인할 수 있을까요? 안전하지 못한 섹스의 위험에 대해서 당신이 알고 있는 것은 무엇입니까? HIV를 포함해서 성적 접촉으로 인해 전파되는 감염은 무엇입니까?

환자: 아직 어떤 일도 일어나지 않았는데, 왜 그렇게 해야 하지요? 나는 다른 사람과 관계를 맺지도 않고 마크도 역시 그렇습니다. 우리는 서로 신뢰합니다.

실무자는 단순한 성찰을 시도한다. 이것은 단순한 진술문 형태에서 가장 잘 이루어진다.

실무자: 당신은 성적으로 전파되는 감염에 대해서 걱정하지 않습니다.

환자: 나는 그렇게 말하지는 않았습니다. 물론 나도 감염에 대해서는 걱정합니다. 오직 바보만이 그것에 대해서 걱정하지 않지요. 나는 클라미디아(chlamydia)에 대한 프로그램을 본 적이 있습니다. 그리고 HPV 백신에 대해서도… [변화대화를 시작]

요점정리

성적 행위를 변화시키는 것은 복잡하다. 실천적인 문제가 개인과 관계에 커다란 정서적 중요도를 가진다. 성찰적 경청이 감정적으로 짐 지워진 상담을 돕는 데 중요한 기술이다.

체중 관리

체중을 줄이는 것은 행위가 아닌 행위의 결과이다! 개념적 수준에서 체중을 줄이는 것은 단순한 문제이며, 과체중이 되는 것은 불균형의 결과이다. 너무 많은 칼로리를 섭취하고 소모가 충분하지 않은 것, 적게 먹거나 다르게 먹거나 또는 운동을 더 하거나 또는 둘다 하는 것이다. 또한 비록 먹는 것과 운동하는 것을 한꺼번에 하는 것이 더 효과적이지만 적게 먹거나 다르게 먹는 것은 운동을 증가시키는 것보다 체중을 더 줄일 수 있다. 급격한 다이어트는 장기간의 체중 감소로 이어지는 일은 드물지만, 생의 전반에 걸쳐서 작지만 실현가능한 변화가 지속적으로 적용되었을 때에는 장기간의 이익을 초래할 수 있는 최고의 기회를 갖게 된다. 무엇이 더 간단하겠는가? 기적적인 다이어트의 과잉과 급속하게 증가하는 비만 유행병이 가장 복잡한 것으로 보인다. 과체중이 되는 것은 개인적인 이해와 동기에서부터 문화적 요소, 경제, 이동, 도시 계획 등의 범위에 걸치는 복잡한 힘의 최종적인 결과이다. 그래서 개인적 행위는 가장 넓은 범위의 맥락에서 보아야 하는 것이다. 그러나 이점으로 인해 체중과 관련하여 개인에 대한 지적을 할 수 없다는 것을 말하려는 것은 아니다. 반대로, 적절한 개입은 개인에게 실현가능하고 지속적인 건강한 식이와 운동의 길을 격려할 수 있고, 가족 중 한 명의 변화는 가족 전체에게 영향을 미칠 수 있으며, 어린이를 위한 미래의 행위에 대한 모델이 된다. 비만과 좌식생활로 인한

미성숙 질병은 사망에 취약해진다.

사례

당신은 지역사회 클리닉에서 어린이의 성장을 확인하는 간호사이다. 명백하게 과체중인 어린이의 체중을 재고, 체중이 상위 95% 이상임을 알게 되었다. 아이의 엄마 또한 분명히 비만의 범주 안에 있었다. 엄마는 자신의 과체중에 대해서 관심이 없었고, 아이의 체중에 대해서도 관심이 없어서 당신이 아이의 체중을 쟀을 때도 반응이 없었다. 그녀는 당신에게 도움을 요청하지 않았다.

목표

- 주제를 제기하고, 엄마가 실무자에게 '대적할' 이유가 없다면 엄마와 유대관계를 갖는다.
- 개인의 행위 변화의 가치를 존중하면서, 개인적인 비난을 피한다.
- 문제에 대한 문화적 · 환경적 영향을 인식한다.
- 대상자들이 문제를 인식했다는 가정 하에 그들 앞에서 비약하지 않는다.
- 오랜시간 동안 유지되는 작은 변화가 큰 효과를 가져온다는 점에 대한 이해를 증진시킨다.
- 변화하지 않아서 생기는 위험과 대상자, 가족과 어린이가 실현가능하고 지속할 수 있는 것에 대한 분명한 이해를 기반으로 개인적 결정에 도달하도록 한다.
- "총체적 가족(whole-family)" 접근을 증진시킨다. 한 개인 가족원의 변화만으로는 가족 전체의 행위를 해결할 수 없다.

원칙과 전략

- 라포를 형성하고, 엄마가 심판을 받거나 위협을 느끼거나, 방어적이라는 느낌을 받지 않고 주제에 대해 토의를 하는 것을 허락할 것
- 전형적인 하루(Typical Day) 전략이 라포를 형성하는 데 도움이 되고, 대상자의 생활양식을 이해하는 데 도움이 되고, 식이와 운동이 자신의 삶에 어떻게 맞추어

지는가를 바라보는 창을 제공하는 데 도움을 준다.

- 변화의 중요도에 대한 생각이 거의 없다면, 이득과 손실 전략이 사용될 수 있다.
- 과체중이 되는 것은 복잡한 행위의 결과라고 파악되면, 안건 정하기 과정을 사용하면, 원인의 복잡함에 대한 깊은 이해를 가져올 것이고, 엄마가 의사결정 과정과 상담 밖에서 해결책을 수행하도록 하는 동기를 갖게 할 것이다.
- 구체적인 초점영역에서 중요도를 사정하고 자신감을 증진시킨다.

실례

실무자: 좋아요. 당신도 보다시피, 테일러는 여기 차트상에서 보면 95%보다 더 뚱뚱하고, 실제로는 또래 남자아이들의 97%에 포함됩니다. 테일러가 현명한 체중관리를 위하여 어떻게 하고 있는지에 대한 당신의 관점은 무엇인가요?

엄마: 글쎄요, 우리 가족 모두는 약간 큰 편이죠. 테일러도 다르지 않아요. 우리는 그저 약간 큰 사람들입니다.

이때 하나의 접근은 이러한 진술에 도전하는 것이고, 엄마와의 논쟁에 개입하는 것이다. 그러나 그런 논쟁은 누가 옳고 누가 그른지에 대한 다소 헛된 논쟁이 될 수 있고, 이러한 문제에 태클을 거는 것에 대한 저항과 이 문제로 인하여 미래에 받게 될 건강서비스에 대한 저항을 증가시킨다. 또 다른 접근으로는 엄마가 말한 것에 진실된 요소가 있다고 동의하는 것이다. 그러면 초점을 이동한다.

실무자: 맞아요. 당신이 옳습니다. 일부 가족들은 좀 크죠. 그러나 어린이들이 테일러의 몸무게가 되면, 약간 심각한 문제의 원인이 될 수 있어요. 특히 나이가 들었을 때, 테일러의 체중이 그의 행복과 건강에 어떤 영향을 미칠지 생각해보신 적이 있으세요?

엄마: 글쎄요, 나는 당뇨에 대해서 들은 적이 있는 것 같아요. 남편도 당뇨거든요. 남편은 그것을 '글루코스 내성 장애'라고 하던가 뭐 그러는 것 같아요.

실무자: 그래요, 당뇨는 당신도 알다시피 약간 심각해요. 이점에 대해서 더 알고 싶으세요? 아니요? 텔레비전에서 매번 놀라운 이야기들을 하고 있지요? 이모도 당뇨인가요? 그러면 당신 가족의 식이와 운동에 대해서 간단히 이야기

해 볼까요? 그렇게 하면 내가 당신의 관점에서 이해를 하는데 도움이 될 것 같고, 그렇게 해서 당신 가족 모두의 건강을 위해서 중요한 차이를 나타낼 수 있는 한 개 혹은 두 개 정도의 작은 변화를 고려해볼 수 있겠네요. 좋아요? 그럼 당신 가족의 전형적인 하루를 생각해봅시다. 예를 들면, 당신 가족에게 전형적인 하루라고 생각할 수 있는 화요일에 대해서 말해보세요. 무엇을 어떻게 먹었고, 어떤 운동과 활동을 했고 심지어 운동 기회가 있었는지 등등. 일어난 때부터 하루 종일의 일과를 말해보세요.

엄마: 글쎄요, 내가 당신께 말할 수 있는 것은 약간 바쁜 가정일에 대한 하루일과에요. 나는 당신이 생각하는 것과 같은 좋은 요리를 하는 데 시간을 쓸 수 없어요. 아침에 깨고 나면 바로 다음, 다음, 다음 하고 넘어가는 것이죠. 아침식사는 보통 구운 치즈에요. 나는 테일러에게 구운 치즈를 많이 주죠. 혹은 시간이 없으면, 학교에 가는 도중에 초코렛이나 칩을 먹어요. 나는 학교에서 애들이 배가 고픈 채로 있는 것은 싫거든요. 학교에서 점심을 먹여요. 나도 전에 한 번 도시락을 싸준 적이 있었는데, 집에서 도시락을 가지고 가는 게 건강에 더 좋을 것 같기는 한데… 시간이 없어요. 그 다음에는 차에서 학교로 뛰어가고 마치 달리기를 하는 느낌이에요.

실무자: 좋아요. 특정한 한 사람에게 한 가지의 다이어트 과정이 도움이 된다는 것은 알고 있지요, 그런데 가족 전체로 접근하는 것은 가족의 건강을 증진시키는데 가장 도움이 될 것입니다. 그래서 체중에 영향을 줄 수 있는 몇 가지 것들에 대해서 생각해 봅시다. 당신도 알다시피 운동에는 스포츠와 달리기를 포함할 뿐 아니라 걸어서 학교가기, 엘리베이터를 타지 않고 계단을 걸어서 올라가고 내려오기 등이 포함됩니다. 개와 함께 산책하기도 들어가고요. 먹는 것도 관해서도 양에 대한 것, 간식인지, 종류도 튀기거나 고지방음식이냐 혹은 건강한 음식재료, 채소, 과일, 시리얼 등으로 구분되기도 하지요. 이해가 되세요? 여기서 당신이 생각하는 건강한 삶이란 어떤 것일지 말해주세요.

엄마: 글쎄요, 당신의 말씀은 알아듣겠어요. 학교가는 길에 초코렛을 먹는 것, 탄산음료를 마시는 것은 좋지 않으니, 아이가 그렇게 하지 말아야죠. 그리고 언젠가는 점심도시락을 학교와 직장으로 싸가지고 가야죠. 과일도 같이 먹고요.

실무자: 그렇죠. 아침식사로는 구운 치즈보다는 시리얼이 더 낫겠죠. 또 당신과 함께 식사준비를 도울 사람이 있어요?… 좋아요. 우리가 몇 일 간의 음식에 대한 차트를 만들었어요. 활동은 어떠세요? 아주 적어도 좋은데… 변화가 있습니까? 당신이 매일 할 수 있도록 우리가 도울 수 있는 것들이 있을까요?

엄마: 나는 학교를 가는 것에 대해 죄책감을 느끼곤 하죠. 나는 늘 차를 타거든요. 교통체증과 주차는 정말 힘들구요. 솔직하게 말하면 걷는 것만큼 시간이 걸리고, 애들이 차 안에서 소리를 지르면 그런 소동이 없어요.

잠재적인 해결책이 엄마로부터 나오고 있음을 주목한다. 전체 가족을 초점으로 했으며, 이 토의 과정에는 비난, 위협, 판단 등이 없었다. 그런 엄마가 단기간에 어떤 변화를 할 수 있다고 느끼는지를 알아볼 시간이고, 추후관리의 형태를 협상할 시간이다.

실무자: 훌륭합니다. 당신은 전체 가족의 건강을 증진시킬 수 있는 변화를 위해서 실천적이고 수행할 수 있는 제안들을 끄집어냈어요. 우리는 당신이 변화를 실천할 수 있는 음식과 식사에 대해서 말했습니다. 당신은 또한 하루 중에 보다 더 활동할 수 있는 가능성에 대해서 언급하였습니다. 자, 지금은 의사결정의 시간입니다. 당신은 이러한 변화들을 지금 시작할 준비가 되어 있다고 느끼십니까?… 가시기 전에 무엇이 이런 변화를 수행하기에 가장 큰 도전이 될 거라고 생각하세요? 어린이들이 익숙해질까요? 빨리 말해봅시다… 좋아요. 그럼 이것은 매우 인상적인 계획입니다. 우리가 1개월 후에 만나면 어떻겠어요? 나는 테일러의 체중을 다시 측정하고, 당신 가족의 과정에 대해서 다시 이야기할 것입니다.

요점정리

체중은 매우 개인적인 문제이지만 많은 맥락적 요소들에 의해서 영향을 받는다. 특히 체중에 대한 도움을 요청하지 않는 사람들에게 체중이라는 주제를 제기하는 것은 복잡미묘한 문제이다. 잘 의도되었으나 부적절한 지시적 접근은 심각한 해를 끼칠 수 있다. 가족원 모두가 수행할 수 있고 따를 수 있는 실행가능한 해결책은 가족 내의 중요 의사결정자로부터 나온다. 개인보다는 체계에 초점을 두어야 한다. 지속적으로 수행되는 작은 변화가 모든 사람들에게 큰 이익을 가져온다.

문제가 행위가 아니라 감정일 때

사례

당신은 세 명의 학생을 둔 어머니와 상담을 하였다. 그녀는 두려움을 느끼고, 잘 대처하지 못하는 것 같다고 말한다. 삶은 하나의 커다란 전투같다. 아시다시피 기분이 나아지면 가끔 고통스러운 사람이 자신의 일상생활에 대한 관점을 변화시키게 되므로, 회복과 행위 변화는 보통은 밀접하게 연결되어 있다.

목표

- 다른 실무자가 개입하여 적절한 치료를 제공하는 안전한 간호를 제공하기, 그러나 자기가치감, 희망, 세계의 적어도 일부의 측면들에 대한 통제감을 증진시키는 상호작용을 사용한다.
- 패배주의와 결탁하지 않고, 지지하고 공감하기
- 획득할만한 목표를 협상하기; 작은 성취로 보여질만한 가치를 주장하기
- 장기간의 목표를 설정하기보다는 회복의 과정을 날마다, 단기적으로 증진시키기
- 회복을 위한 기대는 현실적이라는 점을 확신하기, 환자는 퇴보와 마찬가지로 서서히 진행하는 것을 기대한다.

원칙과 전략

- 전형적인 하루 전략
- 환자가 자신의 하루 성취를 성찰하도록 초대하기
- 변형된 안건 정하기 차트를 사용하기
- 통제-증진 전략을 착수하기 위하여 중요도와 자신감을 사정하기
- 브레인스토밍으로 해결하기
- 단기간이고 획득 가능한 목표를 협상하기

실례

상담 중 새로운 치료적 행위가 밝혀져있지 않은 상태에서, 변화에 대한 중요도와 자신감에 대한 사정을 시작하는 것은 부적절하다. 전형적인 하루 전략은 라포를 수립하고, 환자의 일상에 대한 실무자의 통찰을 증가시키고, 신체적 증상, 심리적 상태, 맥락적으로 변형가능한 요소들에 대한 직접적인 통로를 제공한다. 이러한 진단과 치료에 대한 생물심리사회적 접근은 특히 정서장애가 있는 환자에게 중요하다.

> 내가 당신의 지금 일상생활과 현재 직면하고 있는 문제들에 대해서 여쭈어봐도 될까요? 만일 당신이 전형적인 하루, 예를 들어 당신이 어제 일했을 때에 대한 이야기를 해주면 내가 상황을 이해하는 데 도움이 될 거예요. 나에게 당신이 분투하고 있는 것들과 그때 어떻게 느꼈는지를 말해주세요.

환자가 실무자에게 자신의 하루일과, 발생하는 문제, 각각의 어려움에 대한 자신의 느낌 등을 말하는데 더 강한 격려와 간략한 재촉이 필요할 수 있다. 이야기가 펼쳐지면, 실무자는 일과 동안의 환자의 기능 수준, 정서 상태의 변화, 미래에 대한 관점, 현재의 대처 전략, 지지 기반, 기분을 가라앉게 하는 외적인 요인들에 대한 깊은 지식을 갖게 된다. 이런 방법을 통해서 자신에 대한 위험(심각한 자기-손상의 가능성)을 사정하는 것이 전통적인 직접 질문보다도 더 민감할 수 있다. 왜냐하면 전형적인 하루는 그런 생각에 대한 빈도와 침입에 대해서 정확하게 사정하기 때문이다.

실무자는 그런 지점에서의 환자가 날마다 견디어내고자 하는 끊임없는 노력에 대한 진실함을 느끼게 된다. 일상의 투쟁 중 몇 가지 중요한 성취는 환자가 자랑스럽게 느끼는 부분으로 드러날 수 있다. 실무자는 단순히 질문을 통해서 환자에게 그런 작지만 분명한 성취를 밝히고 성찰하도록 한다.

> 좋아요. 당신이 삶이란 커다란 투쟁이라고 말할 때 무엇을 의미하는지를 나는 이제 정말로 이해할 수 있어요. 당신을 좌절하게 하는 상태에서 당신이 처리해야 할 몇 가지의 일들이 있다는 것을 이해할 수 있어요. 그러나 나는 당신이 어떻게 느끼는지를 말하는 과정에서 나에게 깊은 인상을 주는 점이 있다는 것을 말해야겠어요. 아마 당신은 잘 처리할 수 있다고 알게 된 일들을 나열할 수 있을 거예요...

훌륭합니다! 누구나 기분이 저조할 때는 자신에 대한 긍정적인 면을 거의 발견할 수 없는 게 일반적인데, 당신에게 부정적인 것 뿐 아니라 비록 아주 하찮은 것이라도 긍정적인 것을 나열하도록 하는 것은 기분이 더 나아지게 하는 여정을 시작하는 것이라는 점에서 중요한 원리이죠. 일과를 마칠 때 아무리 작은 것이라도 그런 성취를 나열하는 것이 더 나은 관점에서 하루를 보낼 수 있도록 도울 것입니다. 나는 당신은 기분이 나쁘더라도, 일이 진행되도록 하기 위하여 당신이 노력하고 있고, 성취를 지속시키는 점에서 깊게 감동을 받았습니다. 당신이 매우 불안정하다는 것을 압니다. 당신은 아이들에게 소리치는 것에 대해서 걱정하고 있고, 때때로 더 이상 견딜 수 없을 것 같이 느낍니다. 그러나 어쨌든 당신은 아이들을 위해서 일을 하고 있고, 아이들을 위해서 그곳에 있습니다. 아이들을 재우고, 동화책을 읽어주고, 입을 맞추고, 사랑한다고 말합니다. 당신이 말했듯이 날마다 세 아이를 학교에 내려주고, 애들이 돌아올 때 맞아주고, 먹이고, 돌보고, 관심과 사랑을 주고, 재우는 것은 중요한 성취입니다. 누군가 그렇게 하루를 지내고 나면 그것이 얼마나 고단한 일이라는 것을 알 수 있을 것입니다.

지금부터는 당신이 말한 좌절스러운 일에 태클을 걸어봅시다. 이 빈 공간에 몇 개의 원을 그리고, 당신이 말한 좌절들을 원안에 하나씩 써 넣어보겠습니다. 우리는 이것을 안건 정하기 차트라고 합니다. 좋아요. 잠을 못자는 것, 애들에게 소리지르는 것, 집안일, 쉴 수가 없는 것, 담배를 많이 피우는 것 등입니다. 이 중에서 당신이 다음에 할 일을 골라보세요. 지금 합리적으로 태클을 걸 수 있는 일을 선택해보세요. 휴… 용감한데요!! 아침에 애들에게 소리지르기! 가장 기분 나쁘고, 가장 무기력할 때, 그것이 심각한 문제군요.

변화에 대한 중요도와 자신감을 사정한다. 중요도는 높지만 자신감은 낮다.

당신은 '아침에 애들에게 소리지르는 것은 매우 중요한데, 변화를 관리할 수 있는가에 대한 자신감은 없다'라고 했습니다. 좋아요. 일상에서 이 점을 증진시키기 위해서 어떻게 할 생각이세요? … 좋아요. 당신이 말했다시피 조금 일찍 일어나서, 조금 더 조직적으로, 조금 더 규칙적으로, 애들이 내려오기 전에 미리 준비하고, 당신에게 어려운 일이 되기 전에 미리 밤에 애들에게 설명해 놓기 등이죠. 언젠가는 하루가 부드럽게 진행되도록 애들에게 각자가 할 일을 줄 수 있겠죠. 물론 당신이 의미하는 일을 그렇게 하기에는 시간이 좀 걸리겠죠. 그러나 당신이 그것을 끌어내릴 수 있다면, 주요한 성취가 될 것입니다. 그런데 아침 시간표로 15분 먼저 일어나기, 애들이 내려오기 전에 준비되어야 할 것들의 목록을 작성하기 등을 왜 아직까지 시작하지 않았죠? 만일 거기에 그것들이 있다면, 당신은 보다 이완되고 통제감을 가질 겁니다.

환자에게 자신의 일과 중에 이완 시간을 만드는 선택을 하도록 한다. 실무자는 두 가지 영역에서 이미 좋은 느낌을 갖기 시작했으므로, 중요도와 자신감을 사정할 필요가 없다.

그래서 당신이 가장 기분이 나쁠 때 당신 혼자서 보내는 바로 그 시간이, 모든 문제에 대한 생각들이 마음 속으로 밀려 들어오는 시간이군요. 이 시간 동안에 즐겁게 할 수 있는 능동적인 일들이 무엇이라고 생각하나요? 날씨가 좋으면 산책을 나가고, 친구를 만나고, 영화를 보고, 쇼핑을 하고… 모든 좋은 제안들이… 이러한 관점에서 당신을 자유롭게 하는 목표가 있습니까? 좋아요! 이번 주에 적어도 하루는 일과 중에 산책을 하기 위해 나가 보는게 어때요? 그렇게 해보자!

요약은 목표에 대한 공통적인 이해를 확실하게 하고, 기대하는 바에 대한 동의를 확실하게 하는 데 중요하다.

실무자: 훌륭합니다! 요약하면 하루를 마무리하면서 정규적으로 당신이 잘 했다고 여겨지는 일들을 생각하고, 실망스러운 일들을 생각하지 않으려고 진지하게 노력하겠다는 점에 동의하였습니다. 그리고 일과가 끝나면 당신이 잘했다고 여겨지는 일의 목록을 쓰겠다는 생각도 좋습니다. 두 번째는 좀 더 일찍 일어나 애들을 위해서 준비를 하면, 애들이 학교에서 돌아오면 통제감을 더 느끼게 될 것입니다(그리고 주 1회는 하루 중 자신만을 위해서 산책을 나갑니다.). 우리가 동의한 것에 대해서 이해하였습니까? 당신은 이러한 목표가 관리가능할 것이라고 느낍니까?

환자: (손으로 머리를 감싸며) 이 모든 일들을 말하기는 쉬운데요. 그것을 해야 할 사람은 나라구요.

이러한 저항에 실무자가 약간 놀라게 되면 환자에게 다시 확인하지 않는다. 실무자의 생각없는 반응으로는 "들어봐요, 내가 하는 모든 것들은 당신이 스스로 할 수 있는 프로그램을 만드는 것을 돕는 것입니다. 당신이 이것으로 나아가야 합니다."라고 말하는 것이다. 이렇게 되면 환자는 심지어 낭패감을 느끼기까지 한다. 목표에 대한 반응이 열정적이지 못할 때, 중요도와 자신감이 잘못 판단될 수 있으므로, 다시 확인하는 것이 낫다. 이 경우는 자신감이 명백하게 주요한 문제이다.

실무자: 당신의 지금 삶이 매우 힘들다는 것을 압니다. 아마 내가 당신이 지금 변화를 만드는 것이 매우 어렵다는 점을 낮게 평가했을 수 있습니다. 당신의 성취를 나열하고, 아이들의 준비를 위해서 아침에 15분 일찍 일어나는 것에 대한 자신감은 어느 정도입니까?

환자: 잘 모르겠습니다. 잠이 드는 데 시간이 많이 걸립니다. 당신도 알다시피 일어나기 직전에야 겨우 깊은 잠에 듭니다. 비록 아이들에게 도움을 줄 것이라는 점을 잘 알지만, 일찍 일어나야 한다는 생각이 나를 힘들게 합니다.

실무자: 그렇군요. 목록을 가지고 그것을 할 수 있는 자신감은 어느 정도입니까?

환자: 목록은 내가 관리할 수 있다고 생각합니다.

실무자: 좋습니다. 중요한 점은 당신이 시작을 하는 것이고, 날마다 당신의 모든 성취의 목록을 기록하는 것이 훌륭한 시작이라고 느낍니다. 우리가 다시 만날 때 그것을 나에게 그것을 보여줄래요?

지지적인 진술과 현실적인 낙관주의를 언급하는 것으로 마무리를 한다.

실무자: 그럼, 우리가 헤어지기 전에 잠시 좋지 않은 느낌을 가질 수 있다는 것을 말하고 싶습니다. 당신이 도달하고자 하는 지점으로 가는 것은 쉽지 않고, 가는 과정에서 많은 방해물에 맞닥뜨리게 될 것입니다. 그러나 작은 일들에 주목하고 전체 여정보다는 바로 다음 일을 바라본다면, 점차적으로 나아질 것이라고, 나는 자신합니다. 의심할 여지없이 분명히 수일 간은 뒤로 퇴보하는 듯한 느낌을 받는 날이 있겠지만, 저조한 기분에 대한 통제감을 갖기 시작하는 사람들에게는 그러한 시간들이 점차적으로 짧아질 것입니다. 그래서 다음 주에 만나면, 오늘 당신이 세운 목표를 어떻게 수행했는지를 나에게 알려주세요.

다음 번 미팅에서는 성취감을 가질 것이라는 점을 확신시키는 것이 목표의 내용보다 더 중요하다. 중요한 변화는 이 환자가 자신을 단순히 사건에 대해서 반응하는 존재로 보는 것이 아니라, 자신이 무엇인가를 할 수 있는 사람이라는 느낌을 갖는 것이며, 적어도 어느 정도는 자신의 상황을 통제할 수 있다고 느끼는 것이다.

요점정리

여기서는 자신감이 주요한 초점이고, 작게 관리할 수 있는 단계를 발견하는 것이 자신감을 세우는 방법이다. 환자가 관리할 수 있는 모든 것들을 당신이 확인한다는 점을 확실하게 한다. 기분이 저조한 환자는 마음 상태가 다를 때는 전혀 걱정이 안될 수 있는 일들에 대해서도 지나치게 압도당할 수 있다.

스스로 돕지 못하는 사람들

많은 실무자들은 임상 상황에서 다음과 같은 시나리오의 요소들을 인식하게 된다. 각각의 시나리오를 구분해서 다루기보다는, 모든 유사한 상황과 관련이 있는 아이디어로 일반화할 수 있다.

사례

당신은 간질환자를 위한 외래 클리닉에서 일한다. 빈번히 발작을 하는 환자가 처방된 약을 복용한다고 맹세한다. 혈중 약물의 농도는 정상범위를 벗어나 있다. 당신은 약물의 용량을 증가시켰다. 혈중농도가 낮아졌다. '나는 혈중 농도가 그렇게 낮은 것을 이해할 수 없어요. 왜냐하면 자기 전에 마치 시계처럼 꼬박꼬박 약을 먹었기 때문입니다.'라고 환자가 말한다.

당신은 당뇨 클리닉의 간호사이다. 당뇨환자가 처방된 대로 약을 먹고, 식사도 꼭 유지했다고 주장한다. 혈액검사를 했을 때 무작위 혈중 당 농도(단기간의 작용을 측정하는 것)는 매우 낮지만, 당화혈색소(장기간의 혈중 당 수준을 측정하는 것)는 매우 높았다. 이것은 환자가 당신을 만나기 수일 전에만 처방된 수준의 약을 먹었다는 것을 의미한다.

당신은 고혈압환자를 위한 만성질환 관리클리닉의 간호사이다. 고혈압환자가 성실하게 참석하였지만, 수많은 약물을 변경하고 추가약물을 복용하였는데도 불구하고, 혈압에 변화가 없었다. 환자가 병원에서 치료가 이루어질 때만 혈압이 떨어졌다. 환자는 '혈압이 여전히 높아요? 당신은 의사가 옳은 처방을 했다고 생각하세요?'라고 말한다.

당신은 바쁜 실무가 이루어지는 곳에 있는 일반의사이다. 심한 습진이 있는 아이의 엄마가 강력한 스테로이드 크림을 처방해주기를 원한다. 그녀는 목욕할 때 오일을 사용하고, 항상 보습크림을 사용했다고 주장한다. 그러나 마지막으로 처방을 한 것이 8개월 전이었고, 만일 적절하게 사용했다면 한달 안에 전부 다 사용했을 것이다.

목표

- 환자를 고립시키거나 저항을 유발하지 않고 솔직해지기. 아무것도 성취하지 못한 사람들과 싸우기
- 비판적이 되는 것을 피하기
- 환자가 자신을 바라보는 관점(예: 낙인)과 같이 환자에게 약물이 실천적인 개념으로(처방된 대로 약물을 사용하는 전투) 무슨 의미를 갖는가에 대해서 이해하기
- 유연하기와 협상하기. 환자들은 위험과 이익에 대해서 자신들이 평가를 해야하고, 결과와 함께 산다. 실무자들은 환자를 위해서 약을 먹을 수는 없다. 실무자의 임무는 환자가 최선의 선택을 하도록 환자에게 구조와 정보를 제공하는 것이다.
- 치료 경험은 사용자에게 가능한 한 편리하도록 하기

원칙과 전략

- 솔직하지만 맞서지는 않는 방법으로 주제를 이끌어내기; 실무자의 혼란 또는 실무자가 들은 것과 발견한 것 중에서 분명히 모순되는 것을 설명하기
- 초기에는 일반적인 개념으로 말하기
- 환자가 처방된 약물을 복용하는 것에 대한 중요도를 사정하기
- 환자가 처방된 약물을 복용할 수 있는 능력에 대한 자신감을 증진시키기
- 표준적인 척도질문을 사용하기
- 약을 복용함으로서 기대할 수 있는 것과 약물 먹는 방법에 대한 환자의 이해를 확인하기. 전형적인 하루 전략이 유용할 수 있다.
- 문제가 중요도에 대한 지각이 낮은 경우라면, 환자에게 의사결정에 영향을 주는 요소들에 대해서 비판단적인 방법으로 정보를 주는 것이다. 이득과 손실의 전략이 유용하다. 만일 문제가 약을 복용한다는 결정을 수행하는 것에 관한 자신감이라면 브레인스토밍이 해결책이 될 수 있다.
- 환자와 실무자가 모두 수용할만한 획득가능한 목표를 협상하기

실례

게리, 당신 기분이 좋다니 좋습니다. 나는 당신이 언제 그리고 무슨 약을 먹는지를 정확하게 안다는 것을 확실하게 해두고 싶습니다. 괜찮으시다면 약물의 다른 측면에 대해 잠깐 동안 말씀을 나누고 싶습니다. 당신에게 지금 약물을 복용하는 것이 얼마나 중요한 지 말해주세요. 그러면 나는 당신이 느끼는 것에 대해 정확하게 알 수 있을 것 같아요. 1은 '전혀 중요하지 않다.'이고 10은 '매우 중요하다.'입니다. 당신이 지금 약을 먹는 것이 얼마나 중요한가에 대해서 숫자로 말해보세요?… 5! 훌륭합니다.

좋아요. 약을 먹는 것이 매우 중요하다고 말씀하셨죠. 처방된 약물을 복용하는 것을 시작하고, 지속할 수 있는 자신감은 어느 정도입니까? 1은 '전혀 자신이 없다.'이고, 10은 '100% 자신있다.'입니다. 당신은 지금 몇 점을 줄 수 있겠습니까?… 5, 좋습니다.

지금 하나 묻는다면, 당신은 약을 먹는 것의 중요도에 대해서 5를 주었습니다. 왜 1이 아닙니까?

알겠습니다. 당신은 약이 장기적으로 도움을 줄 것이라고 느낍니다. 그러나 지금 당장 일어나는 일들이 더 중요하다고 여깁니다. 그리고 지금 당장은 약이 당신의 기분을 나쁘게 합니다.

옳아요. 처방된 약을 먹는 것에 대한 자신감에 5점을 주었습니다. 자신감 5점을 7 혹은 8점으로 올리려면 무엇이 도움이 될까요?

여기, 환자가 일상생활에서 실천적인 장애(예: 편리하지 않음, 일하는 도중에 흡입기를 사용하는 것)와 심리적인 장애(예: 낙인, 친구들과 술을 마실 수 없을 때 이방인과 같은 느낌을 갖는 십대 당뇨 환자)를 밝힌다.

중요도와 자신감을 사정한 결과에서 작업할 수 있는 것이 거의 나타나지 않는다면 전형적인 하루 전략을 시도한다.

매일 약을 먹는다는 것은 누가 말해도 지루한 일입니다. 약을 먹는 것을 좋아하는 사람은 거의 없지만, 질병을 조절하기 위해서는 중요한 일입니다. 약이 영향을 미치는 것과 약에 대해서 느끼는 것은 사람마다 모두 다릅니다. 만일 당신이 약에 대해서 어떻게 느끼고, 당신의 일상생활에 약을 먹는 것을 어떻게 끼워 넣었는지를 분명하게 그려줄수록, 내가 당신의 간호에 최선의 개입이 이루어지도록 도울 수 있습니다. 이에 대한 좋은 방법은 당신의 전형적인 하루를 생각하면서, 언제 약을 먹는지, 그 때 어떤 느낌을 갖는지 등을 말해주면 됩니다. 예를 들면 어제 어떻게 했는지를 말해주세요.

이러한 과정에서 환자에게 자신을 어떻게 느끼는지, 약에 대해서 어떻게 느끼는지를 묻는다. 환상적인 통찰이 등장하기도 한다. 약을 먹는 것은 가끔 편리하지 않고, 실무자가 전혀 상상하지 못한 방법으로 불유쾌한 부작용을 일으키기도 한다. 또한 환자를 건강을 잃은 상태, 통제를 잃은 상태, 관련된 낙인의 상태라고 일깨운다.

분명히! 지나간 모든 것과 함께, 우리 의사와 간호사가 당신에게 기대한 바와 같이 정확하게 약을 먹는 것을 기억하는 것은 어려운 게 틀림없습니다. 당신은 내가 전에는 생각해보지 못한 것에 대해서 한 두 가지를 틀림없이 말해줄 것이고 나는 당신의 관점으로 질병이 의미하는 바를 적어도 이해하기 시작하였습니다. 당신의 독특한 상황에 맞게 최고의 조언을 제공하여, 당신에게 옳은, 당신의 건강을 위한 결정을 할 수 있도록 도울 것입니다. 결국 약을 먹는(또는 먹지 않은) 사람도 바로 당신이고, 그 결과와 함께 생을 살아야 하는 사람도 당신입니다.

이것은 이득과 손실에 대한 질문을 하게 한다.

좋습니다. 당신은 정상이고, 친구들과 같이 건강한 사람이라는 느낌을 그리워하는데, 친구들과 함께 토요일 밤과 주말에 해변가에 나갈 때, 특히 가장 안 좋군요. 약을 많이 먹는다는 느낌을 갖지 않게 할 방법이 있습니까? 나에게는 다소 거칠고 미친 것처럼 보일 수 있는 것일지라도 당신이 생각하는 것들을 모두 말해보세요.

실무자는 환자가 이미 커다란 위험을 갖고 있다는 것을 발견하고 정확한 이행을 이끌어내지는 못할지라도, 상대적으로 단순한 충고와 수용을 통해서 전반적인 위험을 사라지게 할 수 있다. 환자와 실무자가 차선의 이행에 대해서 개방적으로 토의할 때, 그들의 관계에 적어도 정직함은 주입된다.

환자: 당신이 말한 것은 내가 주말이나 휴가 동안에 적은 용량의 인슐린을 주입하면서 혈당을 측정하지 않아도 괜찮다는 것을 의미합니까?

실무자: 여기서 내가 어떻게 생각하는가는 문제가 아닙니다. 당신이 어떻게 느끼고, 삶의 즐거움과 질병의 통제와 발생가능한 장기간의 합병증 사이의 균형을 유지할 것인가가 문제입니다. 내가 말하는 모든 것은 자신에게 휴식을 주는 것이 전반적으로는 자신을 더 잘 돌볼 수 있다는 의미입니다. 만일 당신이 원한다면 우리가 당신의 상태에 대해서 정기적으로 재사정을 하고, 나는 그런 시도를 도울 준비가 되어 있다는 말입니다. 어떻게 생각하세요?

수용할 만하고 획득 가능한 목표에 대해서 협상한다.

실무자: 그런 시간을 위해서 토요일 오전에 친구들과 함께 외출하기 전에 오래 지속되는 인슐린을 한 번 주사하는 것으로 결정했습니다. 그러나 다른 날에는 하루에 두 번 처방된 인슐린을 주사하고, 혈당을 확인합니다. 나와 한 달 후에 만날 때, 어떻게 지냈는지 말해주세요.

낮은 중요도가 문제라면, 이득과 손실 전략이 의사결정 딜레마를 예리하고 의식적인 초점으로 가져가는 데 유용하다. 가끔 이행의 문제는 마음의 문제인데, 지식이 적절하다고 하더라도 신중하고 의지적인 의사결정에 의해서라기보다는 태만에 의해서 불이행이 일어난다. 이득과 손실은 실무자에게 환자의 정보적 요구에 대한 통찰도 제공한다.

상담에서 논쟁하고 부정하는 것은 처방된 약물을 고수하려는 데 초점을 두는 일반적인 모습이다. 실무자는 먼저 주도적으로 환자가 상담실에서 권투경기를 벌이려는 것처럼 대하는 것을 막아야 한다. 한 방향으로 나아가는 것이 환자에 대한 문제를 해결하는 것이라고 설명한다. 개인의 구체적인 행위보다는 일반화의 개념이 가능한 것으로 반박한다. 가능하다면, 실무자는 자신을 환자의 약삭빠름을 탐색하는 역할로 놓기보다는 환자를 문제해결자의 역할로 놓는다.

글쎄요. 나는 그것을 잘 이해할 수 없습니다. 당신은 약을 먹었다고 하지만 혈중농도가 낮습니다. 대부분의 사람들은 이 정도의 용량에서 X 수준의 혈중농도를 보입니다. 당신은 왜 이런 일이 생겼다고 생각하세요?

아이고! 흡입제를 처방한지 3개월이 지났습니다. 대부분의 사람들은 한 달 반 정도에 다 사용할 양입니다. 당신의 천식에 무슨 일이 생길 수 있다고 생각하세요?

대부분의 어린이들은 잠재적으로 위험한 스테로이드 크림을 매우 소량 사용하는 것이 더 좋습니다. 왜냐하면 정규적으로 많은 양의 보습제를 사용하기 때문입니다. 당신은 어린이에게 무슨 일이 생길 수 있다고 생각하나요?

요점정리

약을 복용하는 것은 환자의 선택이다. 실무자들의 의사결정은 특정한 약을 처방하거나, 권고할 만한 약물의 작용 과정이다. 정보의 교환은 환자가 자신들이 사용할 약물에 대한 정보가 갖춰진 의사결정을 하는 데 매우 유용할 수 있다. 잘 사용한다면 환자들이 들은 대로 행하지 않기 때문에 좌절하는 실무자들의 상황을 피할 수 있게 하고, 환자들이 그 곳에서 그것을 하기를 원하지 않기 때문에 자신들이 들은 대로 행하지 않으려고 하는 상황을 피할 수 있게 한다.

더 많은 약물을 원하는 환자

이는 실무자들이 크게는 임상적 이유로, 환자가 말한 요구를 충족시키지 않는 것을 선호하는 예이다.

사례

당신은 일차개원의이다. 환자가 바이러스에 의한 목의 통증을 호소한다.

> 그래요. 당신이 이전에 나에게 말했지요. 나는 이 통증이 바이러스 때문이라고 알고 있습니다. 지금 항생제를 먹을 수 있을까요?

전형적인 만성 처방 시나리오

통증 클리닉에서 일한다. 강한 복합 진통제를 사용하지 않는 통증 관리 전략을 제시하려고 한다.

> 당신이 잘 말씀해주셔서 좋습니다. 그러나 통증을 계속 견딜 수는 없습니다. 나는 처방이 필요합니다.

정신과 외래에서 일하며, 오랜기간 동안 진정제를 복용하고 있는 환자가 있다. 진정제에 대한 이야기를 시작하였다.

> 물론 진정제를 먹지 않는 것을 더 좋아해요. 나도 정말로 '약 먹는' 사람이 되고 싶지는 않아요. 그러나 나는 때때로 진정제가 필요해요. 내가 한 달분을 처방받을 수 있을까요? 그러면 내가 당신을 자주 찾아와서 괴롭히지 않을 텐데요.

목표

- 의심스러운 생의학적 이익 혹은 때때로 확실히 해로운 약을 처방하는 것을 피함으로써 윤리적으로 실무를 수행한다.
- 협상을 통해 이루어진 결정에 대한 책임감을 증가시킴으로서 환자의 임파워먼트를 격려한다.
- 적어도 환자의 문제에 대해 비약물적 대처라는 씨를 뿌린다.

- 건강실무자와 환자의 관계를 유지한다.
- 실무자의 좌절감을 최소화한다.
- 환자가 느끼는 것을 경청하고, 환자를 지지하고 이해한다는 것을 확실하게 한다.

원칙과 전략

- 중요도가 높고, 자신감이 낮을 때는 환자에게 적은 용량 접근법에 대한 중요도를 사정하고, 변화에 대한 자신감을 증진시킨다.
- 이러한 상황에서 실무자가 환자의 요청을 충족시키는 것이 어느 정도 가능하고 바람직한지에 대해서 고려한다.
- 환자에게 가능한 많은 통제력을 건네준다.
- 환자로부터 약을 먹는 것의 장점과 그렇지 않은 점에 대한 실제적인 이유를 이끌어낸다. 중요도가 낮으면 비판단적 정보 공유를 한다.
- 양가감정의 환자에게는 이득과 손실의 전략을 사용한다.
- 선택을 찾기 위한 방안에 대해 브레인스토밍한다.
- 획득 가능한 목표를 설정한다.

실례: 급성 투약

실무자로부터 약을 얻기 위해 완강한 결의를 한 상태에서 만난 특정한 상황에서 환자는 얼마나 자주 약물의 부적절성에 대해서 설명을 들었는가? 이러한 상태에서 실무자는 처방의 문제와 환자와 싸우게 되는 것 사이에서 갈등하게 된다. 전자의 방안은 실무자에게 좌절감을 안기고, 환자에게는 실제로 아무런 변화도 없다. 두 번째 반응은 실무자의 혈압을 올리고, 환자에 대한 저항만을 불러일으킨다.

이 상황에서 벗어나 보다 창의적인 방법을 탐색해본다. 예를 들면 목의 감염으로 항생제를 원하는 여성이 있는데, 실무자는 항생제 치료가 도움이 되지 않을 것이라고 느낀다. 처음에는 비항생제 접근의 중요도를 수립하려고 한다.

실무자: 나는 모든 상황에서 항생제를 처방하지 않겠다고 말하는 것은 아니지만, 나는 이것이 중요한 결정이라고 느끼고, 우리는 매우 신중하게 항생제를 복용해야 합니다. 이 문제에 대해서 각자의 관점이 있고, 나는 내가 당신을 바르

게 이해한다고 생각합니다. 항생제에 대해서 어떻게 느끼십니까?

환자: 글쎄, 지금과 같은 상태에서는 항생제가 작용한다고 알고 있습니다. 나는 항생제가 필요해요. 이것이 내가 진료를 받으러 온 이유예요.

환자에게 비항생제 치료의 적용에 대한 자신감을 사정하는 것은 환자가 항생제 복용이 중요하다고 여기는 상태에서는 가치가 없을 것이다. 만일 변화의 중요도가 매우 낮다면, 자신감을 탐색하기 전에 항상 그 점을 언급한다.

우리는 중요도의 범위에서 실무자와 환자가 반대의 방향에 놓여있는 상황에 있다. 이 상태에서 항생제를 먹어야 할 때, 환자는 중요도를 높게 여기고, 실무자는 중요도를 낮게 여긴다. 한 번의 상담에서 환자와 실무자의 관계를 유지하면서, 환자가 지각하는 항생제의 중요도가 변화하는 것은 거의 불가능하다. 보다 현실적인 목표는 항생제를 복용하는 것이 보다 빨리 낫게 하는 데 도움이 안 되고, 항생제를 복용하는 것은 환자가 책임을 공유해야 하는 위험을 초래할 수 있다는 최선의 의료적 지혜를 환자에게 분명하게 이해시키는 것이다. 아마 씨앗이 뿌려졌으므로 다음번, 혹은 내년에는 환자가 항생제 사용을 제외시키면서 이런 감염을 다스릴 수 있는 방법에 대한 숙고를 준비하게 되는 것이다.

이런 상황에 대한 한 가지 방법은 다음과 같이 말하는 것이다.

나는 당신의 관심을 이해하였고, 2일 후에도 당신이 더 나아지지 않는다면 항생제를 주겠습니다. 그러나 내가 몇 가지 고려해야 할 것들에 대해서 처음에 서로 이야기를 나눌 수 없다면 내 역할을 잘못하는 것입니다. 이 연구는 …것을 보여줍니다. 이 연구에 대해 당신은 어떻게 생각하시나요?

환자가 설득될 준비가 되어있지 않으면 실무자는 환자의 상태를 정직하게 말하고, 환자의 선택과 책임을 강조하면서 면담을 끝낸다.

그래요, 연구에서 항생제는 이와 같은 상황에서 효과가 좋지 않아요. 심지어는 생명에 위협이 될 만한 해를 끼치기도 하지요. 항생제와 관련된 위험성에 대해서 알고 있나요? 꼭 알아야 할 몇 가지 위험성이 있어요. 위경련과 반점 등과 같은 가벼운 부작용은 보편적이고, 골수의 문제와 알레르기와 같은 심각한 반응도 흔치 않게 발생할 수 있습니다. 또 항생제를 사용하게 되면 내성이 생겨서 심각한 감염이 있을 때 약물의 효과가 없을 수 있다는 말입니다. 창구 앞에 약 처방을 써놓기는 하겠습니다만, 하루나 이틀 후에도 상태가 나아지지 않으면 그때 처방전을 가져가시는 것이 좋겠습니다. 상담이 필요치 않으면 그냥 처방전만 가져가세요.

일부의 환자들은 항생제의 장단점을 알고 있기 때문에 더욱 양가감정을 느끼게 된다. 이득과 손실 전략의 예이다.

> 이 상태에서 항생제가 필요하다고 느낄 겁니다. 과거에 항생제를 사용했을 때 어땠는지, 지금 어떻게 느끼는가에 대해서는 당신이 전문가입니다. 그렇다고 하더라도 항생제로 인한 문제들을 알고 계십니까? 제게 지금 항생제가 적절한 이유와 그렇지 않을 수 있는 이유를 짧게 이야기를 해주면, 나는 당신이 이 점을 어떻게 생각하는지를 이해할 수 있을 거예요.

일부의 환자들은 약물치료에서 대안을 찾은 것이 매우 중요하다고 느낄 것이지만, 어떻게 관리해야 하는지에 대해서 걱정한다(낮은 자신감). 항생제 없이 치료를 하는 것의 중요도를 탐색하는 것은 이러한 환자들에게는 명백하게 덜 위협적이다. 실무자들은 다르게 대처할 수 있다는 것에 대한 자신감을 세우는데 초점을 두게 되면, 그들의 노력에 더 많은 보상이 돌아온다. 실천적인 전략이 유용하다. 목이 아픈 것에 대해 항생제를 달라고 하면 환자로부터 아이디어를 이끌어내고, 만일 환자들이 아직 언급하지 않았다면 수액, 해열제, 진통제를 제안한다. 환자에게 며칠 간의 관찰 기간을 제안하거나, 항생제 처방전을 주면서 증상이 악화되지 않으면 먹지 말라고 한다.

실례: 장기 투약

만성 진통제 혹은 진정제를 사용하는 경우에는 환자가 임상상황에 있는 동안 변화를 위한 매우 느린 프로그램을 제공할 수 있고, 실무자는 지속적인 지지를 제공할 수 있다. 근본적인 문제는 상담의 과정에서 해법에 대해 두 부분으로 큰 간격이 있게 된다는 점이다. 환자는 생의학적이고 단순한 해결을 원하는 데 반하여, 실무자는 생활양식의 적응을 통해서 교정될 수 있는 만성 문제로 상황을 인식하는 것이다.

실무자: 그래요. 내가 약물을 처방할 수는 있지만, 이 용량의 dihydrocodeine을 사용할 때 어떻게 느끼는지에 대해서 알고 싶어요. 지금, 당신이 복용하고 있는 진통제의 양을 줄이는 것이 당신에게 얼마나 중요합니까? 1은 '전혀 중요하지 않다.'이고 10은 '매우 중요하다.'입니다. 당신은 몇 점쯤 되세요?

좋습니다. 만일 결심이 선다면 얼마나 줄일 수 있을지에 자신감은 어느 정도입니까? 1은 '전혀 자신이 없다.'이고 10은 '매우 자신이 있다.'입니다. 당신은 몇 점쯤 되세요?

줄이는 것에 대한 자신감이 8점이군요. 그렇게 높게 점수를 준 이유가 있습니까?

환자: 글쎄, 나는 약을 먹는 것을 좋아하지 않습니다. 나도 약에 중독성이 있다는 것을 알고 모든 약을 끊어보고 싶어요.

실무자: 약을 줄이려는 능력에서 자신감을 4에서 8이나 9로 높일 수 있도록 도울 수 있는 것이 무엇일까?

환자가 제안을 제시할 수 있으면, 브레인스토밍 해결의 과정이 시작하게 된다. 만일 환자가 수많은 실제적인 제안을 제시할 수 없으면, 전형적인 하루 전략을 사용하고 그때 브레인스토밍 해결로 진행한다.

이미 수립된 약물 사용 형태를 변화시키는 것은 결코 쉽지 않고, 나는 당신이 아무리 사소한 것이라도 시도하고자 하는 것에 동의한 그 용기에 경의를 표합니다. 환자분께서 여기서 주요한 결정을 하시죠. 저는 당신의 보조에 같이 맞추겠습니다. 천천히 진행하시고 다시 돌아올 수도 있다는 점을 격려할께요. 저는 여기서 당신의 결정을 지지하겠습니다. 자, 당신은 하루에 dihydrocodeine을 10알 먹고 있습니다. 전형적인 하루에서, 하루 중 통증이 언제 심해져서 약을 먹는지 말해주세요. 또 약을 먹지 않고 할 수 있는 일들에 대해서 생각해 보세요.

좋습니다. 말씀해주신 것들이 도움이 됩니다. 내가 통증의 강도와 그것을 극복하기 위해 보여주신 당신의 용기를 이해하게 되었습니다.

환자의 구체적인 일상생활을 들은 실무자는 만성통증 혹은 불안 상태에 대한 환자의 호소에 이리저리 흔들리지 않게 되고, 절대적인 진지함을 가지고 충고를 하게 된다.

점심식사 후에 통증이 심해지면, 다른 대안으로 무엇이 있을까요?(실무자는 환자가 제시한 대안들을 신중하게 듣고 한 가지 또는 두 가지 정도의 제안을 덧붙인다.) 좋습니다. 그러면 약을 먹고, 약을 먹는다는 생각을 지울 수 있는 집안일, 예를 들면 개와 함께 산책을 한다든지, 뜨거운 물로 목욕하기 등을 할 수 있지요. 이 제안들 중에서 다음 달에 해볼 수 있는 것은 무엇일까요? 좋습니다. 그러면 점심식사 후에 통증이 심해질 때, 약을 먹는 것을 대신해서 개와 함께 산책을 해봅시다. 운동을 하면 몸 속의 자연진통제가 분비될 것이고, 기분이 좋아질 것입니다. 운동이 약간의 통증을 유발한다고 하더라도 사전에 더 심

해지는 것을 막을 수 있습니다. 근육을 단단하게 하면 아픈 뼈에 대한 압력을 줄일 수 있습니다. 다음달에는 10알보다 더 적게 먹는 것으로 목표를 세우면 어떨까요? 다음에 다시 만날 때는 점심 후 통증이 더 심해질 때 개를 데리고 산책을 할 때 어땠는지를 말해주세요.

가끔 곤란한 상황에서 거의 모든 있을 수 있는 형태로 저항이 나타날 수 있다. 예를 들면 분노; '나는 약이 필요없다고 들었다. 당신한테 말하겠는데, 나는 일생동안 날마다 약을 먹어야 하는 사람 중의 한 명이다.' 분리; 'X 의사는 이 약 없이는 살 수 없다고 말했다.' 도전; '당신은 이 약이 해를 끼칠 것이라고 말한다. 그런데 나를 도울 수 있는 유일한 것은 약이다.' 반대; '나도 약을 줄일 수 있으면 좋겠다. 그러나 그렇게 할 수 있는 방법이 없다.' 등이다.

저항을 다루는 열쇠는 환자의 건강을 증진시킨다는 공통의 목표를 실무자와 환자가 공유한다는 점을 확신시키는 것이다. 환자의 복수를 위한 나쁜 열망이 아니라 부담이나 걱정과 결심 공약을 끌어내도록 한다. 그렇게 하기 위해서는 초점을 약의 생의학적 치료 효과보다 환자의 고통에 영향을 미치는 개인적이고 환경적인 요소들에 둔다. 환자가 느끼는 증상의 심각성에 동의하고, 상담을 끝내면서 다음 방문 시에 수행할 수 있는 비약물적 접근을 열어두는 것으로 초점을 이동시키는 것도 하나의 방법이다.

실무자: 천천히 하세요! 누구도 당신을 약물없이 내버려두는 것에 대해서 말한 적이 없고, 실제로 환자분께서 아직 준비되지 않았으면 변화시킬 수 없어요. 내가 하는 모든 것은 이러한 약물을 장기 복용하면 해를 끼칠 수 있다는 연구 결과를 당신과 공유하는 것입니다. 내가 의사이고 내가 처방한 모든 약물의 부작용에 대해서 약을 복용하는 사람들에게 알려야 하는 의무가 있다는 것을 기억해주세요. 내가 이 문제에 집중하는 것은 내가 심술궂게 굴려고 하는 것은 아니예요. 그와 정반대이죠. 우리는 서로 정확하게 같은 목표를 가지고 여기에 있다고 생각하는데요. 우리 모두 당신이 더 행복하고 건강한 생활을 하는 데 관심이 있습니다. 그래서 내 역할은 당신에게 무엇을 하라고 말하기보다는 옳은 결정을 하도록 돕는 것이라고 알고 있어요. 당신이 진정제와 진통제가 없으면 얼마나 괴로운지에 대해서 100% 동의합니다. 그런 종류의 느낌을 경험하면 누구라도 그런 증상을 완화시킬 수 있는 약을 원합니다. 그러나

또한 약을 먹었다 하더라도 좀 더 좋지 않은 느낌을 가질 때가 있는 것처럼 보입니다. 약을 줄이는 문제에 대한 논의는 잠깐 멈추고, 약보다는 불안에 영향을 미치는 것들에 대해서 말해봅시다.

환자: 솔직해 지세요. 선생님이 내가 약을 치우기를 원한다는 것을 알고 있어요.

실무자: (정직하게 하고, 문제를 다시 구성한다.) 보세요. 내가 약물에 대해서 관심을 갖고 있다는 점에는 비밀이 없어요. 그러나 그것에만 관심이 있는 것은 아니에요. 나는 당신이 어떻게 느끼는지에 관심이 있어요. 약물은 당신의 생활에 극히 적은 부분이지요. 당신이 더 좋게 느끼도록 돕기 위해서 당신의 총제적인 면에서 약을 살펴보는 것이 나의 목표입니다.

요점정리

환자와 실무자는 환자가 건강을 유지하고, 통증이 없는 상태를 유지하고, 건강문제가 나타나면 즉시 해결한다는 목표를 거의 확실하게 공유한다. 환자가 좋은 결정을 하는 데 도움을 줄 수 있는 정보교환을 촉진시킬 수 있도록 그런 연대의식을 유지하는 것이다.

가능성이 거의 없는 설명이나 힌트를 찾는 환자

사례

당신은 일차병원 개원의사이다. 당신은 두툼한 파일을 앞에 놓고 한숨을 쉰다. 15년 동안 통증을 호소하였으며, 비싸고 때로는 위험하기까지 한 치료들을 섭렵하였다. "무엇인가를 해야 한다."라는 절망적인 시도로 외과의사가 장기를 제거하고 그로 인해 장애를 입은 환자이다. 그렇다. 스미스 부인이 다시 왔다. 상담실에 들어오자마자 스미스 부인이 뭐라고 말할지 짐작이 간다. 이런 일은 전에도 자주 일어났다.

내가 알고 있는 모든 검사들에서는 정상이고 병원에서는 내가 정신과에 가야 한다고 했어요. 그러나 정말로 이런 종류의 통증은 내 머릿속에 있는 게 아니에요. 내가 들은 새로운 스캔은 내 몸 안에서 무슨 일이 일어나는지를 밝혀줄 거예요. 만일 선생님이 이 통증을 내 몸에서 쫓아내주기만 한다면 나는 삶을 다시 시작할 수 있을 것 같아요.

목표

- 환자와 의사 모두 현재의 상태에서 벗어나기 위해서는 수 년이 걸릴 것이라는 점을 수용하게 된다. 상태의 개선은 오직 느리게 일어날 것이다.
- 환자와 실무자는 환자의 문제에 대한 태도를 변화시키기 위하여 추가 시간과 정서적인 에너지를 투자한다.
- 실무자가 의학이 거의 문제를 해결할 수 없다는 것을 받아들인다. 환자가 자신의 불완전한 상황을 받아들이고, 불편과 고통에 대해서 생의학적인 해법만을 찾지 않도록 하는 것이 가치있는 목표가 된다.
- 환자가 버려졌다는 느낌이 들게 해서는 안된다. 희망을 갖게 하지만 현실감을 유지하도록 하고, 환자를 잘못 이끌면 안 된다. 환자가 규칙적으로 구조적인 면담에 참여하도록 한다.
- 환자를 치료할 수 있는 마술적인 탄환은 없다는 것을 받아들이도록 목표를 세운다. 손쉬운 방법은 카드 안에 없다. 다음 번의 최고의 작업은 증상의 통제를 최대화할 수 있는 치료를 찾는 것이라고 목표를 조절하는 것이다.

원칙과 전략

- 이 오래된 문제를 새로운 눈으로 보도록 한다. 우리는 가끔 환자를 잘 이해한다고 생각하고 생의학적 관점을 넘어서는 개인적이고 맥락적인 고려들을 탐색하는데 시간을 적게 사용한다.
- 전형적인 하루 전략은 환자와 실무자에게 새롭고, 대안적인 행동이 아직 명백하게 구체화되지 않을 때 좋은 시작이 된다.
- 정보의 교환
- 이 시점에서 심층적인 검사들에 대한 이득과 손실
- 심층적인 의학적 검사의 대안들에 대한 중요도와 자신감
- 저항을 가까이에서 감시한다. 개인적 통제력을 사정하고, 초점의 이동에 동의하는지를 고려한다.
- 열린 마음을 유지한다. 유연하고 협상적이 된다.
- 획득 가능한 목표를 설정한다.

실례

실무자: 좋은 아침입니다. 스미스 부인 다시 뵙게 되서 반갑습니다. 어떠세요?

환자: 아주 안 좋아요. 선생님을 더 이상 괴롭혀 드리지 않아야지 하고, 때로는 선생님이 저 때문에 괴로우시겠다 싶기도 하고… 그런데 나는 정말 점점 더 나빠져요. 정말 이대로는 더 살 수가 없을 것 같아요. 통증이 내 삶을 갉아먹는데 나는 다시 좋아지는 것만을 원해요. 내가 잡지에서 읽었는데, 나 같은 통증이 있는 어떤 사람이, 의사도 더 이상 해 줄게 없다고 했다는데, 새로운 증강 NMR 스캔을 찍었더니 원인이 나왔대요. 정말 시기를 놓치지 않고 원인을 찾아냈대요. 나도 NMR 스캔을 하기는 했지만 새로운 증강 스캔은 아니었어요. 선생님 제가 새로운 증강 NMR을 찍는 것에 대해서 어떻게 생각하세요?

새로운 증강 스캔을 찍는 것에 대해서 이 시점에서 "아니요"라고 말하는 것은 권투 글로브를 끼는 것과 같다. 그 요청을 심각하게 받아들이는 것처럼 하고, 대화의 초점을 이동한다.

실무자: 좋습니다. 증강 스캔은 분명히 가치있는 고려이지요. 또 당신이 충만한 삶을 살 수 있도록 도움을 줄 수 있는 것으로 신중히 고려할 만한 것은 없습니까? 당신의 지지자로서 저는 검사나 치료에 대해서 100% 이해합니다. 그런데 제 역할은 환자에게 도움이 되는 것과 회복에 실제로 해를 줄 수 있는 것에 대한 결정을 돕는 것입니다. 부작용이 없는 검사는 거의 없고, 심지어 환자가 점차 나아지는 것보다는 검사 자체에 초점을 두게 됩니다. 그래서 더 심층적인 검사에 대한 결정을 하기 전에, 내 생각을 말하고 내가 할 수 있는 최선의 조언을 드리고자 합니다. 나는 당신의 정확한 증상과 이 증상들이 당신의 일상생활에 어떻게 영향을 미치는지를 알고 싶습니다. 당신이 가능한 한 자세하게 말씀해주시면, 제가 잊어버리고 있었던 문제들에 대해 매우 중요한 조망을 할 수 있을 것입니다. 그렇게 함으로서 제가 전에는 발견하지 못한 원인에 대한 새로운 단서를 주실 수도 있을지 모르겠습니다. 당신의 전형적인 하루 중에서, 어제 또는 그제 당신이 일어났을 때부터 하루종일 움직이면서 느꼈던 것 등등을 말해주시는 게 저한테 도움이 됩니다.

환자: 글쎄요. 나는 전에도 이런 말을 했던 적이 있었던 것 같은데… 선생님이 저에게 지금 정신과 의사에게 가보라고 말하지는 않을 것 같네요.

환자는 전형적인 하루 전략에서 실무자의 개입을 차단하는 무수히 많은 방어벽을 만들어낸다. 주요한 차단벽에 직면할 때는 환자에게 동의와 지지를 표현하는 것이 좋은 결과를 만들 수 있다.

실무자: 좋습니다. 지금은 절대 정신과 의사에게 갈 문제가 아닙니다! 내가 당신의 통증이 심각하고 실제라는 것을 믿는다는 점을 당신이 이해하는 것이 저에게 중요합니다. 내가 당신을 다른 의사에게 보내는 일은 가장 최후에 할 수 있는 일이지요. 당신과 제가 할 수 있는 일은 이 문제를 서로 같이 파악하는 일이고, 그 과정에 당신은 제가 환자를 지킬 것이라는 것을 확신하는 것입니다. 그러나 이 일은 당신의 도움이 필요한데, 당신의 전형적인 하루에 대해서 말해주는 것이 치료에 대한 최선의 계획을 세우는데 도움을 줄 것입니다.

환자: 좋습니다. 내가 말했듯이 아침에 배가 아파서 일어나는데, 전에 말했듯이 배가 꽉 찬 듯하고, 허리를 내리누르는 느낌인데, 옷을 입는 동안에 통증은 더욱 심해져서 별 도움은 안 되지만 약을 먹고 화장실을 갑니다. 그럼 좀 나아지지만 결코 완전히 통증이 없어지지는 않습니다. 그러고 나서 나는 뭘 좀 먹는데 그렇게 하지 않으면 남편이 잔소리를 하게 됩니다. 뭘 먹으면 아픈 것이 더 심하게 되지만, 남편을 조용하게 하려면 먹을 수 밖에 없습니다. 그러면 남편은 일하고 가고 나는 아픈 상태로 남겨지게 됩니다.

실무자: 그 당시의 느낌은 어떠했습니까?

환자: 때때로 남편이 나가면 내 머리를 베개에 처박고 소리를 지릅니다. 솔직히 말하면 때로는 내가 어떻게 견디고 있는지를 아무도 이해하지 못한다고 느낍니다. 그들이 어떻게 이해할 수 있지요?

실무자는 전형적인 하루에 대한 환자의 설명 외의 다른 부수적인 것들은 피해서 상담해야 한다.

실무자: 그 다음에는 어떤 일이 일어나죠?

실무자는 주요한 요점에 대해서 환자가 어떻게 느끼는지에 대한 더 깊숙한 질문을 한다. 궁극적으로 실무자는 환자에게 통증과 즉각적인 맥락과 그 당시의 느낌 간의 관계에 대해서 성찰하도록 요청한다.

실무자: 스미스 부인, 당신이 말씀하신 것들은 우리가 같이 해야 하는 결정의 과정에 매우 가치있는 것입니다. 그런데 제가 궁금하게 생각하는 것은 당신은 통증의 형태를 구분할 수 있나요? 예를 들면 통증이 심해지거나 줄어드는 시간과 그때 생활에서 무슨 일이 일어나는지?

환자가 앞으로 나아가지 않는다면, 실무자는 환자가 고통 속에서 경험하는 고독감에 대해서 성찰해보도록 한다. 통증에 대해 보다 이해받고, 덜 소외되도록 당신은 변화시킬 수 있는 것들이 있을까? 이와 같은 상황에서 급진적인 변화는 한 번에 일어나지 않는다는 것을 기억한다. 통증을 생의학적 해결에 순수하게 초점을 두지 않고 통증의 수용과 통증에 생활을 맞추는 것 등으로 통증의 문제를 바라보는 관점을 가지기 위한 환자의 여정은 매우 오랜 기간이 걸리고 어려운 길이다. 치료보다는 적응의 관점으로 문제를 바라보기 위한 씨를 틔우는 것이 이 상담의 실제적인 목표이다.

실무자: 좋습니다. 훌륭합니다. 이것을 시작으로, 다음에는 당신이 더 진전된 아이디어를 내실 것으로 보입니다. 그러나 나는 지금 새로운 증강 스캔에 대한 질문으로 돌아가길 원합니다. 당신이 받은 모든 검사목록, 진료를 받은 모든 전문의들, 수술 목록들을 왜 빨리 리스트를 만들지 않았을까요? 좋습니다. 당신이 들으신 모든 것들이 무엇이죠? 네, 그렇습니다. 그것은 성배 혹은 그 어떤 것을 찾는 것과 같이 희망에 대한 끔직한 여정이었고, 결국은 실망을 하게 되었죠. 그리고 당신이 맞습니다. 현대의 의학은 당신에게 해준 게 별로 없어요. 지금 내가 말씀드리고 싶은 것은 의학은 불완전하다는 것입니다. 그러나 우리가 텔레비전에서 보는 것들은 의사와 환자에게 의학이 모든 대답을 갖고 있어야 하는 것으로 느끼게 합니다. 그러나 실제는 그렇지 않습니다. 나도 동의하지만 당신을 누구도 낫게 할 수는 없었습니다. 그리고 당신은 항상 더 나빠지고 있다고 말할 것이라고 생각합니다. 당신 주치의가 문제의 본질에 결코 도달하지 못할 스캔을 요청했습니다. 그리고 당신이 다른 전문의들을 만날 때마다 전문의들은 다른 검사 또는 몸의 일부분을 잘랐습니다. 그러나 여전히 증상은 변화하지 않았고 오히려 점점 더 심해지기까지 합니다…. 나도 당신의 그런 고통에 대해서 현대 의학이 해줄 수 있는 게 없다는 점이 놀라울 뿐입니다.

실무자는 관심을 이렇게 진실하게 노출함으로써 형성된 라포 위에 변형된 이득과 손실 전략을 시도한다.

실무자: 새로운 증강 스캔으로 돌아가서, 스캔을 했을 때의 장점에 대해서도 잠깐 생각해보고, 스캔이 지금 왜 최선의 선택이 될 수 없는지에 대해서도 말하고자 합니다.

환자: 글쎄요. 가장 명백한 것은 스캔이 내 통증의 원인을 밝히면 치료를 할 수 있을 거라는 겁니다. 반면에 다른 모든 사람들과 같이 많은 부작용과 방사선에 노출된다는 단점이 있지요. 진실대로 말하면, 아파서 병원을 들락날락하고 있어요. 병원 사람들이 내가 오는 걸 보고 "그 양반이 또 왔어."라고 말해요. 그러나 그것은 명백히 병원이 잘못한 거예요. 병원 사람들이 나를 맨 처음의 상태로만 돌려놓을 수 있다면 지금처럼 되지는 않았을 거예요.

환자는 이득과 손실 전략에서 벗어나 비난 행위에 참여하기 시작할 것이다. 이것은 미래를 구성하는 가장 중요한 요소인 환자의 에너지를 다른 곳으로 돌리게 한다. 그러므로 실무자는 비난에 대한 논의를 피하도록 한다. 실무자는 일부의 일반화된 정보를 제공하고 환자에게 해석하도록 한다.

실무자: 나도 전에 증상의 호전이 없이 수년 동안 수술을 받은 환자에 대한 저널을 읽은 적이 있습니다. 환자들은 통증에 대한 신체적인 원인을 찾을 수 없었지요. 최선을 다한 환자들은 통증을 치료하기 위해 의학을 지속적으로 찾기보다는 자신만의 해결을 찾고자 하였지요. 이 연구를 통해서 무슨 생각이 드세요?

만일 이러한 질문에도 환자의 반응이 없으면, 관심과 유연성을 동시에 표현하면서, 명백한 메시지를 강화하도록 한다. 만일 이 환자가 실무자의 진료실을 불만족한 상태로 떠난다면, 다음 번의 실무자는 환자에게 스캔을 하도록 할 것이며 거기서 증상이 나아지지 않는다면 환자의 새로운 실무자는 환자에게 지치고, 환자는 다시 새로운 실무자를 찾아 떠나고 이렇게 지속적으로 희망과 실망의 순환을 반복하다 보면 생의학적으로 일시적 모면 외에는 할 수 없게 된다는 것을 기억한다.

실무자: 좋아요. 나도 당신과 같이 스캔의 좋은 점과 나쁜 점에 대해서 이해할 수 있어요. 지금 나는 어떤 조건 속에서라도 스캔을 위해서 당신을 다른 의료인에

게 보내지는 않겠다고 말하는 것은 아닙니다. 그리고 내가 당신에게 가장 좋은 의료를 제공하겠다는 것을 알아주셨으면 합니다. 그러나 나는 당신을 증상의 집합체로 보는 것이 아니라 당신을 총체적 인간으로 보고자 합니다. 때때로 검사에 대한 무용담에서 벗어나서, 다음의 질문에 답을 하도록 하겠습니다. 완전한 치료가 좋은 일이 될 수 있다는 것에 반하여 '문제를 가지고도 조금 더 나은 상태로 살 수 있는가?'에 대해 우리 모두 개방된 마음을 가져봅시다. 환자분의 통증으로 돌아가서 좀 더 통증을 심하게 하는 것들의 목록을 만들 수 있지 않을 까요? 또 통증을 좀 더 약하게 하는 것들의 목록도 만들 수 있겠지요.

여기서 실무자는 변형된 안건 정하기 차트를 사용할 수 있는데, 적어도 특정한 범위까지 환자의 통제(예: 약물, 파트너와의 대화, 식이, 전환 등)가 가능한 것들을 빈칸에 넣을 수 있을 것이다. 환자가 통제가 가능한 것들이라고 나열한 단순한 것들이 바로 그 자체로 치료적이 될 수 있다. 환자는 일해볼 만한 한 영역을 선택한다. 중요도와 자신감이 이러한 행동들과의 관계에서 사정될 수 있으며, 유용한 척도화 질문을 사용하게 되고 브레인스토밍 해결과 달성 가능한 목표를 준비할 수 있다.

실무자: 자, 우리가 오늘부터 그것을 사용하지 않을 이유가 있을까요? 오늘 하신 말씀들이 당신이 얼마나 힘들게 그런 좋지 않은 상태에 대처하려고 노력한다는 것을 확실히 알 수 있게 해줍니다. 당신이 남편과 날마다 하루에 5~10분 정도만 통증에 대해서 이야기할 수 있다면 서로 질적인 시간을 갖게 될 것이고 통증 때문에 아무것도 할 수 없었던 것들 중에서 의미있는 것들에 대해 계획을 세울 수 있지요. 다음 2주 후에 만날 때 어떻게 지내셨는지를 저에게 알려주세요.

요점정리

저항보다 공감이 바로 그 방법이다. 만일 환자가 통증완화를 요청하는 과정에서 경험하는 좌절과 절망을 이해할 수 있다면, 그리고 당신이 이해한다는 것을 보여줄 수 있다면, 환자와 통증완화를 위한 선택들에 대해서 보다 협조적인 대화를 할 수 있을 것이다.

초점이 외적인 마술적인 탄환에서 수용과 개인적인 조절로 이동한다.

참고문헌

Butler, C.C., Pill, R., Stott, N.C.H., 1998. A qualitative study of patients' perceptions of doctors' advice to quit smoking: implications for opportunistic health promotion. *British Medical Journal 316*, 1878–1881.

Miller, W.R., Rollnick, S., 2002. Motivational interviewing: preparing people for change, 2nd edn. Guilford Press, New York.

Sesney, J.W., Kreher, N.E., Hickner, J.M., Webb, S., 1997. Smoking cessation interventions in rural family practices: an UPRNet study. *Journal of Family Practice 44*, 578–585.

실무에서의 접근법 적용 배우기
Learning to practice this approach

CHAPTER 10

이 장에서는

- 개요
- 성인들은 자신의 실무에 적용하는 것을 어떻게 배우는가?
- 여러분이 이 접근법을 배우는 데 방해가 되는 것은 무엇인가?
- 여러분이 이 접근법을 배우는 데 도움이 되는 것은 무엇인가?
- 실무를 통해 스스로 가르치기
- 훈련 워크숍에 대해 무엇을 기대하는가?
- 구조화된 다른 학습기회들

개요

이 책은 사람들이 일상생활에서 변화를 성취하는 것을 고려해보도록 돕는 데 초점을 두고 있다. 핵심 메시지 중 하나는 '그렇게 변화하는 것이 자신들에게 중요하고 자신이 그러한 변화를 성취해낼 수 있다는 자신감을 가질 때 사람들은 변화한다.'는 것이었다.

여러분이 이 장(章)을 읽으면, 앞에서 배운 이 접근법을 실무에서 적용하는 데에 관심을 갖게 될 것이며 여러분 자신이 이 접근법을 적용할 만큼 이 방법이 충분히 중요한지 궁금하게 될 것이다. 여러분이 얼마나 자신감을 갖게 될지는 이 접근법이 이미 일을 해왔던 방식과 얼마나 다른가에 달려있다. 또한, 여러분이 이 접근법을 배운 대로 실행할 수 있는 기술을 얼마나 습득했다고 느끼는가에 따라 다르다.

성인들은 자신의 실무에 적용하는 것을 어떻게 배우는가?

이 책의 독자로서 여러분은 이 책을 읽으며 정보와 아이디어를 잘 흡수하는 사람일 수도 있다. 그밖에 여러분은 실무를 하면서 어떻게 잘 배우는가?

- 독서를 통한 배움은 여러분이 얼마나, 언제 실행할 것인가라는 측면에서 접근가능하고 탄력적인 방법이다.
- 어떤 사람들은 누군가가 강의나 대화를 통해 아이디어를 자신에게 설명해주는 것이 보다 도움이 된다고 한다. 노트를 만들고 제공된 관련 자료를 갖고 있는 것이 지식을 강화시켜주고 정보를 보유하는 데 도움을 줄 수 있다.
- '넬리 옆에 앉아서(Sitting next to Nellie)'라는 전통적인 방식인 도제식 모델은 다른 사람을 관찰함으로써 배우는 것이다. 의료인들은 첫 번째 단계로 관찰을 하면서 '하나를 보고, 하나를 행하고, 하나를 가르친다(see one, do one, teach one).'라는 격언을 기억할 것이다. 물론 이는 보고 배울 수 있는 유능한 동료가 있을 때에만 해당되며, 이 점에서 일부 실무자들은 다른 실무자들에 비해 운이 더 좋을 수 있다.
- 시청각 매체(DVD, CD-ROM 등)를 사용하는 것은 사람들이 살아가는 것을 볼 수 있는 대안이 된다. 상담의 일부를 다시 시청할 수 있다는 장점도 있다.
- 보다 경험이 많은 동료의 슈퍼비전 하에 실제 상황이나 시뮬레이션 상황에서 실무를 수행하는 것은 대부분의 사람들이 기술을 습득해온 대표적인 방식이다. 특히 전문직 발전의 초기시절에 그러하였다. 슈퍼바이저들은 긍정적 또는 부정적 강화로 도움을 줄 수 있다.
- 성찰적 실무는 학습에 있어 점점 더 보편적인 방식이 되고 있다. 저널쓰기와 동료들과의 면대면 토론시간은 우리가 수행하고 있는 것과 영향을 주는 것이 무엇인지를 보다 분명하게 관찰하는 데 도움이 될 수 있다. 이 과정을 통해 우리 자신이 스스로를 강화하게 되고, 좋다고 느끼거나 잘 하는 것은 보다 많이 하게 되며 그렇지 않은 것은 덜 하게 된다. 성찰적 실무는 우리가 일하는 방식에 있어서 보다 큰 마음챙김(mindfulness)을 하도록 이끌어준다.
- 일을 하는 새로운 방식은 종종 실험을 통해서 개발되는데, 성찰적 실무에 의해 뒷받침될 필요가 분명히 있다.

사람들마다 실무를 하면서 배우는 방법이 다양한데, 보통 한 가지 이상을 사용하는 것이 유용하다고 한다. 예를 들어, 강의듣기와 시범보기 그리고 누군가의 코칭을 받으며 수행해보기 등이 있다. 궁극적으로 우리는 행함으로써 하는 것을 배운다. 결국, 해봐야 할 수 있게 된다.

여러분이 이 접근법을 배우는 데 방해가 되는 것은 무엇인가?

이 접근법을 가르쳐온 몇 년 동안, 우리는 사람들이 이 방법을 배우는 데 방해가 되는 다양한 장애물을 만나게 되었다. 일부 사람들은 현재 그들이 일하고 있는 방식에 대해 합리적으로 만족해했다. 그래서 무언가 다르게 시도하고자 하는 충분한 동기를 갖고 있지 않았다. 그들의 환자 중 일부가 건강행동을 바꾸도록 조언을 듣지 않을 때, 그들은 이것이 상담의 유형 때문이라기보다는 환자의 특성이거나 상황 때문이라고 생각했다. 여러분이 지금까지 이 책을 읽을 만큼 이 접근법에 충분히 관심이 있다면, 이 경우는 아마도 여러분에게 해당되지 않는다. 여러분은 보다 나은 결과를 가져오기 위해 어떻게 다르게 할 수 있는지에 대해 궁금해 할 것이다.

어떤 사람들은 너무 바빠서 자신의 업무에서 나무를 위해 숲을 볼 수 없다. 강의나 워크숍에 참석하고, 논문을 읽고, 아이디어에 관심을 갖거나 관여하지만, 과도한 업무량에 압도당하게 된다. 새로운 방식이 환자로 하여금 자신의 건강과 안녕에 대해 스스로 책임질 수 있게 함으로써 장기적으로는 업무량을 덜어주는 것이라 할지라도 단기적으로는 그런 아이디어를 잊어버린 채 평상시와 다름없이 일하는 것이 더 빠르다.

보건의료인들은 갈수록 더 도달해야 할 목표치를 정하게 된다. 예를 들어, 금연서비스의 경우 일 년에 X명의 사람을 만나서 X%의 사람들이 금연날짜를 정해야 하고 그들 중 X%가 적어도 한 달간 흡연을 하지 말아야 한다는 목표치를 할당받고 있다. 그런 실무자들은 압박감을 느끼게 되고 환자중심의 접근을 유지하는 것이 더욱 어렵다는 것을 알게 된다. 그들은 다음과 같이 생각하기 시작했다.

> 우리는 사람들에게 자신의 흡연에 대해 어떻게 느끼는지를 묻는 데 시간을 쓸(버릴) 수가 없습니다. 우리는 그들이 담배를 끊도록 해야 하고, 그들이 지금 끊기 원하지 않으면 그들과 일하는 것을 중단하고 지금 담배를 끊고자 하는 다른 환자를 찾아야 합니다.

그런 상황에 있는 것은 실무자들이 이 접근방법의 정신을 받아들이는 것과 아직도 변화를 심사숙고하고 있는 환자들에게 시간을 쓰는 것에 가치를 부여하는 것을 매우 어렵게 만든다.

이와 관련된 것이 William Miller가 교정반사(righting reflex)라고 불렀던 것이다. 이것은 '상황을 옳게 만들고, 치유하고, 해로운 것을 예방하고, 안녕을 증진하고자 하는 강력한 바람'이다(Rollnick et al., 2008). 교정반사는 저항과 함께 구르기를 심각하게 방해할 수 있고, 경직된 충고하기의 자세로 이끌 수 있다. 이 접근법을 사용하는 데 경험이 많은 실무자들조차 교정반사를 저지하기 위해 애를 써야 한다. 그러한 경향이 매우 강한 곳이라면 이러한 접근이 적절하다는 것을 믿기 어렵고, 이로 인해 이 접근법을 어떻게 적용하는지를 배우는 데 방해가 된다.

학습환경도 학습과정을 방해할 수 있다. 일정한 수준의 스트레스와 각성은 뇌를 활성화하고 집중하는 데 유익하지만, 지나친 불안은 학습에 방해가 된다. 새로운 기술을 실행하거나 기존 기술을 새로운 방식으로 실천해보는 것은 비판단적이고 안전한 환경에서 가장 잘 이루어진다. 좋은 코치와 멘토는 비판적이기보다는 지지적이며, 긍정적 강화와 부정적 강화를 혼합하여 사용한다.

보건의료인들이 자기 자신이나 동료들에게 말하는 학습의 가능성을 낮추는 것들은 다음과 같다.

- 나는 1일 워크숍에서 이것을 배우겠다. 이것이 사실이라면 대단하다. 워크숍은 여러분이 아이디어에 익숙하게 해주고 기술을 배우는 경로에 설 수 있게 해줄 것이다. 어떤 기술에 대한 실제적인 숙련성은 시간이 경과하고, 다양한 상황에서 실천을 해보고, 잘된 경우에 대해 마음깊이 느끼거나 실수로부터 배우는 것을 통해 생겨난다. 환자의 반응으로부터 받는 피드백에 여러분이 주의를 기울일 수 있다면 그것이 가장 좋은 스승이 될 수 있다. 워크숍에 참석할 수 없다면 원격학습, 연습, 동료의 지지를 통해 배울 수 있다.
- 역할극은 인위적이다. 물론 그렇다! 어떤 사람들은 이러한 이유로 역할극을 좋아하지 않는다. 그들은 실제 생활에서보다 역할극 상황에서 더 잘 못한다고 느낀다. 이것이 사실일 수도 있다. 그러나 무엇이 잘 된 것이고 무엇이 잘못된 것인지를 배울 수 있다면 그 또한 문제가 되지 않는다. 워크숍을 진행하면서 훈련자로서 우리가 듣는 가장 흔한 이야기 중 하나가 '나는 역할극을 싫어한다. 그러나 그 과정 중에서 역할극이 가장 유익한 파트라서 참석해야만 한다.'라는 것이다. 환

자의 입장에서 그 역할을 해보는 것이 변화에 대한 저항과 준비됨의 '느낌'을 발전시키는 데 특히 교육적이다. 때로 역할극 대신에 '실제로 해보기'를 사용하는 것이 적절할 수 있다. '실제로 해보기'에서는 환자와 보건의료인이라는 역할을 맡는 대신에 참가자들이 그들 중 한 사람이 제시한 실제 이슈를 활용하여 워크숍에 관한 장에서 서술했던 기법을 적용하여 동료로써 함께 일한다.

- 이것은 새로운 것이 아니다. 나는 매일 이렇게 한다. 여러분에게 기본적인 것이 익숙하다면, 여러분은 보다 세밀한 측면을 탐구하는 것을 즐길 수도 있다는 것이 된다. 이러한 접근을 더욱 다듬고, 우리가 질문을 던지는 방식을 보다 향상시키고, 성찰을 보다 정교하게 발전시키고, 자신의 행동변화에 대해 다양한 태도를 보이는 여러 문화적 · 인종적 배경을 지닌 집단을 대상으로 올바르게 이 접근법을 적용하는 등 해야 할 일이 매우 많다. 우리는 특히 이러한 접근법을 학생이나 젊은 동료들에게 설명하는 것에서 자극을 받을 수 있다. 그들은 종종 지각 있는 질문을 던져서 우리로 하여금 더 배워야 할 필요가 있음을 드러낸다.
- 경청은 쉽다. 여러분은 그저 앉아 있고, 그들이 말하게 한다. 자연은 진공을 거부한다는 말이 있다. 누군가에게 경청하기 위해 여러분의 마음을 열어야겠다고 생각할 때 여러분의 머리를 무엇인가로 채우고 있다는 것이 놀랍다. 집중한 상태로 있다는 것은 '지속적인 깨어있음'을 요구하는 실질적인 기술이다. 어떤 사람들은 유익한 제안을 해주는 것으로 넘어가는 것이 가장 큰 유혹이라고 말하기도 한다. 또 다른 사람들은 환자를 안심시키고 근심과 불확실성을 없애기 위해 듣기를 중단하고 싶어한다. 이러한 것들은 가치있는 목적이기는 하나 경청 과정을 방해하는 것이다.
- 나는 이를 할 시간이 없다, 나는 보다 중요한 할 일이 있다. '긴급한'과 '중요한'의 차이를 명심하는 것이 항상 도움이 된다. 때로 우리는 중요한 일을 위한 시간을 내는 데 실패하는데 왜냐하면 우리가 계속해서 긴급한 일, 그중 일부는 실제 다 중요한 것은 아닌 일들을 하느라 애쓰는 데 압도되었다고 느끼기 때문이다.

이 책의 초반에 우리는 좌절감이나 부적절함을 일으키는 몇몇 환자들의 사례를 제시하였다. 여러분은 지난 주에 봤던 환자 중에 몇 명이 그런 환자였는지 빨리 세어보고, 일을 하는 새로운 방식을 찾기 위해 시간을 쓰는 것이 얼마나 중요한가를 고려해보는 표식으로 활용할 수 있겠다. 일단 그것이 중요하다고 결정하면 시간을 내는 것이 좀 더 쉬워질 것이다.

사람들에게 이미 만들어진 해결책을 제시하는 것보다 스스로 자신의 문제를 해결하도록 돕는 것이 확실히 시간이 더 걸릴 수 있다. 이런 속담이 있다. 누군가에게 물고기를 한 마리 주면 그날 하루를 먹게 한 것이지만, 그에게 물고기 잡는 법을 가르치면 그의 남은 인생을 먹여주는 것이다. 이런 종류의 일은 누군가에게 물고기 잡는 법을 가르치는 것에 더 가깝거나 혹은 그들이 고기 잡는 기술도 함께 갖고 있음을 발견하도록 돕는 것일 수 있다.

여러분이 이 접근법을 배우는 데 도움이 되는 것은 무엇인가?

사람들은 책을 읽거나 공식적인 상황에서 배우면서 아이디어를 포착할 수 있으나 현장에서 그들의 기술을 발전시킬 수 있다. 우리는 전체 팀으로 또는 적어도 두 세 사람이 이러한 접근을 배우는 과정에 착수했을 때 특히 도움이 된다는 것을 발견하였다. 그들은 서로 지지할 수 있고, 함께 어려움을 해결해 나가며 환경이 학습에 도움이 되도록 확보해나갈 수 있다. 그런 현장에서는 때로 재충전과 최신정보 학습을 위해 외부 촉진자와 함께 하는 비정기 회의를 열 수도 있다.

여러분이 이미 알고 있거나 할 수 있는 것과 새로운 것을 연결시키는 것이 그것을 배우는 데 보다 쉽다. 이 책을 읽으면서 여러분은 아마도 이미 여러분이 잘하고 있는 것을 확인할 수 있었으며 새로운 것을 시도하는 것이 도전이 될 뿐 아니라 이들이 타당하다는 것을 확인하는 데 도움이 된다. 여러분은 아마도 이론을 현재 또는 과거에 맡았던 환자들과 연결시켰을 수도 있다. 또는 여러분 자신의 행동변화 경험과도 연계했을 수도 있다. 이는 배운 것을 통합하는 훌륭한 방법이며 여러분이 그것을 보유하도록 도울 것이다.

이 접근법의 정신을 내면화하는 것이 그 기법에 능숙해지는 데 있어서 상당히 도움이 된다. 앞에서 읽었던 2장의 *위험한 가정*을 만들어 내는 것을 경계하는 것이 도움을 줄 수 있는 것과 같이, 개인의 선택에 대한 원칙과 건강전문가의 역할에 대해 생각하는 시간을 갖고 동료와 함께 이야기하는 것은 도움이 될 수 있다. 워크숍에 자주 참석하는 실무자들은 말하기를 이러한 아이디어에 대한 토론이 그들의 실무에 가장 많은 차이를 만들어준 것이라고 한다.

끝으로, 새로운 아이디어를 분명히 하고 통합하기 위한 훌륭한 방식은 그것을 누군가에게 설명하는 것이다. 팀 미팅에서 발표를 하거나 실무자 소식지에 글을 쓰는 것이 여러분의 생각을 정리하고 여러분이 실제로 읽고, 워크숍 참석 등을 통해 배운 바를 명확히 하는데 도움이 된다.

사람들이 이러한 접근을 어떻게 배우는가에 대한 연구는 지금까지 없었으나 사람들이 동기강화상담을 어떻게 배우는가에 대한 연구는 있다(Miller & Mount 2001). 그 연구결과 이틀짜리 워크숍만으로는 실무자들의 역량을 충분히 증진시키지 못했으나 수행한 실무에 대해 피드백을 주거나 코칭을 추가한 경우에 실무자들이 숙련될 수 있었음을 확인하였다.

실무를 통해 스스로 가르치기

정신과 기법

기법과 전략의 문제라는 수렁에 빠지는 것은 행동변화에 대한 이러한 상담의 보다 중요한 정신으로부터 사람을 멀어지게 할 수 있다. 사용될 수 있는 기법의 다양성은 거의 끝이 없으나 2장에서 말했듯이 정신은 보다 지속적이다. 일부 실무자들은 그들의 일을 이끌어줄 더 많은 구조와 자신들의 도구상자(toolbox)에 담을 보다 많은 도구를 원한다.

도구상자라는 은유는 한계를 지닌다. 사실, 우리가 확인했던 과제가 분명하게 정의된 반면에 전략은 도구상자 안에 있는 도구와 같지 않다. 왜냐하면 사람은 항상 개개인에게 맞도록 그것들을 고치고 다듬기를 원하기 때문이다.

실무

음주를 하는 사람에게 응급실에서 3~5분간의 상담을 하는 것은 만성당뇨병을 지닌 환자를 대상으로 여러 행동에 대해 20분간 파악하는 것과는 다를 것이다. 이러한 방법은 광범위한 영역을 다루게 된다. 여러분은 여러분 자신에게 이렇게 물을 필요가 있다. 그것이 내 맥락과 어떻게 맞을 것인가? 일부는 유용할 것이나 다른 부분은 다소 관련이 없을 수도 있다. 개별적인 실무자로서 환자와 함께 무언가를 시도하는 것은 환자에게 어떤 해도 입히지 않는다. 왜냐하면 이 접근법에서는 능동적이고 공감적인 경청을 강조하기 때문이다. 여러분은 무엇이 여러분의 환자와 맥락, 그리고 상담유형에 맞는지 곧 배우게 될 것이다.

메뉴 고려하기

우리는 상담에서의 연속적인 순서에 따라 일련의 업무들에 대해 앞장에서 설명했던 방법들을 구조화했다. 하나의 유용한 출발점은 여러분이 매일의 업무에 적용하기 위한 중요도를 고려하도록 단순하게 전략메뉴를 구성한 것이다. 우리는 어떤 업무가 그들의 요구에 어울리고, 전략에 대한 임시메뉴가 무엇과 같은지에 대해 쉽게 합의에 이르는 동료집단을 관찰하였다. 일부 메뉴는 다른 것보다 더 강한 연속적 순서를 지녔다. 상담시 어떤 주어진 순간에 전략을 선택하는 것은 실무자들의 자유이다.

여러분의 환자가 가장 좋은 스승이다.

일단 대화가 시작되면, 새로운 접근을 시도하는 것은 여러분에게 운전을 배웠던 경험을 떠올리게 할 수 있다. 여러분은 앞에 있는 길을 보기 어려워 작은 변화에도 아주 많이 초점을 두게 된다. 가장 해방적인 경험 중 하나는 좋은 개방형 질문을 묻는 효과로부터 나온다. 그것은 여러분에게 잠시 동안 숨쉴 공간을 줌으로써 여러분이 환자에게 귀 기울일 수 있고 심지어 앞서의 방법을 고려할 수 있게 한다. 이런 일이 일어날 때, 여러분은 아마도 경청의 가장 강력한 장점을 취할 수 있다. 환자의 반응이 참여와 같으면 여러분은 잘 하고 있는 것이다. 환자가 보여준 몸짓 언어나 단어에 대해 여러분이 호기심 어린 태도를 취하면 여러분은 이러한 신호를 이용하여 여러분과 환자가 함께 다음 단계 또는 과제로 넘어가도록 이끌 수 있다. 환자가 참여하지 않는 듯하면, 동일한 방침을 계속하려고 하지 말고 초점을 바꾸거나 환자가 어떻게 느끼는지에 관해 환자와 여러분의 이해를 공유한다. 무엇을 토론하는 것이 유익한가는 아마 그들이 알 것이다.

멈춰라! 여러분이 무엇을 하고 있는지 여러분은 아는가?

이것은 유용한 일반 지침이다. 여러분이 숙련되게 일을 하고 있다면, 여러분은 대화 중간에 멈출 수 있어야 한다. 또한, 여러분이 무엇을 하고 있고, 환자가 여러분이 제공하고 있는 구조와 여러분이 사용하는 전략에 대해 왜 그리고 어떻게 반응하는가에 대한 감각을 지니고 있어야 한다. 이것은 대화가 행동을 변화시키기 위해 완벽한 약속으로 채워져야 한다는 것을 의미하지는 않는다. 정말로, 여러분과 환자가 이것이 일어나고 있고, 상담에서 다음에 어디로 가야할지에 대해 감각을 갖고 있음을 인식해야 한다는 것이다. 여러분은 행동변화에 대해 모든 답을 갖고 있을 필요는 없으나 적어도 상담을 관리할 수 있어야 한다. 혼란스럽다면, 보다 나은 효과를 위해 여러분은 때로 환자에게 솔직할 수 있어야 한다.

숙련된 실무자는 융통성을 발휘한다!

운전을 배울 때 사람들이 많이 하듯이, 실무자는 이러한 전략을 우선, 비교적 기계적인 방식으로 적용할 필요가 있을지도 모른다. 일이 좀 다루기 힘들거나 강제적이라고 느껴질 수 있다. 일어나고 있는 모든 것이 여러분이 자신과 그들에 대해, 그리고 가능성과 한계에 대해 배우고 있는 것이라면. 이런 상황에서 자신이나 전략을 탓하는 것은 현명하지 못하다.

우리는 이 전략을 힘들게 수행하는 실무자들에게 가르치고 나서 그들이 융통성을 발휘한다는 것을 알게 되었다. 그들은 전략의 절반 정도를 사용하며 다른 것으로 옮겨갔다가 다시 남겨놓은 것으로 되돌아오기도 하고 완전히 새로운 것을 시도하는 등 융통성을 발휘했다. 관찰 결과, 고도의 재량을 창의적으로 발휘한다는 것이 드러났다. 그러나 통상적으로 그들도 처음에는 힘겨웠다고 말할 것이다. 또한, 대화 중 아주 잠시 멈춘 상태에서 다음에 어떤 전략을 사용할 것인지를 결정하는 것은 전략 그 자체를 수행하는 것보다 더 많은 정신적 민첩성을 요구한다고 보고할 것이다.

숙련된 실무자는 단순한 방법을 고수한다.

은퇴하기 직전에 어느 병원 의사동료는 다음과 같이 말했다. '30년 동안의 경험은 질문을 더 적게, 더 간단하게 하고 대답을 더욱 주의 깊게 듣는 것을 나에게 가르쳐주었다'. 이 실무자는 적절한 때에 단순한 개방형질문을 사용하는 것을 알았다. 아마 더욱 중요한 점은, 그녀가 생략해야 하는 것과 그것이 충분한 상담이 이루어지는데 필수적이지 않다는 것을 분명히 알았다는 것이다. 또 다른 동료는 이러한 과정을 좋은 요리를 하는 기술에 비유했다. 텔레비전에 나온 중국인 유명한 요리사를 보면서 그는 다음과 같은 사실을 관찰했다. 요리는 모두 매우 쉬워 보였다. 이 요리는 단지 몇 가지 요리 재료들을 함께 집어 넣는다. 그러나 이것은 속기 쉽다. 그는 생략할 것이 무엇인지 알고 있고, 지금까지 틀림없이 수많은 연습을 해왔음이 틀림없다.

자신을 반으로 나눈다.

여러분의 관심을 환자에게 깊이 집중하는 것은 분명히 가치가 있다. 이것이 능동적이고, 공감적인 경청의 기술이다. 여러분은 또한 여러분과 환자 둘 사이에 무엇이 일어나고 있는가, 환자가 어떻게 반응하는가, 여러분의 전략이 어느 수준에 있는가에도 어느 정도 관심을 기울일 필요가 있다. 이러한 도전은 행동변화에 대해 말하는 것에만 해당되는 것은 아니다. 그러나 모든 종류의 숙련된 돕기나 상담에 필수적인 부분이다. 동시에 두 개의 궤도를 따라 움직여야 한다.

훈련 워크숍에서 무엇을 기대하는가?

훈련 워크숍에 참여하는 것, 그 자체만으로는 여러분이 필요한 모든 것이 될 수는 없겠지만, 많은 사람들에게 좋은 시작이 될 수 있을 것이다. 여러분은 지시를 이행하지 않는 환자라는 오랜 문제에 대하여 새로운 관점을 가지거나 다른 것을 시도해 보고 싶은 열망, 이미 읽었던 아이디어에 대한 확인, 기술에 대한 코칭 같은 주제에 대해 동료들과 토론하는 것 등을 기대할 수 있다.

아래의 목록은 워크숍 촉진자가 설정한 목표들이다. 그들은 워크숍 또는 교육프로그램이 끝날 때, 여러분이 다음과 같은 것을 할 수 있도록 계획을 세울 것이다.

- 생활습관을 변화시키는 것을 이해하기 위한 모델에 대해 서술한다.
- 저항을 일으키지 않는 방식으로 환자에게 생활습관 변화에 대한 이슈를 제기한다.
- 환자들이 무엇을 변화시킬지에 대해 이야기하는 것을 결정하도록 돕는 안건 정하기 전략을 사용한다.
- 변화에 대한 환자의 감정(준비도, 중요도, 자신감)을 사정하기 위해 모델이나 관련 시각적 자료를 사용한다.
- 환자가 특정한 행동변화의 중요도를 탐색하고 그것을 이룰 수 있다는 자신감을 갖도록 돕는다.
- 환자가 생활습관 변화에 대한 자신의 느낌을 확인할 수 있도록 능동적인 경청 기술을 활용한다.
- 변화에 대한 책임감과 변화 여부를 결정할 권리가 환자에게 있음을 분명히 하는 방식으로 상담을 수행한다.
- 생활습관과 건강에 대한 정확하고 적절한 정보를 중립적인 방식으로 제공하고, 환자가 자신의 상황에 적용하여 해석해볼 수 있도록 한다.
- 지금 변화하려 하지 않거나 변화를 원하지 않는 환자와 일하면서 겪는 좌절감을 어떻게 다룰지, 환자의 변화에 대해 여러분이 만든 일정표를 부여하고자 하는 유혹을 어떻게 피할지를 설명한다.
- 이 방법의 과제와 전략에 대한 개요를 설명한다.
- 상담을 이끌어가는 전략 메뉴를 사용한다.

좋은 워크숍은 다양한 훈련 방법을 사용할 것이며 연습을 해볼 기회를 포함한다. 배운 것을 유지하는 것은 실제 해보는 것과 관련이 있다. 우리는 심지어 공식적 상황에서라 할지라도 적극적으로 참여할 수 있을 때 가장 잘 배울 수 있다.

훌륭한 워크숍 촉진자는 훈련을 실무자들의 근무상황과 관련된 것으로 만들 것이며 적절한 시범을 보여주고, 연습기회를 제공할 것이다. 얼마나 좋은 훈련이 될지를 브로셔나 웹사이트에서 알려주는 것이 항상 쉬운 것은 아니다. 또한, 이런 영역의 지도자들을 인증하는 제도도 현재는 없다. 많은 사람들이 과정을 선택하는 방식은 구두로 전해 듣는 것이다.

이 접근법에 대해서 실무자에게 자격이나 면허를 주는 과정은 없다. 인증을 주는 보다 큰 프로그램의 일부로 워크숍이 이루어질 수도 있기는 하다. 여러분이 어떤 식으로 선택을 하든지 그것을 배울 수 있고, 여러분이 가장 잘 일할 수 있는 방식으로 그것을 연습할 수 있다. 여러분을 이것으로 이끌 수 있도록 앞으로 연구를 계속 해나갈 것이다.

구조화된 다른 학습기회들

끝으로, 실무자들이 다른 현장에서 관찰했던 실무에서의 몇 가지 혁신을 소개하는데, 이는 행동변화에 대한 대화의 결과를 개선시킬 수 있도록 이끌어주는 것들이다.

- 동료간 지지모임. 실무자들이 차례로 흥미 있는 사례, 우선 성공 경험을 강조하며 발표할 수 있겠다. 어느 그룹은 새로운 전략을 발표할 수 있고 역할극 형식으로 이를 시도해볼 수 있다. 다른 사람들은 공부모임을 만들고 거기서 새로운 아이디어나 그들의 서비스에 대한 논문에 대해 토론하고, 혹은 좋은 실무에 대한 비디오테이프를 본다.
- 개인별 또는 그룹 슈퍼비전. 경험이 많은 실무자겸 지도자(practitioner-trainer)가 정기적으로 팀 구성원을 만나서 그들의 진전에 대해 함께 숙고한다. 상담 녹음테이프를 학습의 기반으로 사용할 수 있다.
- 팀 회의. 전체 팀 회의에서 전반적인 서비스의 개선에 대해 생각해볼 수 있는 가능성이 크다. 행동변화에 대한 직접적인 책임을 맡고 있는 절차와 실무 둘 다 관여되어 있기 때문에 서비스 개선과 새로운 접근의 시도, 이 둘을 위한 대안은 별개가 아니다.

우리와 함께 일했던 한 팀은 질문내용과 절차 모두 행동변화에 훨씬 더 일치하도록 사정과정을 다시 설계하였다. 또 다른 팀은 환자가 거쳐야 할 일련의 절차를 조사했고 환자가 그들이 거쳐야 할 활동의 순서를 직접 선택한다면 행동변화가 좀 더 잘 일어날 수 있다고 판단하였다.

우리가 관찰했던 변화 중에서 가장 혁신적인 변화 중 하나는 당뇨병 환자에게 서비스 이용에 대한 의견을 확인하는 단순한 설문조사를 수행하여 내린 결정에서 나왔다. 그들이 클리닉에 접근하는 것이 어렵고, 생활습관 변화에 대해 마치 강의를 듣는 것 같아 어렵다는 것을 확인했다는 것이다. 이것은 결국 클리닉을 지역사회 내로 옮기도록 했고 직원들이 행동변화에 대한 주제를 접근할 때 훨씬 더 유연한 방식이 되도록 변화를 이끌었다.

참고문헌

Miller, W.R., Mount, K.A., 2001. A small study of training in motivational interviewing: does one workshop change clinician and client behavior? *Behavioral and Cognitive Psychotherapy 29*, 457–471.

Rollnick, S., Miller, W.R., Butler, C.C., 2008. Motivational interviewing in health care: helping patients change behavior. Guilford Press, New York.

상담현장에서 부딪히는 이슈 다루기

Calls from the consulting room

CHAPTER 11

이 장에서는

- 조금 듣고, 많이 돕기
- 실무자 자신의 감정 다루기
- 어떤 환자는 무엇을 하라고 말해주는 것을 좋아한다.
- 어떤 환자는 전혀 변화하지 않을 것이다.
- 어떤 환자는 모든 사실을 알고 있으나 전혀 듣지 않으며 결코 변화하지 않는다.
- 아주 적은 지식이 위험할 수 있다.
- 왜 행동에 대해서 많은 이야기를 하는가? 감정에 대해서는 어떤가?
- 습관과 중독은 얼마나 일치하는가?
- 내가 운영하는 그룹에 이것을 사용할 수 있는가?

조금 듣고, 많이 돕기

이 책은 여러분이 환자들과 행동변화에 대해 이야기할 때 할 수 있는 아주 작은 부분을 서술하였다. 이는 여러분의 숙련도가 결과에 있어서 큰 차이를 가져올 수 있다는 생각에 기초를 둔 것이다. 아마도 가장 기본적인 것은 듣기, 경청일 것이다. 우리가 병동에서 들었던 다소 이례적인 실제 이야기가 있는데, 짧은 경청이 절망스럽게 보였던 상황을 반전시켰음을 보여주는 사례이다.

그녀는 수술받기를 완전히 거부한다. 환자가 수술을 받지 않으면 집에 돌아가 곧 죽을 수도 있다는 경고를 듣고도 심장수술에 동의하기를 거부하였다. 두 명의 의사와 간호사가 그녀를 설득하려고 노력했다. 그들의 접근은 합리적 설득에 근거한 것이었다. 그들 중 두 명은 부드럽고 친절한 정보주기 접근을 시도하였으나 한 명은 다소 절망감을 느껴서 그녀가 동의하지 않으면 예후가 얼마나 냉혹한지를 지적하면서 두려움을 느끼게 하려고 하였다.

그 때 간호사는 환자가 '조용한 시간(have a quite world)'을 갖는 낮잠을 잘 때까지 기다리기로 결정하였다. 그녀는 환자 옆에 와서 그녀를 설득하려고 노력하지 않았다. 경청은 5~7분이 걸렸다. 경청을 통해, 환자가 자신의 배우자와 함께 있기를 원하여 퇴원을 하고 싶어 한다는 것을 확인하였다. 간호사는 그녀의 배우자에게 전화를 걸어 올 수 있는지를 묻고, 있었던 일에 대해 이야기할 것을 제안하였다. 배우자가 도착하고, 이후 24시간의 지지를 받아 수술을 받기로 함께 결정하게 되었다.

경청이 해로울 수 있는가?

위에서 설명한 수술 사례에서 성공적인 해결은 '어떻게 느끼세요?'라는 간단한 질문으로 시작했다. 경청이 해결책을 찾아주었다. 상담실로부터 여전히 다소 간단하지 않은 전화가 온다. 가장 흔한 것 중 하나는 경청이 실무자와 환자 모두를 곤란한 처지에 놓이게 할 수도 있다는 걱정이다. 여기에 일례가 있다.

환자

그는 35세였고, 제1형 당뇨병을 앓고 있으며 바텐더로 일하고 있다. 담배를 피우고 술을 마시며 '열심히 일하고 열심히 놀자.'는 유형의 생활을 주로 하고 있다. 그는 당뇨병을 자신이 조절하는 것에 대해 걱정을 하고 있으며 특히 저혈당이 왔을 때 안절부절하고 사람들을 밖으로 쫓아낼까봐 걱정이다. 그의 일상은 거의 예측할 수 없으며 종종 일을 마친 후 파티에 가곤 한다.

상황

만성적 상태에 있는 많은 환자들처럼, 이 환자도 체념한 기분으로 정기적인 외래 상담을 받으러 갔다. 그는 '자신의 나쁜 행동에 대한 의례적인 강의'를 들을 것으로 예상했다.

상담

간호사가 그에게 어떻게 지내느냐고 묻고 경청하려고 하는 진정한 태도를 취했다. 왜냐하면 그녀는 그를 위해 25분이라는 시간을 비워두었고, 그 전에 그를 한번 만난 적이 있었기 때문이다. 그는 자신의 일상생활에 대해 그녀가 보이는 진정한 관심에 반응하기 시작했다. 그는 하루 일과의 틀이 모두 엉망진창이며 자신의 당뇨병을 종종 무시했다고 말했다. 저혈당(Hypos)으로 곤란한 일들이 생겼다. 흡연은 바꾸고 싶지 않은 습관이다. 흡연을 하면 마음의 평정을 얻게 되고 기분 조절에 도움이 된다. 가장 좋은 것은 쉬는 시간에 첫 번째 담배연기를 내뿜으며 모든 것으로부터 휴식을 취하는 순간이다. 간호사는 환자의 말을 듣고 그가 말한 것을 이해하고 요약하는 데 상담의 8분을 썼다.

간호사: 요즘같이 바쁜 시기에, 당신은 바쁘게 살고 있고, 그 속도를 늦추기 어렵다는 것을 아는 듯 하네요.

환자: 정말 그래요. 나는 할 수 없어요. 그리고 엉망진창인 상태를 어떻게 메울 수가 없어요.

간호사: 그런데 당신은 흡연에 대해 생활의 일부분이라고 말씀하시네요.

환자: 완전히 그렇죠. 담배 없이 사는 것은 상상할 수 없어요.

간호사: 담배가 당신의 가장 좋은 친구로군요.

환자: [자신의 머리를 두 손으로 감싸고 올려다 본다.] 말도 안 되는 상황인거죠. [흐느껴 울며 고개를 다시 떨군다.]

여기서 무엇이 진행되고 있는가? 높은 수준의 경청이 환자에게 해로운가? 간호사는 지금 무엇을 해야 하는가? 이 실제 사례는 다학제팀에서 토론되었고, 그들의 결론은 다음과 같았다.

- 그들은 환자에 대해 매우 염려하고 있지만, 보통 그들을 어떻게 대해야 할지 잘 모르는 채로 만나왔다. 한 가지 경향은 그들이 이런 유형의 사례를 다른 누군가가 그들이 할 수 있는 것보다 더 잘 할 수 있으리라는 기대를 가지고 한 전문가에서 다른 전문가에게로 넘기는 것이었다.
- 일부 직원들은 이런 유형의 상담을 하는 것이 자신의 역할의 일부가 아니라고 느꼈다. 반면에 다수는 그들의 일에서 불가피한 부분이라고 느꼈다. 한 간호사는 다음과 같이 반응했다. 당신은 아주 늦게까지 환자가 실망의 언저리에서 허전해하고 있다는 것을 결코 알지 못한다. 당신은 그것을 피할 수 없다.
- 경청은 양질의 보건의료에서 한 부분을 이룬다. 실무자들은 이것을 피해서는 안 된다.
- 경청을 받은 경험은 많은 환자들에게 전환점이 될 수 있다. 잘 다루어진다면 그들은 돌봄을 받았다고 느끼며 고마워하게 될 것이다.

- 스트레스를 받은 환자가 반드시 문제를 해결해야할 필요는 없다. 간호사는 무언가 수습될 필요가 있다고 느낄 필요도 없다. 간호사의 진정성이 열쇠이다.
- 이와 같은 사례에서 유용한 것은 다음과 같이 행동하는 것이다. 그를 편안하게 해주고, 상황을 요약해주고 진심어린 태도로 긍정적인 것을 제안하는 것이다. 그가 자신의 생활에서 어떤 변화를 원하는지에 대해 이야기를 하고 싶어 하는가를 파악한다. 그리고 그를 다시 만날 수 있도록 지지와 약속을 제시하는 것이다.

많은 경우에서 경청의 엄청난 잠재적 가치가 과소평가될 수 있다. 이는 자신에게 해를 가할 수 있는 흥분된 환자에 대한 반응에 상당히 무감각한 것일 수 있다. 환자가 이러한 상황에서 요구하는 것 중 가장 중요한 것은 누군가에게 받아들여지고 지지받는 느낌이다. 그들은 실제적인 충고를 반드시 필요로 하지는 않는다. 자신이 말한 것을 요약해주고, 몇 가지 지지적 관찰을 제시해주고, 변화 방향에 대해 동의를 구함으로써 경청의 과정을 종합하는 것은 대체로 아주 복잡한 것이 아니다.

많은 실무자들이 환자의 이야기를 경청하고 그것을 언제 끝낼지에 대해 의문을 가질 수 있다. 환자가 잘 들어주고 있다는 것을 느낄 때, 그들은 때로 더 많은 것에 대한 갈망을 경험할 수 있고, 여러분이 시간과 문제를 구성적 종결로 가져오는 방법에 관심을 갖도록 해준다. 위에서의 단순한 몇 가지 가이드라인이 대부분의 상황을 다루는 데 충분하다.

실무자 자신의 감정 다루기

행동변화에 대해 이야기하는 것은 편안하게 앉아서 감정을 약간 분리한 채 열심히 할 수 있는 것처럼 중립적인 문제는 아니다. 즉, 감정이 격해질 수 있다는 것이다. 그 이유는 사람들을 변화시킬 수 없어서 여러분이 흔히 좌절감을 느낄 수 있기 때문이다. 그러나 환자가 변하기만 하면 그들의 건강이 좋아진다는 것을 여러분은 확실히 느끼고 있다.

> 그녀가 신고 있는 신발이 큰 문제이다. 심지어 그녀는 그렇게 하지 않으면 수술이 필요할 수도 있다는 알면서도 그것을 바꾸길 거절한다(족부치료사, podiatrist).
>
> HIV/AIDS가 여기에서 문제라는 것을 우리 모두 알면서도 내가 그들에게 콘돔을 사용하는 것에 대해 질문하면 이를 대수롭지 않게 여긴다(간호사, 남아프리카).

좌절감이 결과적으로 나타나는 것이라면, 다른 감정들은 종종 시작점에서 생긴다. 환자의 안녕에 대한 걱정, 차이를 만들어낼 것이라는 낙관주의, 또는 누군가 어렴풋이 보이는 앞날의 어려움을 피할 수 있도록 돕는 것에 대한 열망 등이다. 환자들은 그들 입장에서는 강하게 재촉하는 전문가에 대한 반응으로 마음을 터놓거나 닫는 것에 종종 저항하기도 한다. 그들은 자신의 삶에 대한 나름대로의 견해를 갖고 있고 죄책감이나 위협, 심지어 여러분의 의도에 대한 분노를 느낄 수 있다. 이는 아마도 여러분이 최선을 다해 노력하는 것이 그들로 하여금 자기 자신에 대해 스스로 결정하려는 자율성을 위협한다고 느끼기 때문일 것이다. 이제 여러분의 감정을 부정할 수 없다! 여러분은 이러한 딜레마를 해결하기 위해 도움이 될 수 있는 무엇을 할 수 있는가?

한발 뒤로 물러서기

- 상담을 하기 전이나 하는 중, 그리고 마친 후에 여러분의 느낌은 어떤가? 이것을 아는 것만으로도 도움이 될 수 있다. 이것이 여러분을 안정시킨다. 이런 종류의 자신에 대한 인식은 전문적, 개인적 성숙을 나타내는 지표이다. 여러분이 상담 중에 있다면, 종종 방향을 바꿔 다른 것을 시도해야 한다는 신호가 될 수 있다.
- 여러분이 환자에게 변화할 것을 너무 열심히 설득하려고 애쓰거나 그들에게 정보를 과도하게 떠안기려는 덫에 빠져 있지는 않은가?
- 환자를 그저 따라가 아무런 도움도 주지 못하는 덫에 빠져 있는가? 여러분은 상담의 방향을 조절하는 능력을 잃고 있지는 않은가?
- 무언가 잘 안되고 있다고 느낀다면, 환자와 그 감정을 나눌 수 있는 좋은 기회라는 것을 기억한다.

배운 접근법을 적용하기

- 지금까지 다루었던 내용을 요약한다. 이것이 방향을 바꾸기에 좋은 전주곡이다. 여러분이 환자가 어떻게 느끼고 환자가 행동변화에 대해 이미 말한 것을 파악했는지를 확인한다. 이것을 행할 때 나(I)보다는 너(You)를 사용한다. 대부분의 환자는 이런 식으로 요약해주는 노력을 고마워하고 여러분이 방향을 바꾸는 것에 신경 쓰지 않는다.
- 무엇이 가장 도움이 될 것인지에 대해 환자에게 열어두는 것에 대해 숙고한다. 환자가 여러분이 충고를 해주기를 원하는지 혹은 환자가 그저 이야기하기만을 원하는가? 다시 말해 변화해야 할 이유와 변화하는 방법(이 책에서 설명한 바 있는)을 고려할 여지가 있는가? 이 간략한 대화의 효과는 환자가 자신의 삶에 대해 결정을 스스로 내리는 자율성에 대한 느낌을 강화해주게 될 것이다.
- 이 책에서 설명한 전략 메뉴를 생각해본다. 그 전략의 목적은 여러분이 변화의 이유(why)와 방법(how)를 고려하는 과정으로 환자를 이끄는 동안 여러분이 상대적으로 보다 중립적인 위치로 물러서도록 허락할 것이다.

동료들과 이야기하기

어떤 종류의 진지한 전문직 작업은 적절한 교육, 슈퍼비전, 전문직 개발을 필요로 한다. 행동변화에 대한 상담은 다른 측면의 치료만큼 질적 수준에 대해 동등한 관심을 받아야 한다. 이러한 과정의 진수는 동료들과 이야기하고 자신의 안녕과 환자의 안녕이 어떻게 나아질 것인가에 대해 성찰하는 것이다.

> 우리는 우리의 상담과 환자교육 활동에 대해 이야기했기 때문에 시간이 가면서 무엇인가를 알아차리게 되었다. 환자의 행동변화에 관한 "~해야 한다."라는 말의 위치를 둘러싼 훨씬 덜 좌절스러운 대화가 이루어졌다. 우리의 태도는 변화되기 시작했고, 환자가 해야 할 것과 하지 말아야 할 것보다는 우리 자신의 기술에 대해 보다 초점을 두었다(의사, 심장재활병동).

바쁜 보건의료 현장에서, 실무자들에게 긴장을 일으키는 것은 무엇인가의 부족이 아니다. 바쁜 클리닉에서 일을 하다보면 힘든 기록 작성, 회의 참석, 프로토콜 따라하기 등의 일이 없어도 충분히 피곤해질 수 있다. 이러한 것들은 사기와 안녕에 영향을 미치고 행동변화에 관한 대화에서 사람들의 행동에 영향을 주게 된다. 보통, 이것은 변화의 필요성에 대해 환자를 설득하고 '교육하는' 것이 주가 되는 고정된 스타일로 빠져드는 형태를 취하게 된다. 이 책에서 소개한 전략을 사용하는 것의 구성적 효과의 하나는 적절한 때에 기술을 가지게 되면, 여러분은 사기를 소진시키는 고정된 업무방식으로 빠져들지 않는 데에 있다. 각 환자는 고유한 존재이다. 각자는 그들 안에 행동변화에 대한 해결책을 갖고 있다. 여러분은 지지적인 분위기에서 그들 안에 있는 그 해결책을 이끌어내는 것이다. 이것은 여러분의 사기에도 더 좋다. 여러분은 좌절감을 보다 적게 느낄 수 있게 되며 환자가 나아지는 결과를 알아차리게 될 것이다.

어떤 환자는 무엇을 하라고 말해주는 것을 좋아한다.

모든 실무자들은 소극적이면서 전문가의 의견을 기대하는 환자에게 이야기를 들려줄 수 있다. 이러한 종류의 소극성은 정말로 다양한 문화에서, 개인 상담에서 치유자, 주술사, 또는 보건의료인을 요구하고 있다. 확실히 여기서 설명된 바 있는, 보다 협상에 기초한 방법이 부적절하다. 그들은 아마도 의사결정을 분담하기 위한 책임을 지고 싶어하지 않을 수도 있다. 불행히도 우리는 행동변화에 이르게 되었을 때 무엇을 해야 하는지 이야기를 듣는 것을 좋아할지 아닐지에 대해 토론의 초기에 사정하는 간략한 방법을 발견하지 못하였다. 우리가 그 방법을 가졌다면, 우리는 얼마나 많은 사람이 이런 식으로 느끼는지, 어떤 상황인지, 그리고 무엇이 그들에게 반응하는 최상의 방법인지를 이해하기에 보다 더 좋은 위치에 있게 될 것이다.

행동변화를 위한 충고하기와 협상중심 접근 사이의 차이점을 극단화하지 않도록 주의를 기울여야 한다. 이 문제는 앞서 2장에서 논의되었다. 우리는 모두 사람들에게 그들의 자율성을 침해하지 않으면서 무엇을 해야 한다고 충고하고 이야기한다. 종종 이것은 여러분이 어떻게 그것을 말하는 가에 달려있다. 이와 유사하게, 보다 협상중심적인 틀을 사용하는 동안에도 우리가 생각하기에 환자가 해야만 하는 것을 말하는 데 자유롭다. 우리는 단지 그들이 자신에 대해 결정할 자유를 강조하고 있음을 확인하는 것이다. 사실, 여러분이 환자와 충분히 좋은 라포를 맺게 된다면 여러분은 어떠한 해를 끼치지 않고도 보통 여러분의 의견을 제공할 수 있다. 충고하기에 대한 우리의 우려는 그것이 행동변화 상담을 위한 고정 스타일이 되어서는 안 된다는 것이다. 왜냐하면 너무도 많은 환자들이 잘 반응을 하지 않기 때문이다. 여러분이 어떤 특정한 환자가 무엇을 해야 할지에 대해 말해주길 원한다고 느끼면, 그렇게 해주고 그의 저항을 주의한다. 여러분이 그런 확신이 들지 않으면 환자에게 물어본다.

어떤 환자는 전혀 변화하지 않을 것이다.

> 왜 내가 변화에 대해 그렇게 낙관적이어야 하는가? 내 환자 중 일부는 결코 변할 수 없을 것이다(영양사, 나이 42세).

이같은 질문은 모든 클리닉에서 우리의 마음 속에 울려퍼지는 메아리 같고, 우리가 믿는 바 그 답은 독단주의에 대한 거부 안에 있다. 문제는 이렇다. 우리는 종종 빨리 판단에 이르고, 종종 틀린다는 것이다. 예를 들어 세 명의 상담사인 우리 팀은 과음을 하는 142명의 남자에 대해 일단 등급을 매기기로 했다. 즉, 0=전혀 변화할 수 없음, 5=매우 변화할 수 있음의 척도를 적용하였다. 6개월 간의 추적관리 후에 우리의 판단과 결과 간에 전혀 상관관계가 없음이 드러났다. 절망적인 사례 중 일부도 매우 잘 했던 것이다.

그러나 우리는 시간이 지나도 결코 바뀌지 않는 사람을 보며 우리의 직관이 지지되는 사례들 또한 알고 있다. 예를 들어, 55세의 비만 여성이 자신의 아버지처럼 당뇨 합병증으로 고통을 겪어 왔다. 그녀는 정기적으로 클리닉에 들렀고, 대부분의 검사를 잘 진행하였지만 누군가 식습관 변화에 대해 말할 때마다 멍한 시선을 보였다. 그녀는 스트레스가 많고 경제적으로 궁핍한 생활로 힘겨워하였으며 자신의 아버지가 그러했듯이 질병의 진행을 늦출 수 있다는 가능성을 믿지 않는 것처럼 보였다. 가족의 가치체계가 일종의 벽과 같았고 자기 앞에 닥칠 의학적 위기에 대한 생각으로 두려워 몸을 떨었다.

특정환자에 대한 체념을 느끼는 것은 단순한 일례로, 우리는 경직되거나 좋은 실무에 대한 관심이 존재하지 않는 냉소적인 태도가 생기지 않도록 사람들의 우연한 현상(chances)이 지나치게 일반화되는 것에 주의를 기울어야 한다. 이 책에서 설명했던 접근법은 만병통치약, 즉 위에서 언급한 사례에서 설명되었던 것과 같은 문제들을 해결할 수 있는 치유력으로 가득찬 만병통치약이 아니다. 그러나 이 접근은 유연성을 갖게 하고 독단주의를 피하게 할 수 있다.

어떤 환자는 모든 사실을 알고 있으나 전혀 듣지 않으며 결코 변화하지 않는다.

이러한 좌절은 아마도 천식, 심장질환, 당뇨병 같은 만성질환의 치료에서 가장 자주 겪게 될 것이다. 사실, 그들은 모든 클리닉에서 '스스로 돌보기'에 대해 똑같은 이야기를 자주 들었을 것이다. 그러나 생활습관을 바꾸는 데에는 거의 어떠한 진전도 만들어내지 못한다.

이 문제에 대해 한 가지 전략이나 한 가지 답이 있는 것은 아니다. 우리는 실무자들이 때로 심호흡을 하고 그 문제에 대해 개방적인 토론을 하기로 결정하는 방식에서 깊은 인상을 받았다.

이 책에 있는 전략은 이러한 활동(즉, 안건 정하기, 중요도 탐색하기)에 대해 단지 도움을 주는 것일 뿐이다. 실무자들이 알아낸 이슈 중 아마도 가장 놀라운 이슈는 환자가 행동변화로 힘겨워하는 것이 아니라 만성질환 그 자체의 의미에 대해 고통스러워하고 있다는 점이다. 마르코씨의 경우가 이에 대한 아주 좋은 예이다.

마르코씨는 의사와 간호사가 천식이라고 부른 것을 고통스러워하고 있다. 그는 몇 년 동안 클리닉에 오고 있고, 정기적으로 행동변화에 대해 이야기를 듣는다. 예를 들어, '흡입기를 가지고 다닐 뿐 아니라 다른 약(prophylactic steroid)도 복용하는 것을 기억하세요.' 마르코씨는 이 충고를 거의 듣지 않는다. 실무자들은 그의 낮은 이행과 누가 봐도 명백한 비합리성 때문에 좌절감을 느낀다.

마르코씨와 같은 환자들은 그들이 스테로이드와 같이 특정한 약을 먹는 데에 따른 위험을 알고, 이에 대해 걱정한다. 이는 특별히 깊은 내부 문제가 아니라고, 진단시점에서 환자의 약 복용에 대해 충분히 철저한 방식으로 정보교환을 통해 다루어졌는지를 의심하게 된다. 그러나 더욱 심각한 것은 마르코씨가 첫 진단에서 천식이라

는 것에 동의하지 않는다는 사실이다. 그는 그것을 '나쁜 가슴(bad chest)'으로 부른다. 진단의 의미와 적용에 대해 동의하지 못하는 것은 결국 나쁜 이행도를 보이게 하는 요인이다. 천식환자에 대한 최근 연구에서 일부 밝혀진 바 있다(Adams et al., 1997). 마르코씨와 함께 실제로 천식이라는 진단이 무엇을 의미하고, 그의 하루하루가 어떻게 맞춰져야 하는지에 대해 이야기하는 데 쓰여지는 시간이 그가 처방된 약을 복용하도록 반복해서 간곡히 권고하는 데 쓰이는 훨씬 더 많은 시간과 노력을 줄일 수 있다. 클리닉 직원들이 행동변화에 대해 초점을 두었던 약 복용은 마르코씨의 경우에는 분명히 미숙한 것이었다. 마르코씨가 그들과 똑같은 방식으로 질병을 보고 있지 않았을 때 실무자들은 행동변화에 대해 미숙하게 이야기하고 있었다.

이와 비슷하게, 11세에 제1형 당뇨병을 진단받은 한 남자를 최근에 만났다. 이 55세 남자는 아주 최근까지 그의 질환을 무시해 왔으며 병에도 불구하고 삶을 살고자 애썼으며 자신의 인슐린 수치로도 잘 지낼 수 있다고 버텼다. 그는 스스로 그의 정기 클리닉에 갔을 때 안절부절하고 불쾌한 사람처럼 행동을 했다. 그는 그들이 인슐린 수치를 엄격하게 다루는 방식을 싫어했다. 최근에 간호사와 의사가 그의 신체적 상태가 아주 위중하여 그들이 다른 접근을 해야겠다고 결정하고 그에게 좀 더 시간을 제공하고 그가 무엇을 원하는지에 대해 이야기하도록 해주었다. 그들은 그가 지난 40년 동안 병을 부정한 상태였고, 그의 상태와 그의 건강문제 간의 연결성을 알지 못한다고 말하였다. 그는 그들이 이제 강의가 아니라 도움을 주었다고 이야기하였다. 그리고 자신이 삶에서 원하는 것으로, 훨씬 더 많이 조절할 수 있다고 느끼는 현실 세계로 자신을 데리고 왔다고 했다.

이제 교훈은 충분히 분명해진 듯하다. 환자가 듣고 변화하기를 반복해서 실패한다면, 환자들에게 실무자의 안건에서 벗어남에 감춰진 그 무엇인가에 대해 말할 기회를 주어 그들의 이야기를 편견없이 듣는 것이 가치가 있을 수 있다.

아주 적은 지식이 위험할 수 있다.

> 나는 워크숍에 참석했고, 당신은 나에게 환자가 변화에 대해 왜 확신이 없는지에 대해 조사하도록 격려했습니다. 그래서 나는 많은 개인적인 문제들을 분석했습니다. 그러고 보니, 나는 꽉 막혀서 간단한 상담을 어떻게 효과적으로 끝낼지를 몰랐었습니다. 이것이 위험하다고 생각하십니까(지역사회간호사, 27세)?

이 질문에서 적어도 세 가지의 이슈가 제기된다. 각각은 진지하게 다뤄볼 만한 가치가 있다. 첫째, 우리가 다룰 수 없는 복잡한 문제를 만들어서 환자를 위험에 빠뜨릴 수 있다는 것이다. 두 번째는 실무자들이 그들의 자신감 부족으로 인해 스스로 해를 받는 것이다. 세 번째는 단 한번의 훈련 경험이 실무자에게 부적절하게 지지받았다는 느낌을 남겨줄 수 있다.

첫 번째, 해를 끼치는 환자에 대한 관심이 정당한가에 대해서 시나리오를 상상해볼 수 있다. 의사소통기술이 미숙한 실무자는 시기와 판단에 대한 부족한 감으로 행동변화 전략을 처방의 용량을 정하듯 사용함으로써 환자를 화나게 한다. 우리는 이러한 방법의 정신에 대해(앞서 2장에서) 강조하였고, 이는 주의 깊게 듣고 환자가 변화에 대해 준비된 정도에 따라 일하는 것을 근거로 하고 있다. 그만큼, 적은 기술을 사용하는 것으로는 환자에게 어떤 해도 주지 않는다. 위에서 서술한 간호사는 어떠한 해도 가하지 않겠다는 것이 아닌 것 같다. 왜냐하면 그가 자신의 상담행위와 환자의 반응에 대한 바라봄에 대해서 묻고 있기 때문이다. 간호사의 판단으로 시간이 지나고 경험이 쌓이면서 지지를 받아가며 좋아질 기회이다.

두 번째 이슈는 실무자가 그들을 깊게 알게 되면서 갖게 되는 느낌인데 이는 지도자나 관리자들이 직면하는 심각한 도전이다. 이러한 접근법의 사용은 때로 실무자들에게 자신의 깊은 내면을 느끼도록 이끌 수 있고 실제로도 그렇다. 저자들은 자신의 상담 스타일에 적용하면서 편안해지고 행동변화에 대해 보다 유연한 접근을 하는 것이 편해지는 데 한 1년이 걸렸다고 말한 간호사를 알고 있다. 이 기간 동안에 그 간호사는 투쟁을 했다. 다행히도 우리 중 한 명이 그녀의 경험에 대해 이야기할 기회를 가졌는데 그 경험은 부정적인면 만큼 긍정적인 면도 가지고 있었다. 간호사가 겪은 주된 난관은 어려움을 벗어날 길이 없다는 것을 깨닫게 되는 상황을 어떻게 다루는가에 있었다. 단지 변화를 고려할 적절한 시간의 문제가 아니었다.

이 문제에 대한 동료들의 해결책은 환자에게 그 상황을 편안하게 요약해주고, 변화에 시간이 걸리며 급하게 결정하기 전에 더 생각해보는 것이 낫다고 안심시켜주는 것이었다. 그녀는 환자들을 위해 그들의 문제를 해결하는 것이 중요하다고 느끼는 자신의 감정과 싸워야 했다. 우리 생각에 자신감이 없다는 것은 보다 많은 슈퍼비전과 훈련이 필요함을 말하는 것이며 단지 충고하기로 되돌아가는 것을 의미하지는 않는다는 것이다.

세 번째 문제는 이런 접근법에 대한 훈련이 부적절하게 제공되고, 일회적으로 이루어지는 방식이 만연하다는 것이다. 특히 널리 알려진 방식의 실무자 기본훈련에 통합되지 않은 상대적으로 새로운 분야에서 그렇다. 그러나 해결책은 일회적으로 이루어지는 훈련 워크숍을 중단하는 것이 아니라 이를 다른 방식으로 행하는 것이다. 즉, 실무자들이 개방적이면서 안심을 시키고, 때로 맞이하게 될 험난한 길을 침착하게 안내할 수 있는 기술수준을 갖도록 대응하는 것이다. 10장에서 논의했듯이 워크숍을 임상실무자들이 배울 수 있는 가장 좋은 방식으로 생각한다면, 단 한 번의 훈련이라는 한계에도 불구하고 그들은 자신의 실무를 발전시킬 수 있을 것이다. 저자들이 이 책을 쓰고 싶었던 이유는 실무자들의 기본훈련 목록 중 행동변화와 정보교환이라는 주제를 가장 먼저 다루도록 교육과정 설계자들에게 촉구하고 싶은 열망에서 비롯되었다. 그렇게 될 때까지, 위에서 인용했던 간호사의 걱정은 타당한 것이 될 것이다.

왜 행동에 대해서 많은 이야기를 하는가? 감정에 대해서는 어떤가?

이 책에서 행동에 초점을 두는 것이 협소하고 다소 임의적인 질을 갖는 것으로 보일 수도 있다. 어떻게 행동을 태도나 감정으로부터 분리할 수 있을까? 왜 다른 영역을 다루는 가이드라인 없이 특히 행동을 다루는 전략만 개발하는가? 이에 대한 첫 번째 대답은 어딘가에서 시작을 해야만 한다는 것이다. 실무자들은 행동변화의 특정한 주제에 대해 많은 시간을 쓰고 있고, 우리는 이러한 활동의 질이 상당히 향상되었다고 믿는다. 그러나 이 책에서 제시한 과제와 전략을 좁게 행동에 초점을 두었다고 보는 것은 그들의 기능을 오해한 것이기도 하다. 우리는 실무자들이 환자들이 느끼고 생각하는 방식을 탐색하고 인식하는데 도움을 주기 위해 다양한 개념,

원칙, 그리고 전략을 설명하였다. 환자중심 방법은 건강행동에 대해 지나치게 단순화시키고 맥락을 제거한 채 하는 토론의 길로 잘못 빠지지 않도록 하는 결정적인 토대이다. 다른 개념과 전략은 동일한 기능을 담당한다. 예를 들어 저항에 대한 관찰은 환자가 다른 우선순위를 갖고 있음을 나타내는 신호가 되곤 한다. 때때로 환자에게 변화의 중요도를 묻는 것은 보다 근본적인 개인 문제를 탐색하도록 직접적으로 이끌어 주는 것이 된다. 안건 정하기 과제는 환자가 행동변화를 넘어 다른 관심사에 대해 말하도록 격려할 수 있을 만큼 상당히 정교하게 설계되었다.

습관과 중독은 어떻게 일치하는가?

다량의 다이아제팜(진정제)를 장기간 복용해온 사람은 알코올 의존성이 없는 젊은 과다음주자보다 행동변화가 더 어려울 것이다. 이 두 경우의 차이 중 하나는 약물에 대한 신체적 의존성의 정도에 있다. 물질을 제거하면 다이아제팜 복용자는 금단증상을 경험할 것이다. 일부 사람들은 변화를 위한 시도가 손상되고 의기소침해지며 덫에 빠진 느낌과 같이 심한 증상을 보고한다. 명백히 심각한 중독인 다른 사람들은 사용에서 금욕으로 보다 직접 이행하는 것을 발견하는 것으로 보인다. 문헌에는 중독의 의미와 결과에 대한 논쟁이 수년 동안 이어져왔는데, 특히 음주 영역에서 그렇다(Heather & Robertson 1989). 이것은 단지 학문적 논쟁이 아니라 심각한 실제적 결과를 갖고 있다.

다이아제팜 사용자와 과다음주 청년 사이에 또 다른 피할 수 없는 차이는 중독의 신체적 구성요소와 별개로 명백하게 물질에 대한 애착 정도에 있다. 무언가를 오랫동안 충분히 한다는 것은 그것이 무엇이든지 깨기 어려운 습관이 될 수 있다. 때때로 습관은 환자의 일상생활의 많은 측면을 침범한다(예: 도박, 커피 마시기, 초콜릿 먹기). 그리고 때때로 보다 많이 제한된다(예: 양치하기). 객관적으로 결과는 개인과 행동에 따라 다양하다. 그 행동을 해서 부정적인 결과가 나타나면 사람은 변화할 것인지 말 것인지 갈등에 휩싸이게 될 수 있다.

일반적으로 중독은 습관의 힘과 환자의 신념 및 기분에 충분한 강조를 두지 못한 채 신체적 의존의 문제로 너무 좁게 간주될 수 있다. 이러한 견해로 초래되는 결과 중 하나는, 논쟁의 여지가 있겠지만, 금단과 재적응 과정에 사람들을 돕기 위해 훈련된 전문가의 출현이었다. 이는 양날의 칼이 될 수 있다. 집중적인 도움이 어떤 사람, 특히 지역사회에서 적극적인 지지를 받지 못하는 사람들에게는 분명히 대단히 귀중한 것일 수 있으나, 일반적인 보건의료현장에 있는 실무자는 그런 문제를 다룰 위치에 있지 않다는 생각을 강화시킬 수 있다. 우리는 바로 이러한 가정에 문제를 제기하는 것이다. 일차의료나 다른 보건의료현장에서 나타는 수많은 중독 문제를 다룰 수 있을 만큼 충분한 전문가가 있을 수 없다. 고통받는 사람, 그들 입장에서는 결코 낙인찍히거나 전문가에게 의뢰되는 불편을 감수하고 싶지 않을 것이다. 가장 중요한 것은 실무자가 그들에게 주어진 시간 안에 상당한 정도의 진전을 이룰 수 있다는 우리의 신념이다. 우리는 이 책에서 소개한 접근을 심각한 중독 문제로 고통 받는 환자들에게 사용하는 것이 가능하다는 것을 발견하였다.

이들 환자 중 대부분은 누구의 도움 없이도 실제 그들의 행동을 아주 자연스럽게 바꾼다. 이 책에서 설명한 방법이 출발점으로 사용될 수 있다. 벤조다이아제팜에 심각하게 의존적인 사람이든, 장기 흡연가든, 중증 음주자든, 비만으로 고통받는 사람들이든 어떤 문제를 가진 사람에게도 적용될 수 있다. 이렇게 상대적으로 간략한 투입이 충분한가는 또 다른 문제이다. 환자와 실무자가 결정해야 할 어떤 것, 라포를 형성하는 것은 종종 상당한 죄책감과 회환에 차 있을 때, 강력한 첫 번째 단계가 될 수 있다. 환자를 돕는 것은 그들 스스로 실제로 그 문제에 대해 어떻게 느끼고 있는지를 표현하도록 돕는 것으로(즉, 중요도와 자신감을 사정함으로써) 때때로 즉각적인 변화를 촉발시킬 수 있다. 그들의 입장에 대해, 실무자들은 변화단계 모델로부터 빠져나올 수 있도록 가장 중요한 관찰을 포착할 필요가 있다. 그 행동이 상담의 성공을 위한 유일한 수단이 아니다. 사실, 이것은 대다수 실무자들에게 부적절한데, 왜냐하면 그들이 이것에 준비가 되어 있지 않으면서, 전문가 의뢰라는 생각을 받아들이고 있기 때문이다. 변화에 대해 생각하도록 누군가를 돕는 것은 결정적인 과정이고, 일반적인 보건의료인의 역량 내에서도 잘 이루어진다. 중독 문제는 너무 복잡하다는 관념을 벗겨내야 한다. 신체적 의존의 정도가 어느 정도이건 간에 실무자에게는 라포를 형성하고 변화에 대해 구성주의적 토의를 하는 것이 여전히 도전이 될 수 있다.

내가 운영하는 그룹에 이것을 사용할 수 있는가?

일부 실무자들은 벌써 행동변화에 초점을 둔 그룹을 보건의료 현장에서 운영하고 있다. 그들은 이들 그룹이 이 책에서 설명한 접근에 근거를 둘 수 있는지에 대해 의문을 갖는다. 지지할 수 있는 근거는 부족하고, 이에 대한 우리의 경험은 제한적이지만, 이것이 가능성이 풍부한 분야임을 깨닫기에는 충분하다.

특정한 문제나 행동(예: 당뇨병, 공포, 음주)에 초점을 두는 그룹을 운영하는 것은 자율성과 의사결정을 약화시킬 수 있는 심각한 위험뿐 아니라 행동변화를 증진시킬 수 있는 풍부한 가능성 또한 제공한다. 다른 사람의 성공을 관찰하는 기회를 제공하고 그들의 지지를 얻는 것이 자조모임 과정에서 잘 알려진 강력한 힘이다. 우리의 성향은 사람들을 변화의 준비도에 따라 엄격하게 그룹으로 나누려고 하는 것이 아니다. 우리는 숙고 전단계, 숙고단계 등의 그룹에게 제공되는 유용한 서비스를 보았다. 여기서 문제는 당연하게도 사람들이 아주 쉽게 단계를 벗어난다는 것이다. 각 참석자는 자신이 준비되었다고 느끼는 것보다 그룹이 더 앞서갈 때 저항을 경험할 정도로 취약할 수 있다. 우리는 여기서 이런 스타일로 그룹을 운영하는 방법에 대해 몇 가지 생각을 제시한다.

- 정보교환에 대한 우리의 접근은 그룹에 유용하게 통합된다. 왜냐하면 참석자들이 개인적으로 제시된 정보에 중립적이고 비위협적인 방식으로 반응하도록 격려하기 때문이다.
- 반영적 경청 스타일에 동반되는 저항과 함께 구르기는 그룹 내에서의 긴장과 불만을 희석시키는 데 탁월한 방식이다. 누군가 일단 그들의 길항적 입장에 대해 들어주고 인식하고 있음을 알게 되면 그들은 그것에 대해 조용해질 가능성이 더 커지고 거리낌 없이 주제를 옮겨 갈 것이다.
- 우리는 유익한 논의를 만들기 위해 준비도(연속선 상에서)에 대해 그룹 사정을 하게 되었다. 참가자들은 동일한 방식으로 중요도와 자신감 영역을 사용할 수 있다. 이들을 물리적으로 사용하는 것이 재미있을 수 있다. 참가자들은 특정 영역에 대해서 그 방안에서 연속선 상의 어딘가에 일렬로 줄을 서도록 요구받았다. 예를 들어, 방의 한쪽 끝은 금연의 중요도에 가장 높은 점수를 주는 것이고 다른

한쪽 끝은 가장 낮은 점수를 주는 것을 나타낸다. 그리고 그 방에서 줄을 선 후 참가자들은 왜 그렇게 높은가를 설명하도록 질문을 받는다. 그들은 왜 자신이 보다 낮은 중요도에 가까운 곳보다 거기에 서기로 선택했는지에 대해 서로 이야기한다. 그들은 이 물리적 지점으로부터 더 높은 점수를 나타내는 지점으로 옮겨갈 것인지에 대해 토론할 수 있다. 이것이 다소 다루기 힘들 수 있으나 생각을 자극하고 에너지를 높일 수 있다.

- 그룹이 견고한 두 진영으로 나뉠 수 있을 때 그룹 내에서 양가감정을 탐색하는 것은 곤란해질 수 있다. 이에 대한 대안은 방 한 가운데 두 개의 의자를 두고 하나는 행동의 장점을, 다른 하나는 단점을 나타내도록 한다. 예를 들어, 체중조절 그룹은 체중감소 프로그램에 규칙적인 운동을 통합하는 이유를 나타내는 의자를 두고, 다른 그룹은 운동으로 귀찮게 하지 않은 이유를 나타내는 의자를 둔다. 참가자들이 수 분 이내에 자신이 지지하기를 바라는 의자를 선택해 앉도록 초대받는다. 누군가 합류하고자 원할 때 그들이 대체하기 원하는 사람의 어깨를 두드린다. 사실 바람직하게는 사람들이 한 자리에서 다른 자리로 옮겨가는 것이 받아들여지고 그들 스스로에게 자신의 양가감정의 양쪽을 표현할 기회를 주는 것이다. 그룹 지도자가 합류하면, 그들이 두 가지 견해를 존중하는 것을 보여주기 위해 각 자리에서 산책을 해야 한다.
- 일대일 작업에서처럼 이 접근법의 정신과 가정에 토대를 두는 것은 결정적이다. 그룹리더가 진짜로 참가자들이 좋은 결정을 하고 문제에 대한 자신들의 해결책을 발견하리라는 것을 믿는 그룹은 다른 성격을 보일 수 있다. 그룹의 지도자는 충고하는 사람이기보다는 촉진자가 되어야 한다. 참가자들은 자신들의 자원과 가능성을 발견함으로써 자신감을 얻게 된다.

참고문헌

Adams, S., Pill, R., & Jones, A. (1997). Medication, chronic illness and identity: the perspective of people with asthma. *Social science & medicine, 45*(2), 189-201.

Heather, N., & Robertson, I. (1989). Problem drinking 2nd edn. Oxford University Press, Oxford.

상담사례

Example of a consultation

CHAPTER 12

상담사례를 제공하는 것은 위험을 감수하는 것이긴 하나 상담을 진행하는 이상적인 방식, 그 이상은 아니라고 하겠다. 여기에서의 목적은 마치 음악공연처럼 상담이 어떻게 펼쳐질 수 있는지에 대한 간략한 사례를 제시하고, 실수가 유익하며 강조점에 개인별 차이가 예상된다는 것을 알도록 하는 데 있다.

진실성에 접근하기 위하여 어느 쪽도 이러한 상담에 준비되어 있지 않았고, 연습도 없었다. 매쓴은 심장재활간호사로서의 역할을 하고 있고, 환자는 배우로 단지 그가 심근경색으로 얼마나 고통스러웠는지에 대해 상상하도록 요구받았다.

이 대본은 훈련 DVD(Gilligan & Mason 2006)에서 가져 왔다. 해설이 추가되었으며 웹사이트(www.elsevierhealthbehaviorchange.com)에서 비디오장면을 볼 수 있다. 대본이나 비디오를 가지고 여러분은 중간에서 시작할 수 있으며, 이 장에서의 해설이 앞장에서의 설명과 임상현장을 연결하는 데 도움이 될 것이다.

여러분이 볼 때, 여러분은 각 지점에서 간호사가 무엇을 선택하는지, 그래서 다르게 행동하는 것의 결과가 어떠한지를 자신에게 물을 수 있다. 여러분이 한 말이 환자의 그 다음 말에 어떻게 영향을 주는지를 아는 것이 숙련됨의 근거가 될 수 있다.

간호사	좋아요. 젠킨스씨, 이번 약속은 심근경색이 있은 후에 이제 어떻게 해야 할지, 다시 그런 발작이 오지 않도록 어떤 변화를 원하시는지에 대해 생각하도록 도움을 드리려는 것이에요. 지금 어떤 느낌이세요?	*안건 소개* *라포 형성을 위한 개방형 질문*
데이빗	네, 당신도 아시듯, 모든 일에 충격을 받았어요. 아시겠죠?	
간호사	놀라셨겠네요.	*간호사는 그의 반응을 조심스럽게 기록하고, 그가 사용하는 단어와 그가 느끼는 방식에 주의를 기울인다.*

데이빗	정말 갑작스러운 일이었죠, 그렇죠? 내 나이에 심근경색은 생각지도 못했어요.	
간호사	그렇죠.	
데이빗	어쨌든, 이제 나는 괜찮아요.	
간호사	아. 네, 이제 좀 편안하시군요. 아마 굉장히 두려우셨겠네요.	*반영(p. 36)느낌 인정하기. 그의 표현에서 단어와 느낌을 포착하려 애쓴다. 짧을수록 더 좋다. 그는 '충격'이라는 단어를, 그녀는 '두려움'을 사용하였다.*
데이빗	제가 말했듯이, 저에겐 정말 쇼크였어요.	*라포가 형성되어 보다 자세히 말하다.*
간호사	심장질환의 위험요인에 대해 알고 계세요?, 무엇 때문에 심근경색이 왔는지에 대해 얼마나 알고 계시나요?, 이미 얼마나 설명을 들으셨나요?	*안건 정하기의 절차로 정보교환하기. 이것은 이끌어내기–제공하기–이끌어내기 전략이다.*
데이빗	이런 일은 제가 잘 알아요. 제 아버지 때문이에요. 그분이 심근경색이었거든요. 아주 젊을 때 돌아가셨어요.	*그가 이미 알고 있는 것을 공유하기 시작한다.*
간호사	그렇군요.	
데이빗	그래서 그게 관련이 있는거죠, 그렇죠?	
간호사	네, 그래요. 가족력이 있을 수 있어요.	
데이빗	음…. 내 경우에 흡연에 대해서, 담배를 끊으라고 이야기 들었어요. 아시다시피, 저도 그런 종류의 일은 잘 이해하고 있어요.	
간호사	네, 흡연이 그중 하나죠. 또 다른 것 알고 계시는 것은 무엇인가요?	*정보 교환하기, 환자는 이미 위험요인에 대해 대부분의 정보를 갖고 있음에 주목할 것. 간호사는 단지 필요한 만큼 지지적인 정보를 제공한다.*
데이빗	음주요. 술을 마시는 것도 안 된다고 생각해요. 나는 술 마시길 좋아해요. 보통 매일 일 끝난 후에 술을 마시러 가죠. 일종의 스트레스 해소예요. 아시죠? 음식도 문제인가요? 제가 버거를 좋아해요. 그렇지 않다고 말하는 것이 더 이상하지 않나요?	*간호사가 아니라 환자가 정보를 제공한다. 상담의 진행 방식에 대해 환자가 예상하는 만큼 방어적인 태도가 생기기 시작한다.*

간호사	자, 기본적으로 바로 지금 당신이 어떻게 느끼고 무엇을 하기 원하는가를 생각하는 것에 대해 정직한 것이 최선이죠. 당신이 만일 어떤 다른 것을 행하길 원한다면요.	*'만일'이라는 단어를 사용해서라도 그의 선택의 자유를 강조한다.*
데이빗	네, 그런 것 같군요.	
간호사	제가 이해한 바로는 당신이 어느 정도 생각을 갖고 계시는 것 같아요. 위험요인 중의 일부는 어떻게 할 수 없는 것이죠. 만일 가족으로 물려받은 것이라면 우린 아무것도 할 수 없지요. 당신이 조절할 수 있는 것 중에서 특별히 주의를 기울이고자 하는 것이 의미가 있겠어요. 어떤 것은 조절이 가능한 것이고 어떤 것은 그렇지 않은 것이죠.	*여전히, 정보 교환하기*
데이빗	맞아요. 그건 고칠 수 없지요. 아시겠지만, 제 아버지가 심근경색으로 돌아가셨다면요.	
간호사	그래요. 항상 그 물려받은 걸 갖고 다니는 거죠.	*그의 변화로 바로 비약하기보다 반영을 사용한다. 이것은 그에게 그가 가고자 하는 방향에 대해 토의할 기회를 제공한다.*
데이빗	맞아요.	
간호사	그렇다고 해서 당신이 결국 심근경색을 갖는 것이 불가피하다는 것을 의미하는 것은 아니지요.	*여전히 정보 교환하기를 하나 이제 행동변화 안건에서 데이빗이 분명히 많이 두려울 수 있으므로 안심시키기로 초점을 옮겨간다.*
데이빗	오케이.	
간호사	저는 당신이 어쩔 수 없다는 생각을 갖고 피해가길 원하진 않아요. 당신의 아버지가 젊을 때 돌아가셨다는 것이, 당신도 젊을 때 사망한다는 것을 의미하진 않지요. 당신은 지금 살아있잖아요?	
데이빗	맞아요. 죽진 않았죠. 다소 충격을 받은거죠.	
간호사	네.	
데이빗	아시겠어요? 저는 또다시 이 일이 생기길 원하진 않습니다.	

간호사	네, 일종의 모닝콜 같은 거죠.	*반영, '모닝콜'이란 단어를 사용하여 두려움이 그로 하여금 그가 현재 어떻게 살고 있는지를 생각하도록 동기를 부여하는 것을 미묘하게 강조하기.*
데이빗	무섭게도 그렇군요. 내 나이에 누군가 심근경색이라 생각하면. 모닝콜과 같네요. 젠장!	*간호사가 느낌을(일종의 모닝콜)로 절제해서 표현하면, 환자는 그것을 종종 과장한다(무섭게도 그렇군요). 과장하는 것보다 절제하는 것이 보통 최선이다.*
간호사	네, 그런데, 당신의 생활에서 어떤 다른 요인 때문일까요? 때때로 과도한 스트레스가 있으신가요? 제가 당신의 직업에 대해 잘 모르네요. 또 다른 스트레스?	*대화가 안건 정하기로 되돌아가도록 이끈다. 아마도 미숙하게.*
데이빗	솔직히 말해 스트레스가 머리 끝까지 쌓여있어요.	
간호사	제게 말씀해주세요.	*스트레스에 대한 정보 교환을 위해 듣고, 따라가고, 옮겨간다.*
데이빗	아시다시피 저는 제 사업체를 갖고 있고, 전화와 컴퓨터로 운영을 하지요. 약 10명의 일이 한 번에 이루어지고 있어요. 저는 한 장소에 머무르지 않고, 전 영역에 모두 있어야 해요. 운전을 하기도 하구요. 일이 잘 되고 있는지 확인도 하구요. 납품업자에게 온 전화를 받기도 하구요. 저는 일종의 빌딩회사를 갖고 있는데, 아시다시피 납품업자들이 어떤지 당신도 아실 거에요. 그들은 악몽 같아요.	
간호사	네.	*따라가기를 할 때, 말을 적게 하는 것이 더 낫다.*
데이빗	제 말이 무슨 뜻인지 아실 거에요. 그들이 일을 약속하고는 나타나질 않아요. 그러면 전화를 해야 하죠. 그러면 당신 일이 지연되겠죠. 그렇게 지연되면 다음 일이 또 지연되고 사람들이 줄 지어서 일하고 있거든요. 그걸 생각하는 것으로도 스트레스를 받아요.	

간호사	그런 상황에서 당신이 갑자기 아팠으니 정말로 힘드셨겠네요.	*업무에 대한 스트레스 뿐 아니라 그러한 상황에서 그의 병으로 인해 받은 영향에 대해서도 공감을 표현한다.*
데이빗	악몽 같았어요. 지난 몇 주 동안 일을 쉬었잖아요. 내가 없다고 해도 나대신 누구도 대신해 줄 수 없어요. 아무것도 일어나지 않지요. 휴대전화 메시지함이 꽉 찼어요. 컴퓨터 메일함도 마찬가지구요. 그래요. 어떤 상황인지 아실 거에요.	*라포가 계속 형성되면서 상세히 설명한다.*
간호사	그렇군요. 어떤 뜻에서는 당신이 하고 계신 일을 위해서도 실제로 건강을 유지하는 것이 정말 중요하겠네요.	*건강을 유지하고 행동변화를 하는 것의 중요도에 대한 토론을 도입한다.*
데이빗	그래요, 사람들이 또한 저에게 의존해요. 제가 거기 없을 때 아무 일도 안 이루어지죠. 사람들은 빈둥거리고, 월급을 받았는지 아닌지도 모르겠어요. 할 일이 줄지어 있고, 지장이 많아요. 여름이 되면 가장 바쁜 때이고, 그게 겨울까지 가죠. 제가 일을 미루게 되면 그저 안좋을 뿐이에요. 그래서 제 추측엔 제가 저를 돌보게 될꺼요, 아마도.	*사업가로서 건강을 유지하는 것의 중요도를 표현한다(목표 설정).*
간호사	당신이 직업을 유지하려면, 사업이 계속되어야겠지요.	*그의 우선순위, 즉 일의 중요도에 대해 반영하기*
데이빗	네, 그래요.	*위의 반영은 시간을 줄여주었다. 왜냐하면 환자의 딜레마를 요약해주었기 때문이다. 그가 이를 확인했을 때 간호사는 초점을 옮겨야겠다고 느꼈다.*
간호사	자, 그럼. 당신이 무언가 하고 싶을 수 있는 영역에 대해 살펴보기로 하죠. 심근경색을 예방하는 데 도움이 되는 것으로 제가 그것을 한 번 적어 볼게요. 우리가 이야기했던 것 중에 하나가 업무스트레스였어요.	*안건 정하기 차트를 이용하기 시작한다(3장 p.56).*
데이빗	네.	
간호사	저와 함께 생각해볼 만한 또 다른 종류의 스트레스가 있으신가요?	

데이빗	뭐, 특별히... 아시듯이 저에게는 아이들이 있어요. 아주 젊은 가족이죠. 시간을 요구하는 일들이 많죠. 함께 있어야 하고 아이들 중 누가 아프면 더 그렇죠. 제가 만일 아프게 된다고 생각하면 그게 스트레스에요. 애들이 아직 어리잖아요. 그게 걱정이죠.	*두려움에 대한 이야기로 되돌아간다. 이점에서 실무자에게 도전이 되는 것은 그 두려움을 같이 느끼며 그것을 행동변화의 중요도의 일부로 초점을 맞추고자 애쓰는 것이다. 다시 말해 그가 강하게 느끼는 감정과 자신의 의지를 연결시키는 것이다.*
간호사	네, 건강을 유지하기 위한 무엇이 맞아요. 그래요.	
데이빗	그보다 달리, 가족을 위한 것이 좋은 거죠.	*그가 안건 정하기로 되돌아가는 것을 받아들인다.*
간호사	아까 이야기했던 음식	*차트를 계속 완성해나간다.*
데이빗	네.	
간호사	흡연. 흡연도 제가 보기엔 첫 번째에요. 그러나 항상 사람들이 시작하고 싶어하는 것은 아니죠.	*흡연의 중요도에 대한 정보를 제공하나 그에게 어디서 시작할지를 결정하도록 전달한다.*
데이빗	흡연이 음식보다 더 중요하죠?	*정보를 구한다.*
간호사	당신의 건강에 유익한 것 중에서 가장 큰 도움을 줄 수 있는 한 가지 일이죠.	*정보를 분명하게 그러나 간략하게 제공한다.*
데이빗	맞아요(한숨).	
간호사	모든 사람이 그렇게 시작하는 게 가장 쉬운 것은 아니에요.	*그가 비언어적으로 저항을 표현하는 것에 반응한다.*
데이빗	그래서...	
간호사	무엇부터 하고 싶은지 말씀해 보세요.	*이것은 결정적인 질문이다. 간호사는 행동변화에 초점을 두면서 그가 특별한 안건을 통제하도록 한다.*
데이빗	스트레스와 흡연은 서로 연결되어 있어요.	*흡연이 그의 생활과 그의 우선순위에 어떻게 연결되는지에 대해 정보를 제공한다.*
간호사	당신에겐 그렇군요. 스트레스를 느낄 때 담배를 피우시는군요.	*따라가기를 하면서 상세한 질문을 던진다.*

데이빗	네, 그런 것 같아요. 항상 담배를 피워요. 그러나 담배를 끊으려 노력하면 더 스트레스를 받을 것 같아요. 제 말뜻 아시겠죠?	
간호사	맞아요. 그럼 다음으로 넘어가죠. 운동이 또 다른 주제인데요. 신체적으론 얼마나 활동적이신가요?	
데이빗	글쎄요. 저는 진짜 몸을 쓰는 직업을 가졌죠. 그러나 그게 다죠. 다른 거 할 시간은 실제 없어요. 저는 운동하러 체육관에 가는 종류의 사람은 아니에요. 어쨌든 제가 아주 건강하다고 생각했어요. 객관적으론 건강하지 못한데, 흡연도 건강에 나쁘잖아요. 선천적으로 그런 것 같아요. 명백히 제가 틀렸죠.	
간호사	당신이 아프기 전에 계단을 뛰어오르거나 기차를 급히 타려고 달릴 때 어떠셨어요?	*체력이 어느 정도 이슈가 되는지를 사정하는 데 있어서 그의 주도를 따른다.*
데이빗	제 생각엔 아마도 평균 이하였던 듯해요. 숨이 많이 찼어요. 그래요. 제가 더 젊었을 땐 축구도 했었는데, 이젠 못해요.	
간호사	뒤쳐진 것 같다는 뜻이군요.	*반영*
데이빗	네, 이제 아무것도 하지 않아요. 제가 말했듯이 제 직업은 정말 육체적인 일이에요. 다락방에 올라가기 위해 계단을 오르거나 사다리를 올라가고, 때때로 아주 육체적인 일이에요.	
간호사	당신이 여전히 숨이 차다면, 그렇게 육체적인 일을 하는 것이 근력을 만들 수는 있지만 당신의 체력이 높지는 않다는 것으로 들리네요.	
데이빗	네, 그럴 수 있어요.	
간호사	그게 중요한 일이 되겠어요. 우리는 술에 대해 얘기했었죠. 술은 심장질환에 대한 위험은 좀 적은 요인이지만 실제로 다른 것에 대한 위험요인이에요.	*운동 이슈에 대한 미숙한 초점을 피하고 안건 정하기 기록으로 돌아가 정보를 교환한다.*
데이빗	네, 맞아요.	
간호사	저는 당신이 하면 좋을 많은 일들을 이야기하는 것은 아니에요.	

데이빗	당신은 제가 술을 많이 마시고… 등을 지적하는 것은 아니시죠?	
간호사	그럼요. 절대 아닙니다. 오늘 우리가 이야기하고 있는 심장질환에서 대해서 말하자면 위험요인이 더 적은 것이죠.	*심장질환의 이슈에 초점을 계속 맞춘다.*
데이빗	그러면 지금 한 가지에 대해 걱정을 하진 않나요?	
간호사	이 모든 것들을 돌아보면 당신이 포함하길 원하는 그 이상의 무엇이 있는지에 대해 어떻게 생각하세요? 지금까지 살아온 인생에서 어디쯤 있다고 생각하세요? 그 어딘가에서 자신을 좀 더 많이 돌보기 위해 당신이 시작해야 할 지점이 어디일까요? 건강을 유지하셔야죠?	*그가 어디서부터 변화를 시작하길 원하는지에 대한 핵심질문으로 돌아간다.*
데이빗	제 짐작엔 음식이요. 제 말은 음식의 무엇인가. 저는 주로... 저는 일반적으로 일주일에 6~7일 일을 하면서 따로 점심시간이 없어요. 저에게 버거 등을 사다주는 사람들이 있어요. 버거 가게는 저희 사무실 바로 건너편에 있고 그래서 버거 등을 먹는 게 가장 쉬운 일이죠. 매우 쉽죠. 일을 하면서 먹을 수 있어요. 칩도 약간 먹지요. 그게 저의 주식이죠.	*그는 다른 것보다 음식에 대해 더 동기부여되어 있다.*
간호사	맞아요. 스트레스로 그렇게 뒤엉키는 거죠. 서로 연쇄 효과를 일으키는 것이에요. 그렇죠? 당신은 일로 인해 스트레스를 받고 그래서 제대로 먹지 않는겁니다.	*안건 정하기에서 다룰 행동들이 종종 어떻게 연결되어 있는지를 보여주는 좋은 사례*
데이빗	모두 연결되어 있잖아요? 일에서, 스트레스를 받고, 바쁘고, 누군가 나가서 버거를 사다주는 것이죠. 일하면서 빨리 버거를 먹는 거에요.	*그는 간호사보다 더 걱정을 표현한다.*
간호사	그렇죠.	
데이빗	아주 쉬워요. 전혀 어렵지 않아요. 거기 있었다면, 당신에게도 쉬워요.	
간호사	문자 그대로 그렇습니다! 사람으로서 당신은 무엇인가 할 수 있다는 것을 선택했어요. 그게 무엇일지….	*중요도와 자신감에 대해 막 조사하려는 때*

데이빗	저는 다만 생각 중이에요. 흡연을 포기하고 싶진 않네요.	*저항으로 방해한다.*
간호사	맞아요. 좋습니다. 충분해요. 지금은 정말 어렵겠어요.	*반영을 통해 저항을 다룬다.*
데이빗	제 생각엔 지금도 스트레스를 받고 있어요. 모든 것이 뒤로 제쳐두고 있어요. 당신도 아시다시피 심장병에 걸렸다는 것을 생각하게 되네요. 그게 저에게 훨씬 스트레스에요. 제가 스트레스를 받게 되면 담배를 피우게 되죠. 담배를 피우면 좀 편해지니까요. 아시죠? 모든 사람이 그건 나쁘다고 말하는 것은 잔인해요. 그러나, 잠시라도 내가 편해지는 데 도움이 된다니까요. 아마도 제가 나중에도 계속 생각해야 할 것 이상일 거에요.	
간호사	맞아요, 이제 그건 뒤로 밀어놓고, 앞서 말했던 것으로 돌아가요.	
데이빗	그러죠.	
간호사	저 음식….	*그가 토의할 준비가 된 주제가 있는지를 여전히 찾고 있다.*
데이빗	마술알약 같은 것이 있으면 좋겠어요. 제가 이 모든 것에서 벗어날 수 있도록… 제 말 아시겠죠?	*다시 저항이 생김. 그는 많은 것을 바꿔야 한다는 것에 압도되어 있는 듯하다.*
간호사	네. 알아요.	*저항과 함께 구르기*
데이빗	이 모든 것은….	
간호사	그렇죠. 어려워요. 매일 약을 먹을 수 있다면 그게 다겠죠. 그건 쉬운 선택이 될 수 있어요. 그래요.	
데이빗	누가 그 약을 발명하고 있을거라 생각하세요?(웃음)	*농담으로 그가 자신의 생활습관 이슈를 감당해야 한다는 것을 알고 있다고 인정한다.*
간호사	결국엔 할 수도 있겠죠, 그러나 전 하지 않을 거예요. 반면에 이는 살펴 볼 필요가 있는 사항이에요. 당신이 심장에 유익할 수 있도록 좀 다르게 먹겠다고 생각한다면 다르게 먹는다는 것이 당신에게 어떤 또 다른	*약간 일치성을 잃더라도 안건 정하기를 유지하도록 애쓰고 있다. 그가 이것을 시작할 장소로 선택한 듯 보이자, 다르게 먹는 것의 중요도를 탐색하고 있다.*

	이익을 가져다 줄까요? 아시겠어요? 우리는 내 심장을 위하여라고 생각하지만 그밖에 다른 것도 얻을 수 있을 것 같은데요.	
데이빗	글쎄요. 내가 적절한 점심식사를 위한 휴식을 제공한다면 '바로 이것은 내 점심식사 휴식이죠. 내가 점심을 먹는 동안에요. 전화기를 끄고, 아무도 날 찾을 수 없어요. 나는 30분 정도 시간을 가지려구요. 일에 대해 생각도 하지 않구요.' 내가 여기 앉아서 그렇게 말한다 해도... 당신도 아시죠. 내가 말하는 의미를. 여기서 말하는 것은 아주 쉬워요. 그러나 아마도 휴식이 일의 일부가 되도록 애써야 할 거에요.	*그 30분 동안 일을 멈추고 건강한 점심을 먹는다고 자신이 목표를 정한다.*
간호사	그 휴식 시간에 무엇을 먹으려고 하시나요? 무엇이 가능하시겠어요? 객관적으로 보기에 당신이 하는 일엔 상당한 에너지가 필요한 듯 하네요. 배고프게 하지 않으시려면. 건강에 좋은 음식이기도 해야 하구요. 어떤 종류의 음식이 당신의 심장에 좋다고 알고 계시나요?	*설정한 목표를 달성하기 위한 전략을 찾는 관점을 가지고, 건강한 식이에 관한 정보를 제공한다.*
데이빗	제 추측엔 과일 같은 거죠, 그렇죠?	*정보 구하기*
간호사	과일과 채소	
데이빗	과일과 채소	*이쯤에서 기다리고 있는 저항*
간호사	너무 기름지지 않은 음식이면 무엇이든 좋아요. 가장 피해야 할 것은 기름진 음식, 버거, 튀김이나 버터를 바른 것 등입니다.	*정보 제공하기*
데이빗	전부 다 제가 지난 30년 동안 먹어온 것들이네요.	
간호사	당신의 일상에서 아주 흔한 것들이에요. 전통적이기도 하구요. 열량이 높고, 빨리 먹을 수 있구요.	*그의 식습관이 정상적이거나 흔한 것임을 말해주면서 비판단적인 접근을 수행하고자 애쓰기*
데이빗	내 추측엔 내가 집에서 아침에 무언가를 만들어서 가지고 와야할 것 같네요.	*이제 그는 건강한 식이에 대한 정보를 얻고 전략을 탐색하기 시작한다.*
간호사	자, 당신이 식당을 찾아 돌아다니는 것을 원치 않는 것에서 시간을 절약하는 문제가 해결되겠네요.	*그의 생각을 지지한다.*

데이빗	그래요. 잘 모르겠는데… 저는 샐러드를 가져오겠다고 말하는 거에요. 생각해보면 샐러드를 먹을 수 있겠어요? 당신은? 전 할 수 없어요.	*저항이 다시 생겨난다. 그가 자신이 제시한 것의 현실성을 생각하다보니*
간호사	그럼 샌드위치는 어떠세요? 어떤 종류든 당신이 먹을 수 있었던 샌드위치가 있지요?	*저항감을 키울지도 모르는 샐러드에 대해 더 이야기하기보다는 다른 대안으로 옮겨간다.*
데이빗	샌드위치가 당신에겐 더 낫겠어요?	*다시 정보를 구한다.*
간호사	당신이 그 안에 무엇을 넣는가에 달려있긴 해요	
데이빗	그 안에 버거를 넣을 순 없겠죠?(웃음)	
간호사	절대로 안 되죠. 버거 샌드위치, 칩 샌드위치!	*정보요구에 대해 반응하기*
데이빗	치즈는 먹을 수 있나요? 치즈는 괜찮아요?	*여전히 정보를 추구하고 정보를 받아들이려고 한다.*
간호사	다른 것보다 지방이 좀 더 적은 치즈요.	
데이빗	맞아요. 저지방 치즈.	
간호사	그렇죠.	
데이빗	내 아내가 먹는 거에요.	*그는 가능성을 고려하고 있다. 그가 변화하는 것이 중요하고 어떻게 현실로 만들 것인가를 고민하고 있다. 그의 저항은 주로 자신감의 부족에서 오는 것으로 보인다.*
간호사	저지방 치즈를요?	
데이빗	글쎄, 그녀는 그걸 발라서 먹어요. 나는 실제 그런 것을 발라먹지 않죠. 무슨 말인지 아시죠?	*다시 저항으로 되돌아간다. 그는 자신에게 요구된 것을 하고 있는 자신의 모습을 그릴 수 없다.*
간호사	당신 부인이 저지방 음식에 대해 아주 잘 알고 있는 것으로 들리네요.	*반영. 그의 부인이 정보와 지지의 출처가 될 수 있다는 점에서 그의 관심을 그의 부인에게도 이끌어본다.*
데이빗	네, 그녀는 자신을 잘 돌봐요.	
간호사	그렇게 그녀는 모든 것을 아는군요. 그녀가 당신을 도울 수 있겠어요.	

데이빗	아마도 그렇겠죠.	
간호사	이 모든 것에 대해 생각해보면	
데이빗	아마도 놀라서 팔짝 뛸 거에요. 이렇게 말하겠죠. '당신 뭐하고 있어요?'	
간호사	그러나 그녀가 당신에게 지지가 될 거에요. 지식을 갖고 있다는 점에서.	*지지의 출처를 찾아 자신감 형성하기*
데이빗	네, 그녀는 내게 일어난 모든 일에 대해 걱정하고 있어요. 그래요. 나는 그녀에게 도와달라고 요청할 수 있어요. 그런데 샌드위치라구요?	*가능성을 알면서도 여전히 실행을 꺼려함*
간호사	자, 생각해보죠. 그건 하나의 대안이구요. 또 다른 대안이 있는지 생각해보지요. 함께 일하는 사람 중에 도시락을 싸오는 사람이 있나요?	*저항에 직면하여 그것을 밀어내지 않도록 한다.*
데이빗	아뇨. 내가 함께 일하는 사람들은 대개 젊은 사내들이고 세상에서 가장 자신을 돌보지 않는 자들이죠. 제가 열일곱, 열여덟살일 때 나는 내가 먹었던 것을 원숭이에게도 주지 않았어요. 무슨 뜻인지 아시겠어요? 당신이 원하는 것은 무엇이든–초콜릿, 크리스피, 칩… 그 사내들 중 일부는 점심을 먹지 않아요. 점심시간에 그저 담배를 피우지요. 제가 일하고 있는 환경의 전부에요. 흡연에 관한 것은 당신도 아시다시피 5분의 휴식이기 때문에….	*간호사에게 가치있는 정보를 제공한다. 그가 이러한 변화를 이루어내고자 애써야 할 생활과 상황에 대해서*
간호사	네.	
데이빗	하루에 5분의 휴식이 필요해요.	*그가 먹어야 할 음식에 대한 저항은 이제 흡연에 대한 대화로 바뀐 형태에서 보여지고 있다.*
간호사	그렇네요. 당신의 휴식은 당신의 심장에는 아주 좋지 않은 것들과 모두 연관되어 있네요.	*그의 답을 인정하면서 가볍게 반영하기*
데이빗	그런 것 같아요. 그렇지 않나요? 저에겐 희망이 없어요.(웃음)	
간호사	담배를 끊으시고, 버거도 끊으시고 술집엔 가셔도 되구요. 빵은 아주 포만감을 주기 때문에 좋은 선택이 됩니다. 당신 부인이 당신이 저지방 음식을 먹도록 돕는다면. 그 안에	

	샐러드 같은 것을 넣어요. 과일은 정말 좋아요. 당신이 과일을 얼마나 드시는지 모르겠네요.	
데이빗	네, 과일은 모두 좋아해요.	
간호사	그건 톤으로 먹을 수 있어요. 사과만 먹을 필요는 없구요. 당신은 할 수 있어요.	
데이빗	당신은 계속 먹을 수 있어요?	
간호사	네, 그럼요.	
데이빗	맞아요. 과일을 조금 먹는 거…	
간호사	좋아요. 당분간은 그렇게 보이는군요.	*그가 간호사의 제안을 받아들이고 일치에 이르렀다고 실수로 생각한다.*
데이빗	버거에서 샌드위치로 가는 것은 큰 변화에요. 그렇죠?	*다시 저항으로 되돌아간다.*
간호사	그렇죠. 그게 하기에 너무 많다고 느끼시나요?	*일치를 회복하기 위해 기술적으로 폐쇄형 질문을 던진다.*
데이빗	아니요. 그게 중요하지 않다고 생각해요. 제가 몇 주 전에 끝냈던 그 지점에서 끝내는 것을 원치 않아요. 내가 원하는 최후의 것. 나는 내 아이들이 병원에 누워있는 나를 보는 것을 원치 않아요. 그 애들을 겁먹게 할 거에요.	*일치가 회복된다. 저항은 다시 가라앉고 데이빗은 자신이 왜 이 대화를 하고 있는지 기억한다.*
간호사	네, 아이들이 무서워하겠죠.	*반영*
데이빗	두려워요. 나는 당신에게 말하고 있어요. 입원을 다시 하고 싶지 않아요. 정말 무서웠어요.	*이것은 변화대화가 될 수 있다. 그는 자신에게 행동변화를 해야 할 좋은 이유를 제공하고 있다.*
간호사	좋아요. 우리는 식습관을 바꾸는 것이 시작하기에 가장 좋은 출발점이라고 일치했었죠. 특히 점심식사요. 그것에 대해 어떤 느낌이신지 몇 가지 물어도 될까요? 식습관을 바꾸는 것이 당신에게 얼마나 중요하다고 느끼시나요? 심근경색이 있은 후에. 1~10점 사이로 말해주세요. 1점은 전혀 '중요하지 않다'이고 10점은 '정말로 중요하다'입니다. 그 사이에 어디쯤 점수를 주시겠어요?	*그가 변화하고자 하는 의지에 대해 혼재된 메시지와 마주치게 된다. 분명히 하기 위해 척도를 사용한다.*

데이빗	글쎄요. 아시다시피 중요하지요. 9 내지 10점이요. 아주 중요하지요. 그렇지 않나요?	*척도를 사용하는 것이 그로 하여금 다시 저항으로부터 옮겨가게 했다.*
간호사	당신이 말했던 두려움 탓인지 아주 높네요.	*이전의 변화대화를 반영한다.*
데이빗	네.	
간호사	실제로 정말 당신을 깨닫게 해주었군요.	*보다 깊은 반영*
데이빗	내가 점심시간에 먹는 음식을 바꿀 수 있다면 내게 다시 이런 일이 생길 가능성을 줄일 수 있다면 그 땐 10점이지요.	
간호사	10점. 좋아요. 당신이 절대적으로 확신하고 있다면, 달라질 것입니다. 우리는 당신의 혈액 속의 무엇인가의 수준을 측정할 수 있어요.	*반영과 정보 교환*
데이빗	오, 맞아요.	
간호사	우리는 실제로 콜레스테롤 농도를 검사할 수 있고, 변화 여부에 대해 당신에게 알려줄 것입니다.	*그가 자신의 목적, 즉 또 다른 심장발작의 위험을 줄이는 것의 근거를 필요로 한다는 것을 인식한다.*
데이빗	실제 뭔가 변화가 일어나고 있는지 여부에 대해서요?	
간호사	네, 변화가 일어나고 있는지, 그리고 또 비슷한 질문 하나 더 할게요. 당신이 변화하고자 하는 일을 할 수 있는 자신감이 얼마나 되는지 이것도 1~10점 사이로 답해주시겠어요? 1점은 '전혀 할 수 없다'이고 10점은 '잘 할 수 있다'에요. 마음먹고 결정하셨다면 할 수 있다고 생각하시나요?	
데이빗	약 5점이요.	
간호사	50대 50이군요.	*반영*
데이빗	네, 그런 것 같아요. 내가 무엇을 해야 하는지는 알겠어요. 흡연 같은 경우 흡연을 해서는 안 되는데 여전히 하고 있지요. 나는 먹는 것을 바꿔야 한다는 것을 알고 있어요. 그래서 5점이에요. 실제 사무실에 앉아서 전화오고 사람들이 드나들고 문제가 쌓여가고.. 그러면…	*상세히 말하기*

간호사	우선순위가 낮은 것으로 들리는군요. 일하고 있을 때, 바쁠 땐 그것을 우선적으로 하기 어렵다라고…	*반영. 이 시점에선 중요도와 자신감이 어느 정도 얽혀있다.*
데이빗	그렇죠.	
간호사	지금은 병원에 앉아있기 때문에 우선순위가 높은 거구요.	
데이빗	그렇죠.	
간호사	당신의 심장에 대해 이야기하면	*따라가기, 그의 위치를 더 잘 이해할 수 있도록*
데이빗	정확히 '네'입니다. 불과 몇 주 전이에요. 안 그런가요? 4~5개월 이내의 시간이죠. 심근경색의 사건이 아주 오래전 일 같아요.	
간호사	네, 많은 사람들에게 그렇게 여겨져요.	
데이빗	제가 그렇게 할 수 있는 것은, 아시다시피, 2~3주 정도에요. 당신이 명심해야 할 또 다른 것은 제가 동료들에게 어느 정도 타당한 비난을 들을 거라는 거죠. 내가 만일 과일을 먹기 시작한다면, 웃기게 들리겠죠. 그러나..	*여기서 보다 많은 저항이 생긴다.*
간호사	네… 그게 걱정일 수 있겠네요. 그러나, 당신이 50대 50이라고 말할 때, 당신의 절반은 할 수 있다는 거지요.	*내적 갈등에서 벗어나 변화대화를 뽑아내기 위해 왜 그렇게 높은가?로 되돌아가기*
데이빗	네, 그렇죠.	
간호사	그럼 그건….	
데이빗	내가 필요로 하는 것의 절반이기 때문에…	
간호사	무엇의 절반이가요? 당신의 무엇인가요? 중요하고 그것을 하기 원한다고 말한 것?	*중요도로 되돌아가기*
데이빗	네, 두려움에 관한 것. 제가 끝내기 원하지 않기 이전에 제가 말했듯이 여기서 다시 2년이란 시간에 동일한 대화를 하면서 앉아있고 싶지 않아요. 무슨 말인지 아시죠. 저는 그것을 원치 않아요.	*중요도 확인하기*
간호사	아, 네.	
데이빗	제가 당신에게 공격적이지 않기 때문에, 만일 그렇다면, 제가 또 다른 심장발작을 갖는다는 것을 의미하지요.	

간호사	당연히 그렇죠. 우리는 환자분들을 병실에서 다시 만나지 않게 되는 것을 좋아해요.	
데이빗	네.	
간호사	네. 당신에게 중요하다는 점에서 그만큼 자신감을 가지세요. 실제로 샌드위치를 가지고 직장에 출근하고 적절한 휴식을 갖는 것이 가능하다는 점에 대해서 얼마나 가능할까요? 실제로 어떻게 느끼시나요?	*중요도를 확인하고 자신감으로 넘어간다.*
데이빗	제 부인도 샌드위치를 먹고, 아이들도 학교에 가지고 가고. 그렇게 샌드위치를 갖고 가는 것은 문제가 아니에요.	
간호사	이 시스템이 되어 있네요.	*반영*
데이빗	다 되어 있어요. 그건 문제가 아니죠. 제가 이전에 귀찮았던 거죠. 실제로 직장에서 가장 큰 이슈라고 생각했어요. 가지고 가서, 30분 동안, 제 샌드위치를 먹는 것이…	
간호사	맞아요. 실제로 시간을 쓰는 것이지요. 샌드위치는 일단 거기 있고, 버거를 사러 보내는 것보단 쉽겠네요.	
데이빗	네. 거기 있다면….	
간호사	그것은 이슈라고 할 것도 아닌데… 당신은 그걸 먹을 것이고 그러면 실제로 쉴 수 있게 되거나	
데이빗	문제는 제가 아마도 하게 될 것은 11시에 그걸 먹고, 여전히 버거를 먹는다는 것이죠.(웃음)	
간호사	많은 양이 필요하네요.	
데이빗	네.	
간호사	맞아요. 당신은 과체중은 아니어서 먹는 양에 대해 걱정하진 않아요.	
데이빗	그래요. 저도 과체중이라고 생각하진 않아요.	
간호사	보다 건강한 음식을 먹는다면 그건 문제가 아니에요. 당신의 체중은 걱정해야 할 것이 아닙니다.	*정보 제공하기*

데이빗	맞아요.	
간호사	맞아요. 당신이 해야 할 정말 중요한 것이에요.	*요약하기 시작!*
데이빗	정말 그래요.	
간호사	매일 매일 어떻게 진행되는지 보면서 그렇게 노력하는 것이죠.	
데이빗	네, 추측건대 제가 할 수 있는 전부이고….	
간호사	네.	
데이빗	여기 앉아서 이렇게 '오 네, 저에게 매우 쉬워요.'라고 말하는 것은 아무 소용이 없어요. 그게 사실이 아니고 실제로 아주 힘들 꺼라고 생각해요.	
간호사	그렇죠.	
데이빗	어리석게 들리지도 모르겠지만…	
간호사	자, 습관을 바꾸는 것은 어려워요. 언제나 어려워요.	*비현실적으로 안심시키지 않으면서도 격려하려고 애쓰기*
데이빗	그게 그런가 봐요. 무엇이라고 느끼든 그게 습관 같은 것이겠지요.	
간호사	언제나 어려워요. 그렇습니다. 제가 말씀드렸듯이 우리가 계속 연락하면, 우리는 다음 번에 어떤 어려움이 있었는지를 확인할 수 있을 거에요. 어떤 사람들은 그들이 실제로 어렵다고 생각했던 것이 아주 쉽고, 쉽다고 생각했던 것이 아주 어렵다는 것을 알게 되더군요. 우리도 그처럼 어떻게 진행될지를 보면서 다시 이야기해보지요.	
데이빗	좋습니다.	
간호사	예. 저두요.	
데이빗	감사합니다.	

참고문헌

Gilligan, T., Mason, P., 2006. Engaging motivation DVD. Pip Mason Consultancy Ltd, Birmingham.

부록: 상담시 활용 자료

Appendices: patient worksheets

이 부록에는 환자와 상담할 때 사용할 수 있는 자료를 제공하고자 한다. 모든 자료는 상담시 그대로 복사하여 사용할 수 있게 만들어졌다. 이 자료를 효과적으로 사용하기 위해서는 사용 전 반드시 관련 챕터를 읽는 것을 권장한다.

1 • 안건 정하기 차트

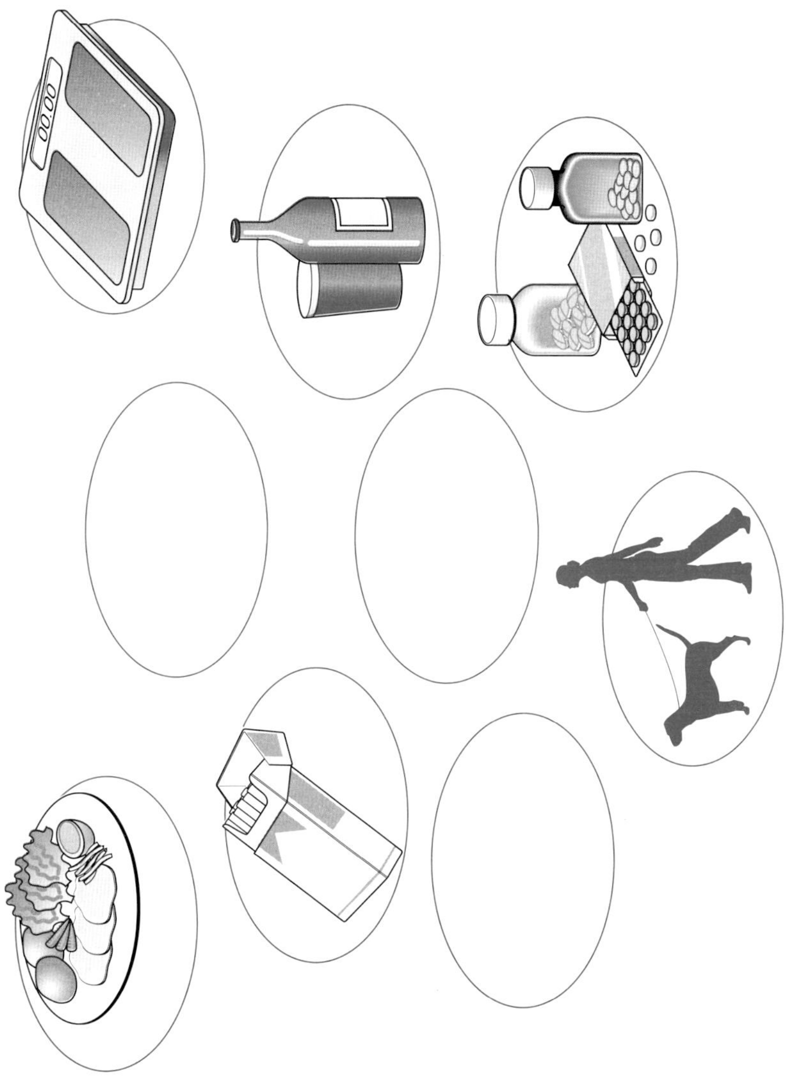

2 • 안건 정하기 차트

Mason & Butler: Health Behavior Change, Churchill Livingstone © Elsevier, 2010

3 • 준비도 척도

전혀 중요하지 않음 ———————————————— 매우 중요함

변화하는 것이 당신에게 얼마나 중요합니까?
당신이 느끼는 중요도 정도가 어디쯤인지 표시해 보세요.

나는 할 수 없음 ———————————————— 나는 쉽게 할 수 있음

만약 변화하기로 결정했다면 변화할 수 있는 자신감은 어떠합니까?
당신이 느끼는 자신감 정도가 어디쯤인지 표시해 보세요.

4 • 중요도와 자신감 척도

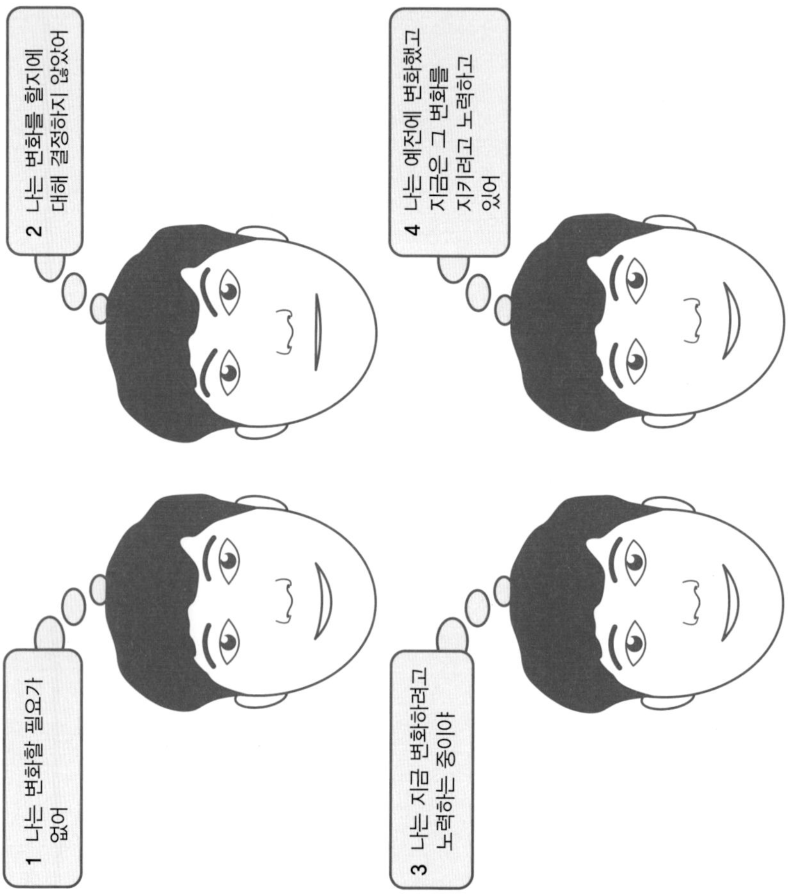
1 나는 변화할 필요가 없어
2 나는 변화를 할지에 대해 결정하지 않았어
3 나는 지금 변화하려고 노력하는 중이야
4 나는 예전에 변화했고 지금은 그 변화를 지키려고 노력하고 있어

5 • 작은 얼굴

	변화하지 않음	변화함
손실		
이득		

6 • 대차대조표

목표(일반적)	전략(구체적)	표적행동(보다 구체적)

7 • 목표, 전략, 표적행동 차트

찾아보기

INDEX